通用电子控制技术

严加强 主编◎

電子工業出版社·

Publishing House of Electronics Industry

北京·BEIJING

内 容 简 介

《通用电子控制技术》是一本符合浙江省技术学科考试要求的辅助教材。它能帮助学生系统地厘清电子控制技术的知识与技能。教材从基本电路、基本电量和电子元器件入手，补充了放大电路、比较器、集成器件 555 等必备内容，详细阐述了二极管、晶体管等器件及电子控制综合应用的重点、难点知识，全面覆盖了浙江省普通高中选考考试说明的要求。针对考点知识要求配有同步练习和章节测试，方便学生自学提升，也方便老师们辅助教学。

图书在版编目（CIP）数据

通用电子控制技术 / 严加强主编. —北京：电子工业出版社，2021.1

ISBN 978-7-121-40405-4

Ⅰ．①通… Ⅱ．①严… Ⅲ．①电子控制—高中—教学参考资料 Ⅳ．①G634.933

中国版本图书馆 CIP 数据核字（2021）第 006299 号

责任编辑：关雅莉　　文字编辑：蔡家伦
印　　刷：涿州市般润文化传播有限公司
装　　订：涿州市般润文化传播有限公司
出版发行：电子工业出版社
　　　　　北京市海淀区万寿路 173 信箱　邮编　100036
开　　本：787×1 092　1/16　印张：15.25　字数：390.4 千字
版　　次：2021 年 1 月第 1 版
印　　次：2024 年 6 月第 4 次印刷
定　　价：50.00 元

随着浙江省新高考方案的稳步实施，技术学科成为 7 选 3 高考选考科目。越来越多的学生喜爱技术学科。家长和学校也越来越重视技术学科的教学。根据笔者及工作室团队成员多年的技术学科教学实践，学生手上急需有一本适合浙江技术学科考试要求的《通用电子控制技术》辅助教材。

笔者在教学中发现，学好电子控制技术需要符合地方生活实际、系统性好、实践性强的教学辅助资料，本书全面覆盖了浙江省《电子控制技术》考试说明的要求。

本书本着循序渐进、通俗易懂、方便好用的原则编写，按学习要求配套课后练习与章节测试题，极大地方便了一线教师课堂教学。由于编者都是浙江省教学一线的资深教师，因而本书具有以下几个方面的特色。

一、实用性

由浅入深、循序渐进地进行知识讲解，然后针对知识点配以同步练习，方便学生自学，也方便老师辅助教学。

二、科学性

本书的知识点与电子控制案例来自多位资深教师的仔细斟酌和长期实践，力求科学无误。

三、系统性

结合高中学生认知规律，对《通用电子控制技术》的知识点进行系统化处理。从基本电量、基本电路开始，逐步叙述输入电路、信号处理电路、输出电路，最后介绍完整的电子控制电路。

四、实践性

本书选自学生现实生活中的案例。学生通过元器件识别检测、焊接安装、调试使用等实践环节，可解决现实生活中的电子控制问题，同时也可有效地掌握相关知识与技能，实现学科素养的提升。

本书由杭州师范大学附属中学严加强老师主编。编写过程中得到了严加强名师工作室吴张胤、江波、朱亚庭、阮利峰、夏光洲、李乾勇、章雄风、姜卫松等老师及杭州市第四中学教育集团钱塘学校许峰老师、杭州市萧山区第五高级中学朱立飞老师、杭州师范大学附属中学刘倩文、严梦加老师的鼎力相助。杭州市基础教育研究室林杰老师、浙江师范大学林祝亮教授、杭州师范大学方华基教授也提出了许多宝贵意见，在此表示感谢！

编　者

第一章

电路基础 ◀◀

1. 了解电路的基本组成、电路的三种工作状态和额定电压、电流、功率等概念。

2. 了解万用表的功能与面板组成。掌握万用表测直流电流、直流电压、电阻值的正确方法。

3. 会识别电阻器、电容器、电感器的外形、符号，掌握正确的检测方法。

4. 了解半导体基本知识，会识别二极管、晶体管的外形和符号，掌握正确的检测方法。

1. 掌握基本电量在实际电路中的合理应用。

2. 理解锗二极管与硅二极管的伏安特性曲线。理解 PN 结的单向导电特性，掌握不同二极管在电路中的实际应用。

3. 理解共发射极放大电路晶体管输入特性曲线和输出特性曲线。掌握晶体管饱和、放大和截止三种工作状态的偏置条件。

4. 掌握晶体管在实际电路中的合理选用与连线规律。

第一节 / 基本电路与基本电量

一、基本电路

1. 什么是电路

电路是由各种元器件（或电工设备）按一定方式连接起来的总体。它为电流的流通提供了路径。最简单的直流电路如图 1-1 所示。

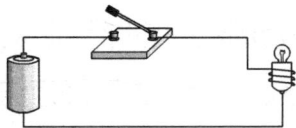

图 1-1　最简单的直流电路

2. 电路的基本组成

电路的基本组成包括以下四个部分。

（1）电源（供能元件）：为电路提供电能的设备和器件（如电池、发电机等）。

（2）负载（耗能元件）：使用（消耗）电能的设备和器件（如灯泡等用电器）。

（3）控制器件：控制电路工作状态的器件或设备（如开关等）。

（4）连接导线：将电气设备和元器件按一定方式连接起来（如各种铜、铝电缆线等）。

3. 电路的状态

（1）通路（闭路）：电源与负载接通，电路中有电流通过，电气设备或元器件获得一定的电压和电功率，进行能量转换。

（2）开路（断路）：电路中没有电流通过，又称为空载状态。

（3）短路（捷路）：电源两端的导线直接连接，输出电流过大对电源来说属于严重过载，如没有保护措施，电源或电器会被烧毁甚至发生火灾，所以通常要在电路或电气设备中安装熔断器，以避免发生短路时出现不良后果。

4. 电路模型（电路图）

由理想元件构成的电路称为实际电路的电路模型，也称为实际电路的电路原理图，简称电路图。图 1-2 所示为手电筒的电路原理图。

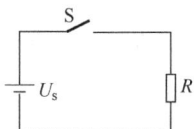

图 1-2 手电筒的电路原理图

理想元件：电路是由电特性复杂的元器件组成的，为了便于使用数学方法对电路进行分析，可将电路实体中的各种电气设备和元器件用一些能够表征其主要电磁特性的理想元器件（模型）来代替，而对它实际上的结构、材料、形状等非电磁特性不予考虑。常用理想元器件及符号见表 1-1。

表 1-1 常用理想元器件及符号

名　　称	符　　号	名　　称	符　　号
电阻		电压表	
电池		接地	
电灯		熔断器	
开关		电容	
电流表		电感	

二、基本电量

（一）电流

1. 电流的基本概念

电路中电荷沿着导体的定向运动形成电流，其方向规定为正电荷的流动方向（或负电荷流动的反方向），其大小等于在单位时间内通过导体横截面的电量，称为电流，用符号 I 或 $i(t)$ 表示，讨论一般电流时可用符号 i。

设在 $\Delta t = t_2 - t_1$ 时间内，通过导体横截面的电荷量为 $\Delta q = q_2 - q_1$，则在 Δt 时间内的电流可用数学公式表示为

$$i(t) = \frac{\Delta q}{\Delta t}$$

式中　Δt——很小的时间间隔（S）；

　　　Δq——电量（C）；

　　　$i(t)$——电流（A）。

在国际单位制中，电流单位为安培（A），常用的电流单位还有毫安（mA）、微安（μA）、千安（kA）等。它们与安培的换算关系为

$$1\ \text{mA} = 10^{-3}\ \text{A}; \qquad 1\ \mu\text{A} = 10^{-6}\ \text{A}; \qquad 1\ \text{kA} = 10^{3}\ \text{A}$$

2. 直流电流

如果电流的大小及方向都不随时间变化，即在单位时间内通过导体横截面的电量相等，则称为稳恒电流或恒定电流，即直流（Direct Current），记为 DC，直流电流要用大写字母 I 表示。

$$I = \frac{\Delta q}{\Delta t} = \frac{Q}{t} = \text{常数}$$

直流电流 I 与时间 t 的关系在 I-t 坐标系中为一条与时间轴平行的直线。

3. 交流电流

如果电流的大小及方向均随时间变化，则称为变动电流。对电路分析来说，一种最为重要的变动电流是正弦交流电流，其大小及方向均随时间按正弦规律呈周期性变化，即交流（Alternating Current），记为 AC，交流电流的瞬时值要用小写字母 i 或 $i(t)$ 表示。

（二）电压

1. 电压的基本概念

电压是指电路中两点 A、B 之间的电位差（简称为电压），其大小等于单位正电荷因受电场力作用从 A 点移动到 B 点所做的功，电压的方向规定为从高电位指向低电位的方向。

电压的国际单位制为伏特（V），常用的单位还有毫伏（mV）、微伏（μV）、千伏（kV）等。它们与伏特的换算关系为

$$1\ \text{mV} = 10^{-3}\ \text{V}; \qquad 1\ \mu\text{V} = 10^{-6}\ \text{V}; \qquad 1\ \text{kV} = 10^{3}\ \text{V}$$

2. 直流电压与交流电压

如果电压的大小及方向都不随时间变化，则称为**稳恒电压**或**恒定电压**，即直流电压，用大写字母 U 表示。

如果电压的大小及方向随时间变化，则称为变动电压。对电路分析来说，一种最为重要的变动电压是正弦交流电压，即交流电压，其大小及方向均随时间按正弦规律周期性变化。交流电压的瞬时值要用小写字母 u 或 $u(t)$ 表示。

（三）电阻

1. 电阻元件

电阻元件是对电流呈现阻碍作用的耗能元件，如灯泡、电热炉等电器。

电阻定律：

$$R = \rho \frac{l}{S}$$

式中　ρ ——制成电阻的材料电阻率（$\Omega \cdot m$）；

　　　l ——绕制成电阻的导线长度（m）；

　　　S ——绕制成电阻的导线横截面积（m^2）；

　　　R ——电阻值（Ω）。

2. 电阻与温度的关系

电阻元件的电阻值大小一般与温度有关，衡量电阻受温度影响大小的物理量是温度系数，其定义为温度每升高 1℃时，电阻值发生变化的百分数。

如果设任一电阻元件在温度 t_1 时的电阻值为 R_1，当温度升高到 t_2 时电阻值为 R_2，则该电阻在 $t_1 \sim t_2$ 温度范围内的（平均）温度系数为

$$\alpha = \frac{R_2 - R_1}{R_1(t_2 - t_1)}$$

如果 $R_2 > R_1$，则 $\alpha > 0$，将 R 称为正温度系数电阻，简称 PTC，即电阻值随着温度的升高而增大；如果 $R_2 < R_1$，则 $\alpha < 0$，将 R 称为负温度系数电阻，简称 NTC，即电阻值随着温度的升高而减小。显然 α 的绝对值越大，表明电阻受温度的影响也越大。

$$R_2 = R_1[1 + \alpha(t_2 - t_1)]$$

3. 敏感电阻器

敏感电阻器是一种对光照强度、压力、湿度等模拟量敏感的特殊电阻。选用时要特别注意阻值的变化方向。图 1-3 所示为常见敏感电阻。

（1）热敏电阻是一种对温度极为敏感的电阻器。

（2）光敏电阻是指阻值随着光线的强弱而发生变化的电阻器。

（3）压敏电阻是对电压变化很敏感的非线性电阻器。

（4）湿敏电阻是对湿度变化非常敏感的电阻器。

　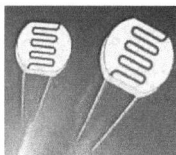　　

（a）热敏电阻　　　　（b）光敏电阻　　　　（c）压敏电阻　　　　（d）湿敏电阻

图 1-3　常见敏感电阻

（四）电位

1. 电位参考点（零电位点）

在电路中选定某一点 A 为电位参考点，就是规定该点的电位为零，即 $U_A = 0$。电位参

考点的选择方法如下。

（1）在工程中常选大地作为电位参考点。

（2）在电子线路中，常选一条特定的公共线或机壳作为电位参考点。

在电路中通常用符号"⊥"标出电位参考点。

2. 电位的定义

电路中某一点 M 的电位 U_M 就是该点到电位参考点 A 的电压，也即 M、A 两点间的电位差，即

$$U_M = U_{MA}$$

计算电路中某点电位的方法如下。

（1）确认电位参考点的位置。

（2）确定电路中的电流方向和各元件两端电压的正负极性。

（3）从被求点开始通过一定的路径绕到电位参考点，则该点的电位等于此路径上所有电压降的代数和：电阻元件电压降写成 $\pm RI$ 形式，当电流 I 的参考方向与路径绕行方向一致时，选取"＋"号；反之，则选取"－"号。电源电动势写成 $\pm E$ 形式，当电动势的方向与路径绕行方向一致时，选取"－"号；反之，则选取"＋"号。

【例 1-1】如图 1-4 所示电路，已知：$E_1 = 45\,V$，$E_2 = 12\,V$，电源内阻忽略不计；$R_1 = 5\,\Omega$，$R_2 = 4\,\Omega$，$R_3 = 2\,\Omega$。求 B、C、D 三点的电位 U_B、U_C、U_D。

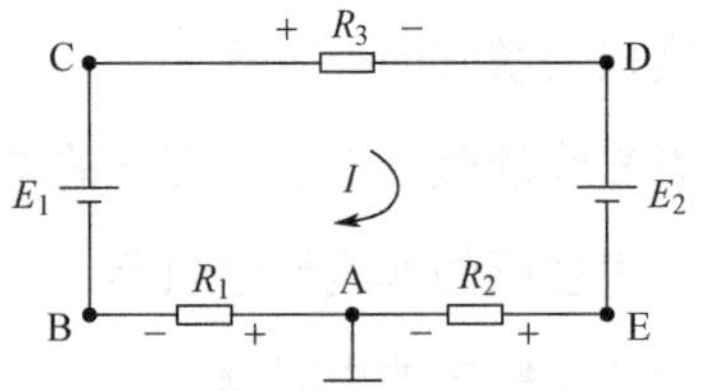

图 1-4　例 1-1

解：电路中 A 点为电位参考点（零电位点），电流方向为顺时针方向：

$$I = \frac{E_1 - E_2}{R_1 + R_2 + R_3} = 3A$$

B 点电位：$U_B = U_{BA} = -R_1 I = -15V$

C 点电位：$U_C = U_{CA} = E_1 - R_1 I = (45 - 15)V = 30\,V$

D 点电位：$U_D = U_{DA} = E_2 + R_2 I = (12 + 12)V = 24\,V$

必须注意的是，电路中两点间的电位差（电压）是绝对的，不随电位参考点的不同发生变化，即电压值与电位参考点无关；而电路中某一点的电位则是相对电位参考点而言的，

电位参考点不同，该点电位值也将不同。

例如，在上例题中，假如以 E 点为电位参考点，则

B 点的电位变为 $U_B = U_{BE} = -R_1I - R_2I = -27\text{ V}$；

C 点的电位变为 $U_C = U_{CE} = R_3I + E_2 = 18\text{ V}$；

D 点的电位变为 $U_D = U_{DE} = E_2 = 12\text{ V}$。

（五）部分电路欧姆定律

1. 欧姆定律

电阻元件的伏安关系服从欧姆定律，即

$$U = RI \quad \text{或} \quad I = U/R = GU$$

式中　$G = 1/R$，电阻 R 的倒数 G 称为电导（S）。

2. 线性电阻与非线性电阻

电阻值 R 与通过它的电流 I 和两端电压 U 无关（$R =$ 常数）的电阻元件称为线性电阻，其伏安特性曲线在 I-U 平面坐标系中为一条通过原点的直线，如图 1-5 所示。

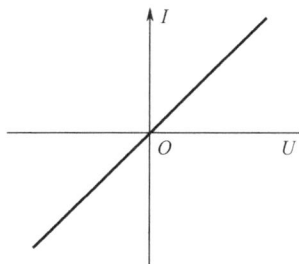

图 1-5　线性电阻的伏安特性曲线

电阻值 R 与通过它的电流 I 和两端电压 U 有关（$R \neq$ 常数）的电阻元件称为非线性电阻，其伏安特性曲线在 I-U 平面坐标系中为一条通过原点的曲线。

通常所说的"电阻"，如没有特殊说明，均指线性电阻。

（六）电功率和电能

1. 电功率

电功率（简称功率）所表示的物理意义是电路元件或设备在单位时间内吸收或发出的电能。两端电压为 U、通过电流为 I 的任意二端元件（可推广到一般二端网络）的功率大小为

$$P = UI$$

式中　P——功率（W），常用的单位还有毫瓦（mW）、千瓦（kW）。它们与 W 的换算关系为

$$1\ \text{mW} = 10^{-3}\ \text{W}; \qquad 1\ \text{kW} = 10^3\ \text{W}$$

吸收或发出。一个电路最终的目的是电源将一定的电功率传送给负载。负载将电能转换成工作所需要的某一形式的能量，即电路中存在发出功率的器件（供能元件）和吸收功率的器件（耗能元件）。

习惯上把耗能元件吸收的功率写成正数，把供能元件发出的功率写成负数，而储能元件（如理想电容、电感元件）既不吸收功率也不发出功率，即其功率 $P = 0$。

通常所说的功率 P 又称为有功功率或平均功率。

2. 电能

电能是指在一定的时间内电路元件或设备吸收或发出的电能量，用符号 W 表示，其国际单位制为 J，电能的计算公式为

$$W = Pt = UIt$$

通常电能用千瓦小时（kWh）来表示大小，也称为度（电）：

$$1\ 度（电）= 1\ \text{kWh} = 3.6 \times 10^6\ \text{J}$$

即功率为 1000 W 的供能或耗能元件，在 1h 内所发出或消耗的电能量为 1 度。

【例 1-2】有一功率为 60 W 的电灯，每天使用它照明的时间为 4h，如果平均每月按 30d 计算，那么每月消耗的电能为多少度？合为多少 J？

解：该电灯平均每月工作时间 $t = 4\text{h} \times 30 = 120\ \text{h}$，则

$$W = Pt = 60\text{W} \times 120\text{h} = 7200\ \text{Wh} = 7.2\ \text{kWh}$$

即每月消耗的电能为 7.2 度，约合为 $3.6 \times 10^6\text{J} \times 7.2 \approx 2.6 \times 10^7\ \text{J}$。

3. 电气设备的额定值

为了保证电气设备和电路元件能够长期安全地正常工作，规定了额定电压、额定电流、额定功率等铭牌数据。

额定电压——电气设备或元器件在正常工作条件下允许施加的最大电压。

额定电流——电气设备或元器件在正常工作条件下允许通过的最大电流。

额定功率——在额定电压和额定电流下消耗的功率，即允许消耗的最大功率。

额定工作状态——电气设备或元器件在额定功率下的工作状态，也称满载状态。

轻载状态——电气设备或元器件在低于额定功率的工作状态，轻载时电气设备不能得到充分利用或根本无法正常工作。

过载（超载）状态——电气设备或元器件在高于额定功率的工作状态，过载时电气设备很容易被烧坏甚至造成严重事故。

轻载和过载都是不正常的工作状态，一般是不允许出现的。

4. 焦耳定律

电流通过导体时产生的热量为

$$Q = I^2 Rt$$

式中　I ——通过导体的直流电流或交流电流的有效值（A）；

　　　R ——导体的电阻值（Ω）；

　　　t ——通过导体电流持续的时间（s）；

　　　Q ——焦耳热（J）。

第二节 万用表

一、使用准备

万用表是一种多用途、广量程、使用方便的测量仪表，可用来测量直流电压、直流电流、交流电压和电阻，中高档的万用表还可以测量交流电流、电容、电感及晶体管的主要参数等。如图 1-6 所示，主要有指针式和数字式两类万用表。

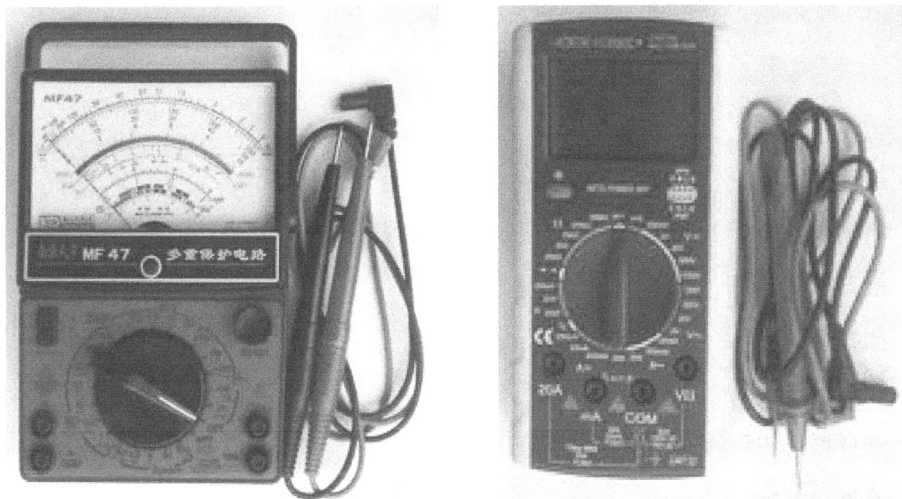

（a）指针式万用表　　　　　　　　　　（b）数字万用表

图 1-6　指针式和数字万用表

指针式万用表的表头是进行各种测量的公用部分。表头内部有一个可动的线圈（称为动圈）。它的电阻 R_g 称为表头的内阻。动圈处于永久磁铁的磁场中，当动圈通有电流之后会受到磁场力的作用而发生偏转。固定在动圈上的指针随着动圈一起偏转的角度与动圈中的电流成正比。当指针指示到表盘刻度的满标度时，动圈中所通过的电流称为满偏电流 I_g。R_g 与 I_g 是表头的两个主要参数。

1. 正确使用转换开关和表笔插孔

指针式万用表面板功能如图 1-7 所示。万用表有红与黑两支表笔（测棒），表笔可插入万用表的"+""−"两个插孔里。注意：一定要严格将红表笔插入"+"极性孔里，黑表笔插入"−"极性孔里。测量直流电流、电压等物理量时，必须注意正负极性。根据测量对象，将转换开关旋至所需位置，在被测量大小不详时，应先选用量程较大的挡试测，如不合适再逐步改用较低的挡位，以表头指针移动到满刻度的 2/3 位置附近为宜。

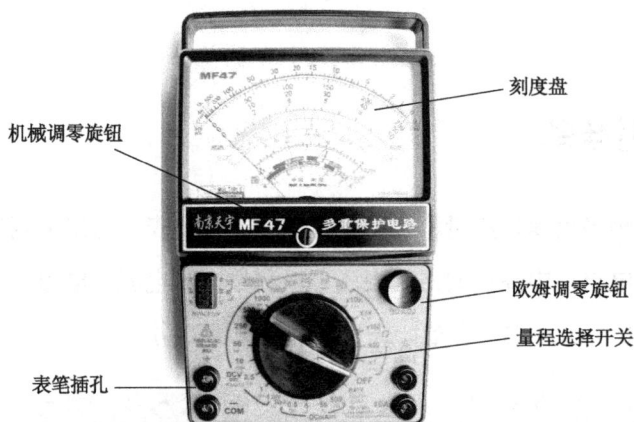

图 1-7　指针式万用表面板功能

2. 使用前准备

① 测量准备如图 1-8 所示，将万用表水平放置。

② 检查指针。

③ 插好表笔。

④ 检查电池。

⑤ 选择项目和量程。

3. 使用后维护

① 拔出表笔。

② 将量程选择开关拨到"OFF"或交流电压最高挡。

③ 若长期搁置不用时，应将万用表中的电池取出。

④ 平时对万用表要保持干燥、清洁，严禁振动和机械冲击。

机械调零　　　　　　　　　　　检查电池

图 1-8　测量准备

二、直流电压测量

（1）选择量程。测量直流电压如图 1-9 所示。

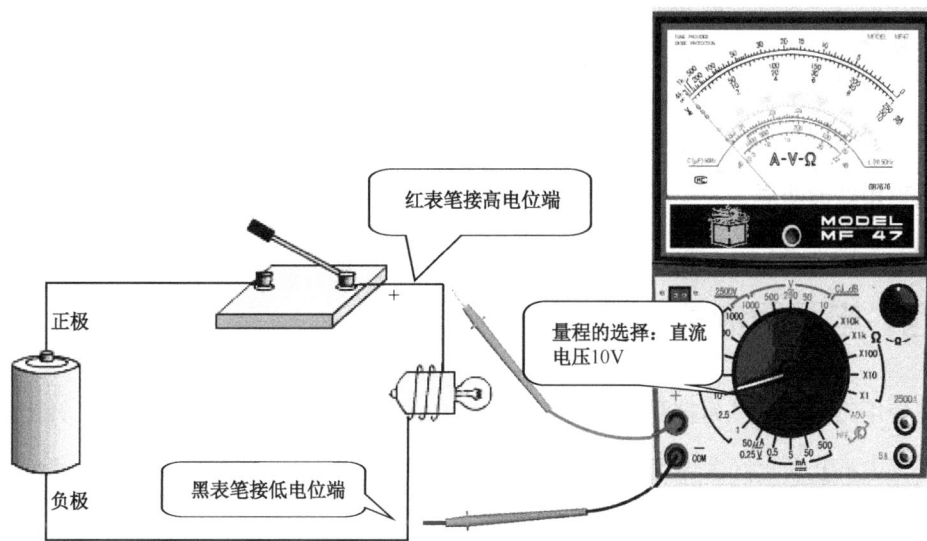

红表笔接高电位端

量程的选择：直流
电压10V

正极

负极

黑表笔接低电位端

图 1-9　测量直流电压

（2）测量方法。将万用表并联在被测电路的两端。测量直流电压时，红表笔接被测电路的正极，黑表笔接被测电路的负极。

（3）正确读数。

三、直流电流测量

测量直流电流如图 1-10 所示。

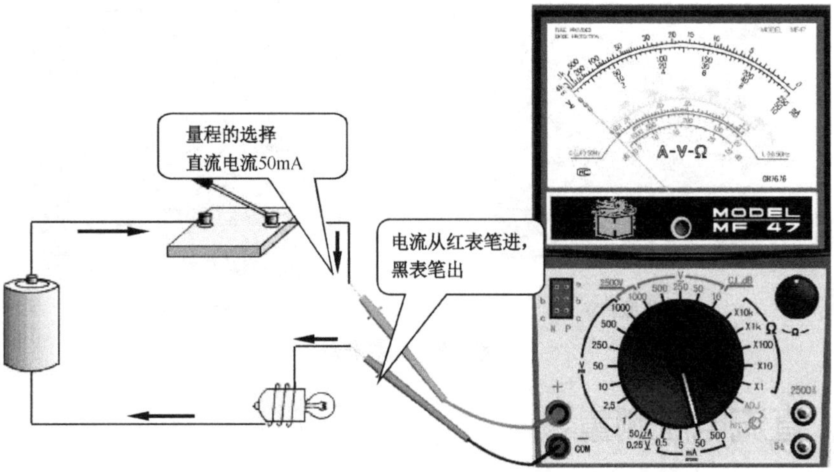

图 1-10　测量直流电流

（1）选择量程。

（2）测量方法。将万用表与被测电路串联。应将电路相应部分断开后，将万用表表笔接在断点的两端。如是直流电流，红表笔接在与电路的正极相连的断点，黑表笔接在与电路的负极相连的断点。

（3）正确读数。

四、电阻器测量

在使用万用表的欧姆挡测量电阻之前，应首先把红、黑表笔短接，调节指针到欧姆标尺的零位上，并要正确选择电阻倍率挡。测量某电阻 R_x 时，一定要使被测电阻不与其他电路有任何接触，也不要用手接触表笔的导电部分，以免影响测量结果。当利用欧姆表内部电池作为测试电源时（如判断二极管或晶体管的引脚），要注意到：黑表笔接的是电源正极，红表笔接的是电源负极。

万用表测量电阻（欧姆表）的电路原理如图 1-11 所示。

图 1-11 欧姆表的电路原理

可变电阻 R 称为调零电阻，当红、黑表笔相接时（相当于被测电阻 $R_x = 0$），调节 R 的阻值使指针指到表头的满刻度，即

$$I_g = \frac{E}{R_g + r + R}$$

万用表电阻挡的零点在表头的满刻度位置上。而电阻无穷大时（红、黑表笔间开路）指针在表头的零刻度位置上。

当红、黑表笔间接被测电阻 R_x 时，通过表头的电流为

$$I = \frac{E}{R_g + r + R + R_x}$$

可见表头读数 I 与被测电阻 R_x 是一一对应的，呈反比例关系，因此欧姆表刻度不是线性的。

1. 检测电阻

（1）选择合适的量程。测量电阻器阻值如图 1-12 所示。

（2）把红、黑表笔短接，调节电阻调零旋钮使指针指在第一条刻度线的 0Ω 位置上。

读数：第一条刻度线

被测值：读数×倍率即 $10 \times 100 = 1k\Omega$

倍率：$R \times 100$

MF 47 多重保护电路

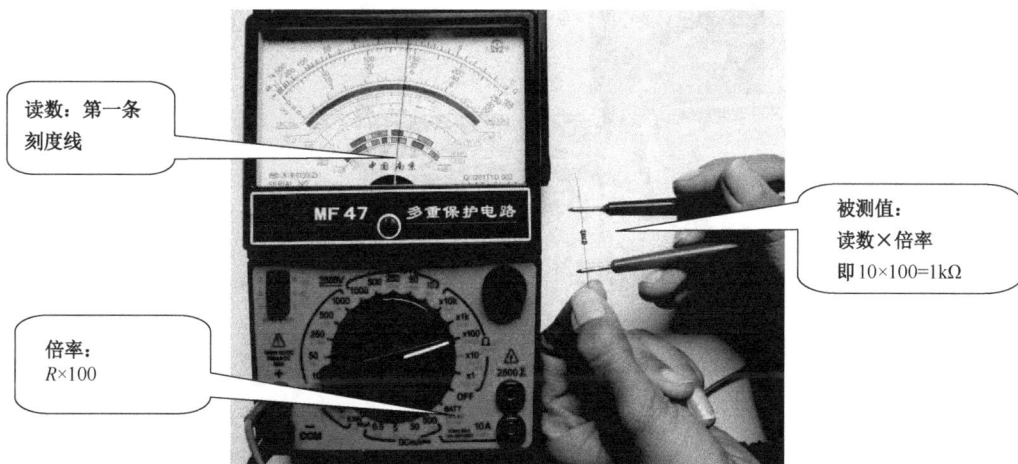

图 1-12 测量电阻器阻值

（3）将电阻器接入红、黑表笔之间，根据指针位置读出最小刻度值，再乘以该挡的倍率，即为该电阻的读数。

2. 检测电位器

检测电位器时，首先要看转轴转动是否平滑，开关是否灵活（带开关电位器），如图 1-13 所示。

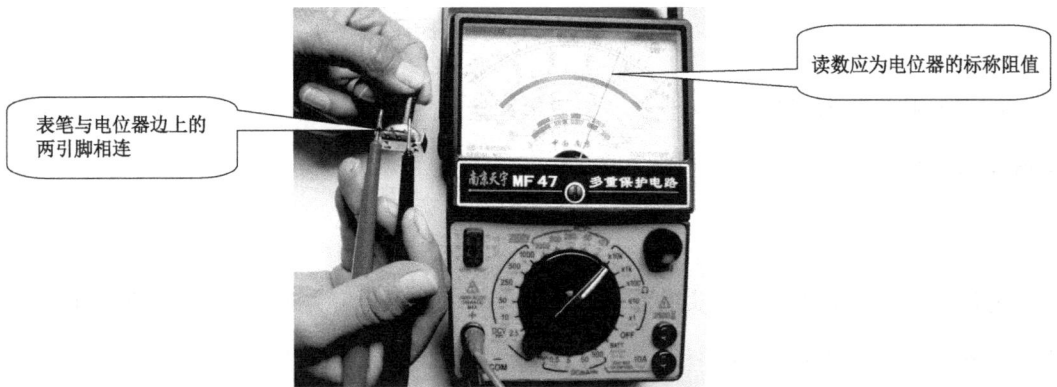

表笔与电位器边上的两引脚相连

读数应为电位器的标称阻值

图 1-13　检测电位器

（1）根据电位器的标称阻值选择量程，并进行电阻调零。

（2）将表笔与电位器边上的两引脚相连，其读数应为电位器的标称阻值。

（3）把表笔分别与边上的引脚和中间的引脚相连，将电位器的转轴逆时针旋转，指针应平滑移动，电阻值逐渐减小；若将电位器的转轴顺时针旋转，电阻值应逐渐增大，直至接近电位器的标称值，测电位器阻值变化如图 1-14 所示。

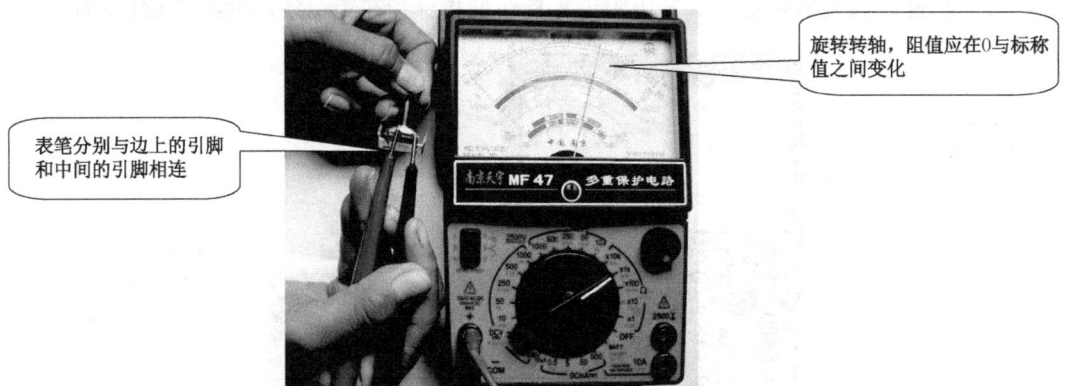

表笔分别与边上的引脚和中间的引脚相连

旋转转轴，阻值应在0与标称值之间变化

图 1-14　测电位器阻值变化

五、数字万用表使用

数字表操作时首先将 ON-OFF 开关置于 ON 位置。检查 9V 电池，如果电压不足，需更换电池。

直流电压（DCV）测量：将量程转换开关置于 DCV 范围，并选择量程。测量时，将黑表笔插入 COM 插孔，红表笔插入 V/Ω 插孔，测量时若显示器上显示"1"，表示过量程，应重新选择量程。

交流电压（ACV）测量：将量程转换开关置于 ACV 范围，并选择量程。测量时，将黑表笔插入 COM 插孔，红表笔插入 V/Ω 插孔。测量时不允许超过额定值，以免损坏内部电路。显示值为交流电压的有效值。

直流电流（DCA）测量：将量程转换开关转到 DCA 位置，并选择量程。测量时，将黑表笔插入 COM 插孔，当测量最大值为 200 mA 时，红表笔插入 mA 插孔；当测量最大值为 20 A 时，红表笔插入 A 插孔。注意：测量电流时，应将万用表串入被测电路。

交流电流（ACA）测量：将量程转换开关转到 ACA 位置，选择量程。测量时，将测试表笔串入被测电路，黑表笔插入 COM 插孔，当测量最大值为 200mA 时，红表笔插入 mA 插孔；当测量最大值为 20A 时，红表笔插入 A 插孔。显示值为交流电压的有效值。

电阻测量：测量时应切断电源，将量程转换开关置于 Ω 量程，将黑表笔插入 COM 插孔，红表笔插入 V/Ω 插孔。

第三节 / 电子元件

一、电阻器

1. 电阻的基本知识

电阻是导体本身具有的属性，用字母 R 表示。常见固定电阻器图形符号如图 1-15 所示。

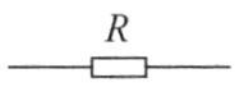

$$\xrightarrow{\quad R \quad}\!\!\Box\!\!\longrightarrow$$

图 1-15　常见固定电阻器图形符号

2. 电阻器的分类

电阻器是利用金属材料对电流起阻碍作用的特性制成，电阻器通常被称为电阻。

按结构形式分为固定电阻器、可变电阻器（可调电阻器、电位器）。

按制作材料分为碳膜电阻器、金属膜电阻器、金属氧化膜电阻器、线绕电阻器。

按用途分为精密电阻器、高频电阻器、熔断电阻器、敏感电阻器。

（1）碳膜电阻器，如图 1-16 所示。碳膜电阻器是采用碳膜作为导电层，将通过真空高温热分解出的结晶碳沉积在柱形或管形陶瓷骨架上制成的。

图 1-16 碳膜电阻器

（2）金属膜电阻器，如图 1-17 所示。金属膜电阻器是采用金属膜作为导电层，用高真空加热蒸发等技术，将合金材料蒸镀在陶瓷骨架上制成，经过切割调试阻值，以达到最终要求的精密阻值。

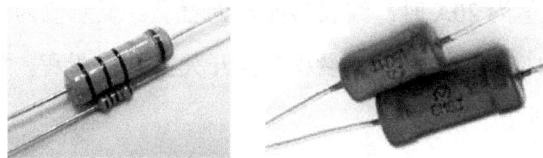

图 1-17 金属膜电阻器

（3）金属氧化膜电阻器，如图 1-18 所示。金属氧化膜电阻器是用锑和锡等金属盐溶液喷雾到炽热的陶瓷骨架表面上沉积后制成的。

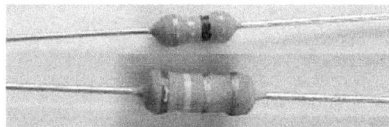

图 1-18 金属氧化膜电阻器

（4）绕线电阻器，如图 1-19 所示。线绕电阻器是用电阻丝绕在绝缘骨架上再经过绝缘封装处理而成的一类电阻器，电阻丝一般采用一定电阻率的镍铬、锰铜等合金制成，绝缘骨架一般采用陶瓷、塑料、涂覆绝缘层的金属骨架。

图 1-19 线绕电阻器

（5）水泥电阻器，如图 1-20 所示。水泥电阻器是线绕式电阻器的一种。

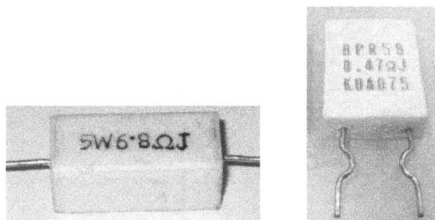

图 1-20 水泥电阻器

（6）熔断电阻器，如图 1-21 所示，图形符号如图 1-22 所示。熔断电阻器又称熔体，是一种具有起电阻和熔丝双重功能的元件。

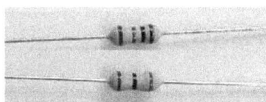

图 1-21 熔断电阻器

图 1-22 熔断电阻器图形符号

3. 常见可变电阻器的图形符号、实物

常见可调电阻器（电位器）见表 1-2，称为可变电阻器或电位器，分为半可调电阻器和电位器。

表 1-2 常见可调电阻器

序号	名　称	实　物　图	符　号	用　途
1	半可调电阻器		RP	一般用于晶体管中的偏流电阻
2	碳膜电位器		RP	一般用于家用电器中，用作音量控制、亮度调节等

序号	名　称	实 物 图	符　号	用　途
3	绕线 电位器		RP	用于功率较大的电路中，作为电源电压调节等
4	实心 电位器		RP	用于小型电子设备及仪器仪表的交直流电路中
5	直滑式 电位器		RP	用作家用电器、仪器仪表面板作电压、电流控制和音调、音量的调节等
6	开关 电位器		RP	在电视机、收音机中作为音量控制兼电源控制

4. 识读电阻器的电阻值

（1）直标法。直标法一般用数字和单位符号直接标称电阻值并标注在电阻器上，如图 1-23 所示。图 1-23（a）表示 100W、2Ω。图 1-23（b）表示 5W、51Ω。图 1-23（c）表示 220Ω。图 1-23（d）表示 100kΩ。

(a)	(b)	(c)	(d)

图 1-23　电阻直标法

（2）文字符号法。文字符号法是用数字和单位符号组合在一起表示的。文字符号前面的数字表示整数阻值。文字符号后面的数字表示小数点后面的小数阻值。电阻单位的文字符号见表 1-3。电阻允许误差的文字符号见表 1-4。图 1-24（a）所示的"5W2R2J"表示 5W、2.2Ω，允许误差±5%。图 1-24（b）所示的"25W7K5J"表示 25W、7.5kΩ，允许误差±5%。

表 1-3　电阻单位的文字符号

文字符号	R	k	M	G	T
表示单位	欧姆（Ω）	千欧姆（$10^3\Omega$）	兆欧姆（$10^6\Omega$）	吉欧姆（$10^9\Omega$）	太欧姆（$10^{12}\Omega$）

表 1-4 电阻允许误差的文字符号

文字符号	D	F	G	J	K	M
允许偏差	±0.5%	±1%	±2%	±5%	±10%	±20%

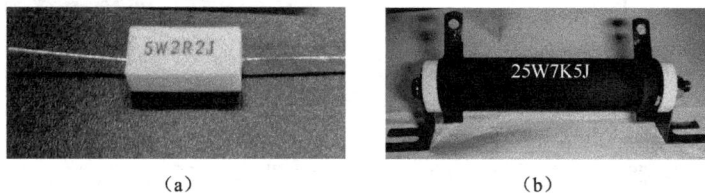

（a）   （b）

图 1-24 电阻文字符号法

（3）数码法。数码法是在电阻器上用三位数码表示标称值的标注方法。图 1-25（a）所示的"103"表示 $10×10^3\Omega$，图 1-25（b）所示的"202"表示 $20×10^2\Omega$。

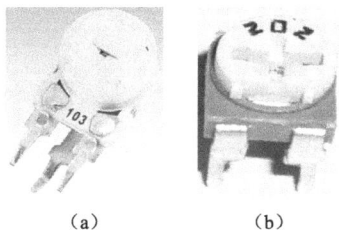

（a）   （b）

图 1-25 电阻数码法

（4）色标法。色标法是用不同颜色的带或点在电阻器表面标出标称阻值和允许偏差见表 1-5。

表 1-5 电阻器色环符号对照表

颜色	有效数字	倍乘数	允许误差（%）	颜色	有效数字	倍乘数	允许误差（%）
黑	0	10^0	—	紫	7	10^7	±0.1
棕	1	10^1	±1	灰	8	10^8	—
红	2	10^2	±2	白	9	10^9	—
橙	3	10^3	—	金	—	10^{-1}	±5
黄	4	10^4	—	银	—	10^{-2}	±10
绿	5	10^5	±0.5	无色	—	—	±20
蓝	6	10^6	±0.25				

① 四色环电阻器两位有效数字的色标法，如图 1-26 所示，从左至右色环依次为橙、白、棕、金，前两位是有效数字，第 3 位是倍率，第 4 位是允许误差。其阻值是 $39×10^1\Omega$，也就是 390Ω，允许误差±5%。

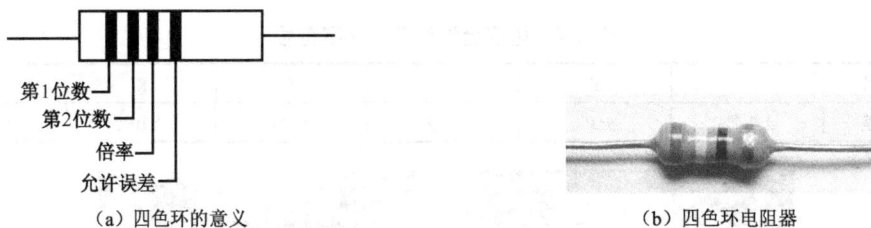

（a）四色环的意义　　　　　　　　　　　　　　（b）四色环电阻器

图 1-26　四色电阻器色标法

② 五色环电阻器三位有效数字的色标法，如图 1-27 所示，从左至右色环依次为紫、黄、黑、黑、棕，前三位是有效数字，第 4 位是倍率，第 5 位是允许误差，其阻值是 $740×10^{0}\Omega$，也就是 740Ω，允许误差 $\pm1\%$。

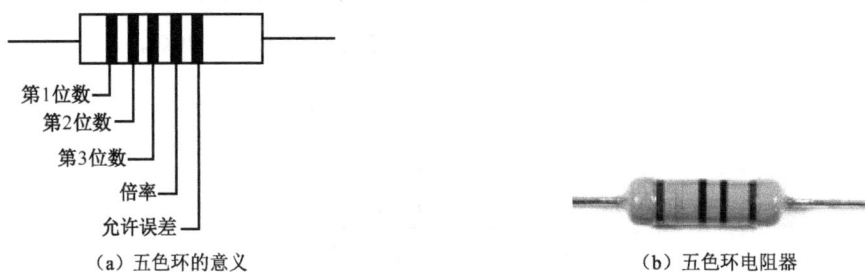

（a）五色环的意义　　　　　　　　　　　　　　（b）五色环电阻器

图 1-27　五色环电阻器色标法

二、电容器

1. 电容器与电容

电容器简称电容，任何两个彼此绝缘又相互靠近的导体都可以构成电容器。这两个导体称为电容器的两个极板，中间的绝缘材料称为电容器的介质。固定电容器是容量不可改变的电容器。电容器的电路图形符号如图 1-28 所示，文字称号为 C。

（a）电容器一般符号　　　　　　　　　　（b）极性电容器

图 1-28　电容器的电路图形符号

电容器最基本的特性是能够储存电荷，电路如图 1-29 所示。

电容器所储存的电荷量与两极板间电压的比值是一个常数，称为电容器的电容量，简称电容，用字母 C 表示。用公式表示为

$$C = \frac{Q}{U}$$

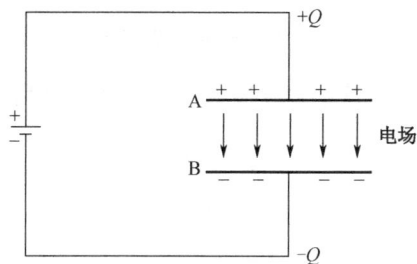

图 1-29　电容器电路

电容量的单位是法拉,简称法,用符号 F 表示。常用的是远远小于法拉的单位微法(μF)和皮法（pF）。

$$1\mu F=10^{-6}F$$
$$1pF=10^{-12}F$$

2. 电容器的分类

按结构形式分：固定电容器、可变电容器、半可变电容器。

按有无极性分：无极性电容器、有极性电容器。

按介质材料分：纸介电容器、瓷片电容器、云母电容器、涤纶电容器、聚苯乙烯
　　　　　　　电容器、玻璃釉电容器。

3. 有极性电容器的识别

（1）铝电解电容器（见图 1-30）。铝电解电容器是由铝圆筒做负极,里面装有液体电解质,插入一片弯曲的铝带做正极而制成的电容器。适用于低频电路中,常用于交流旁路和滤波。

图 1-30　铝电解电容器

（2）钽电解电容器（见图 1-31）。钽电解电容器是以金属钽作为正电极的电容器,用稀硫酸等配液做负极,用钽表面生成的氧化膜做介质制成。适用于高精密的电子电路。

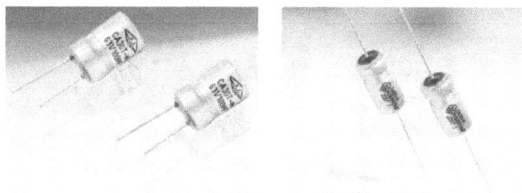

图 1-31　钽电解电容器

（3）铌电解电容器（见图 1-32）。铌电解电容器是以金属铌作为正电极的电容器，用稀硫酸等配液做负极，用铌表面生成的氧化膜做介质制成。适用于高精密的电子电路。

图 1-32　铌电解电容器

4. 无极性电容器的识别

（1）纸介电容器（见图 1-33）。纸介电容器是以两条铝箔作为电极，中间以电容纸隔开铝箔电极，卷绕而成的电容器。一般适用低频电路。

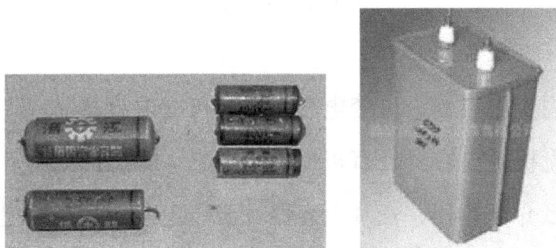

图 1-33　纸介电容器

（2）陶瓷电容器（见图 1-34）。陶瓷电容器以陶瓷材料作为介质，在陶瓷上覆银制成电极，并在外层涂以各种颜色的保护漆。它又分高频瓷介电容器（CC）和低频瓷介电容器（CT）两种，适用于高、低频电路。

图 1-34　陶瓷电容器

（3）涤纶（聚酯）电容器（见图 1-35）。涤纶电容器是以涤纶薄膜作为介质，用金属箔或金属化薄膜作为电极制成的电容器。适用于稳定性要求不高的电路。

图 1-35　涤纶电容器

（4）云母电容器（见图1-36）。云母电容器是以云母作为介质的电容器，用金属箔或者在云母上喷涂银做电极板，极板和云母层叠后封固制成的电容器，适用于高频线路。

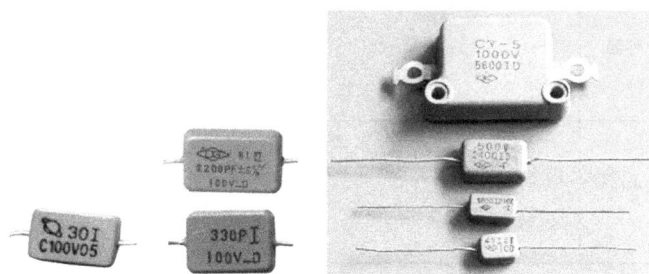

图1-36　云母电容器

（5）聚苯乙烯电容器（见图1-37）。聚苯乙烯电容器以聚苯乙烯薄膜为介质，以金属箔或金属化薄膜当电极制成的电容器，适用于高频电路。

图1-37　聚苯乙烯电容器

（6）玻璃釉电容器（见图1-38）。玻璃釉电容器以玻璃釉粉为介质，将玻璃釉粉压制成薄片，通过调整釉粉的比例，可以得到不同性能的电容器。适用于半导体电路和小型电子仪器中的交、直流电路或脉冲电路。

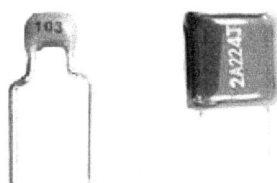

图1-38　玻璃釉电容器

5. 可变电容器的图形符号和外形

可变电容器是容量可以改变的电容器，见表1-6。

表1-6 可变电容器

序号	名 称	实 物 图	符 号	说 明
1	陶瓷微调电容器			主要用于一些频率可调的振荡电路，如收音机输入调谐电路等
2	薄膜微调电容器		⫫C	主要用于收录机，电子仪器等电路作电路补偿
3	拉线微调电容器			可调容量极小，且拆下的铜丝不可反复重绕，不适合在反复调试的电路中使用
4	单联可调电容器			主要用于收音机输入调谐电路中，做选台调谐
5	双联可调电容器		C_1 C_2	主要用于外差式收音机中

6. 识读电容器的电容量

（1）直标法。电容器的各种参数直接用数字标注在电容器上的表示方法，如图1-39所示。其中图1-39（a）读数是4700μF，图1-39（b）读数是18pF，而图1-39（c）读数由于小于1，单位要更换成μF，所以读数是0.033μF。

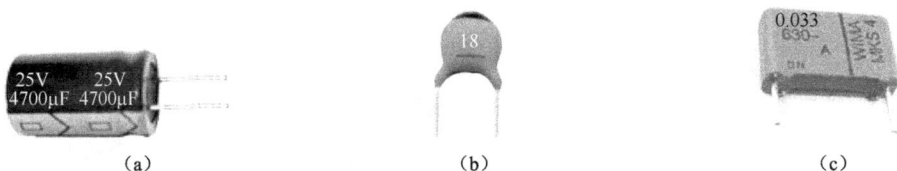

（a） （b） （c）

图1-39 电容器直标法

（2）文字符号法。文字符号法是由数字和字母相结合表示电容器的容量，文字符号前面的数字表示整数值，字母符号后面的数字表示小数点后面的小数值，容量单位标志符号所在位置为小数点的位置，如图1-40所示，表示读数是4.7nF。

图 1-40　电容器文字符号法

（3）数码法。标称容量一般用三位数字来表示容量的大小，前二位数字表示有效数字，第三位数字表示指数，即零的个数，单位为 pF，如图 1-41 所示，其中图 1-41（a）的读数为 $22×10^4pF$，图 1-41（b）的读数为 $10×10^4pF$。

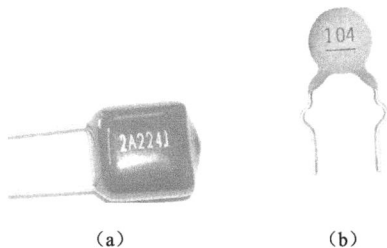

（a）　　　　　　　　　　（b）

图 1-41　电容器数码法

（4）色标法。色标法是用不同颜色的带或点在电容器表面标出标称容量和允许误差。电容器的色码一般只有三环，前二环色码表示有效数字，第三环色码表示倍率，标称容量单位为 pF，如图 1-42 所示。

图 1-42　电容器色标法

7. 识别电容器的极性

对于有极性的电容器，可以从外观识别其正、负极性。

（1）未使用过的电解电容器以引线的长短来区分电容器的正、负极，长引线为正极，短引线为负极，如图 1-43 所示。

（2）也可以通过电容器外壳标注来区分，如有些电容器外壳标注负号对应的引线为负极，如图 1-44 所示。

图 1-43　以引线的长短来区分电容器的正、负极

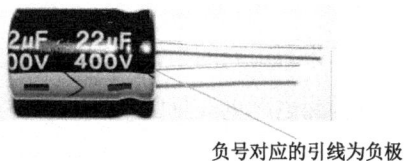

图 1-44　通过电容器外壳标注来区分

8. 电容器的检测

可用万用表判断电解电容器的正、负极性，如图 1-45 所示。

（1）选择量程。

（2）将万用表的红、黑表笔任意搭接电容器的两电极，测得其漏电电阻的大小。

（3）将电容器两个电极短路进行放电。

（4）交换万用表的红、黑表笔再次进行测量，测得漏电电阻的大小。

（5）比较两次测得的漏电电阻大小，则漏电电阻阻值大的那次，黑表笔所接为电容器的正极，红表笔为电容器的负极。

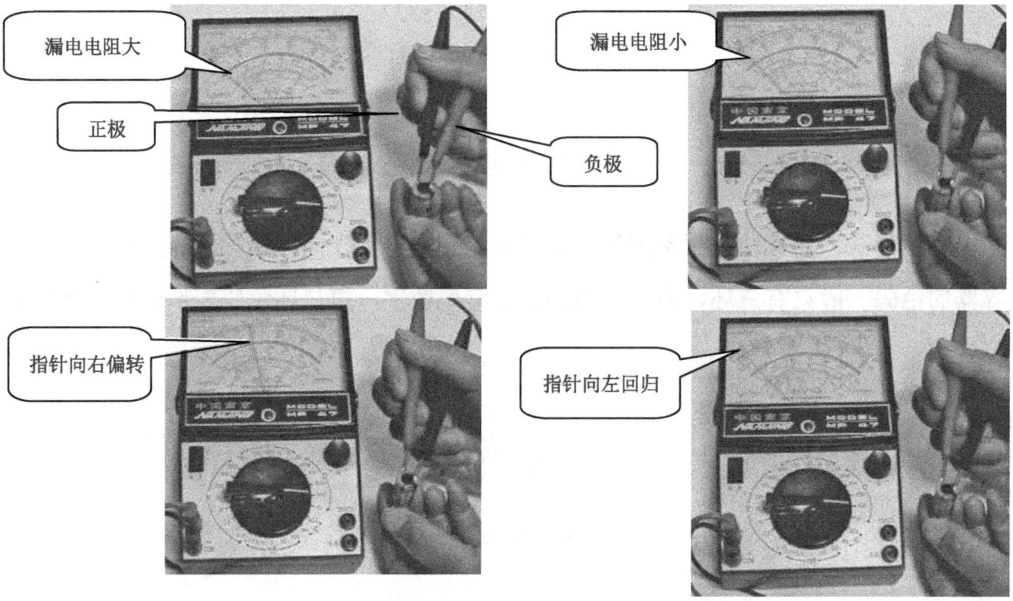

图 1-45　万用表检测电解电容器正、负极性

可用万用表检测电容器质量。

（1）如果万用表指针不动，则说明电容器内部断路（见图 1-46），或者电容器容量太小，充放电电流太小，不足以让指针偏转。

（2）如果万用表的指针向右偏转到零刻度后，不再向左回归，则说明电容器内部短路（见图 1-47）。

（3）如果万用表的指针不能回归到无穷大刻度，而是停在阻值小于 $500\text{k}\Omega$ 的刻度处，则说明电容漏电严重（见图 1-48）。

指针不动

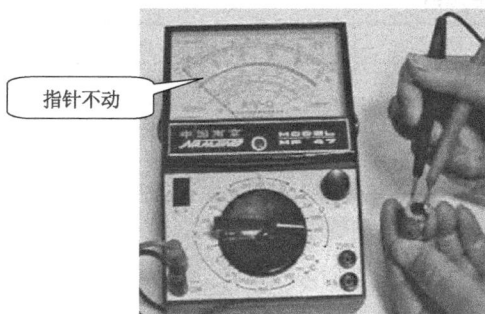

图 1-46 电容器内部断路

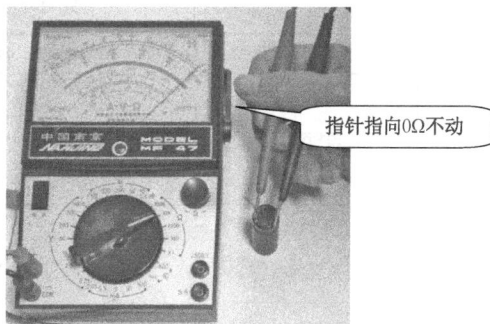

指针指向0Ω不动

图 1-47 电容器内部短路

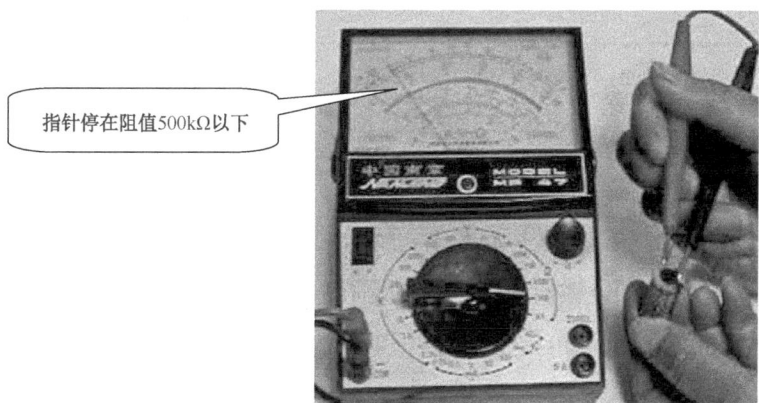

指针停在阻值500kΩ以下

图 1-48 电容器漏电

9. 电容器的主要参数

（1）电容器的额定电压。电容器的额定电压是指在一定温度控制范围内，电容器连续工作所能承受的最大电压。

（2）电容器的标称容量。电容器的标称容量是指电容器表面所标的容量。它表征了电容器储存电荷的能力，是电容器的重要参数。

三、电感器

1. 电感器基本知识

电感器是用绝缘导线绕成一匝或多匝以产生一定自感量的电子元件，常称电感线圈，简称线圈。电感器是电子电路中常用的元器件之一。电感器是用绝缘导线绕制而成的电磁感应元件，在电路中用字母"L"表示。电感的单位是亨利，用符号 H 表示。常用单位有毫亨（mH）、微亨（μH）。常见电感器见表 1-7。

$$1H=10^3mH=10^6\mu H$$

表 1-7　常见电感器

序号	名　称	实　物　图	用　途
1	高频扼流线圈		常用在高频电路中
2	低频扼流线圈		常用在低频电路中，如音频电路、电源滤波电路
3	色码电感器	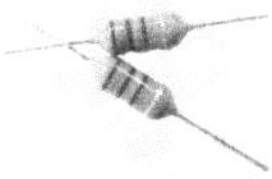	色码电感器是一种高频电感器，工作频率范围一般在 10kHz～200MHz，电感量在 0.1～3300μH 范围内

2. 电感器分类

按结构形式分：固定电感器、可调电感器。

按导磁体性质分：空心电感器、磁心电感器、铁心电感器、铜心电感器。

按绕线结构分：单层线圈、多层线圈、蜂房式线圈。

按用途分：天线线圈、振荡线圈、扼流线圈、陷波线圈、偏转线圈。

（1）空心电感器又称空心电感线圈，由导线一圈靠一圈地绕在绝缘管上，导线彼此互相绝缘，绝缘管是空心的，如图 1-49 所示。空心电感器图形符号如图 1-50 所示。

图 1-49　空心电感器 　　　　　　　　　　　图 1-50　空心电感器图形符号

（2）磁心电感器又称磁心电感线圈，由漆包线环绕在磁心或磁棒上制成，如图 1-51 所示。磁心电感器图形符号如图 1-52 所示。

（3）铁心电感器又称铁心电感线圈。铁心电感器由漆包线环绕在铁心上制成，如图 1-53 所示。铁心电感器图形符号如图 1-54 所示。

（4）可调电感器又称可调电感线圈，是在线圈中加装磁心，并通过调节其在线圈中的位置来改变电感量，如图 1-55 所示。可调电感器图形符号如图 1-56 所示。

图 1-51 磁心电感器

图 1-52 磁心电感器图形符号

图 1-53 铁心电感器

图 1-54 铁心电感器图形符号

图 1-55 可调电感器

图 1-56 可调电感器图形符号

3. 识读电感器的电感量

（1）直标法是指在小型固定电感器的外壳上直接用文字标注出电感器的主要参数，如电感量、误差值、最大直流工作电流等。用字母 A（50mA）、B（150mA）、C（300mA）、D（700mA）、E（1600mA）表示额定电流。用 Ⅰ（±5%）、Ⅱ（±10%）、Ⅲ（±20%）表示允许误差，如图 1-57 所示。小型固定电感器的工作电流与字母的对应关系见表 1-8。

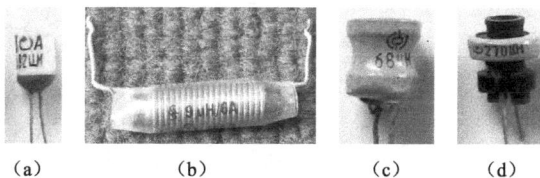

（a）　　　（b）　　　（c）　　　（d）

图 1-57 电感器直标法

表 1-8   小型固定电感器的工作电流与字母的对应关系

字　　母	A	B	C	D	E
最大工作电流/mA	50	150	300	700	1600

（a）　　　　（b）

图 1-58   电感器数码法

（2）数码法是在电感器上采用三位数码表示标称电感值的方法。数码从左到右，第一位、第二位表示电感的有效值，第三位表示指数，即零的个数，小数点用 R 表示，单位为微亨（μH），如图 1-58 所示。其中图 1-58（a）读数为 $47×10^2μH$，图 1-58（b）读数为 $22×10^3μH$。

（3）色标法是指在电感器的外壳上涂各种不同颜色的环，用来标注其主要参数。电感器色标法的数字与颜色的对应关系和色环电阻色标法相同，如图 1-59 所示。图 1-60 所示为色码电感器。

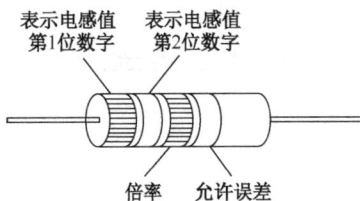

图 1-59   电感器色标法

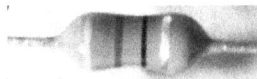

图 1-60   色码电感器

4. 检测电感器

（1）检查外观。

（2）检测电感器直流电阻，如图 1-61 所示。

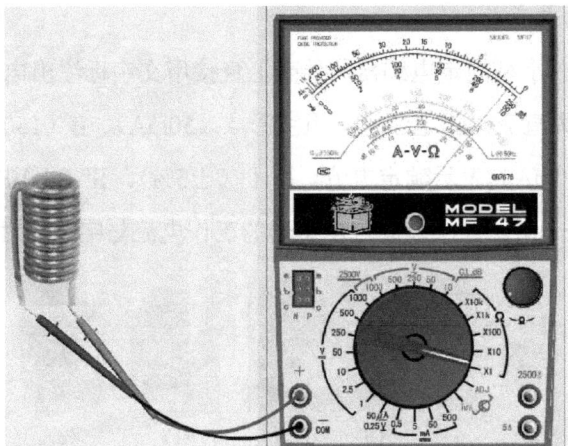

图 1-61   测量电感器直流电阻

（3）检查绝缘，如图 1-62 所示。

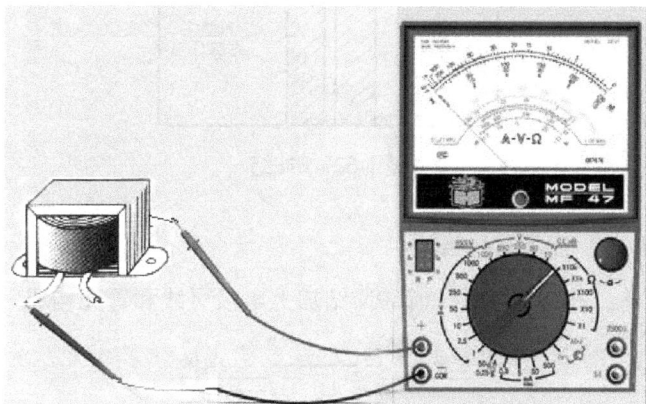

图 1-62　测量线圈引线与铁心或金属屏蔽罩之间的电阻

第四节／二极管

1. 半导体材料的导电特性

半导体，是指导电性能介于导体和绝缘体之间的一类物质。

（1）掺杂性。二极管、晶体管、场效应晶体管、晶闸管等，都是利用半导体的掺杂特性制造的。

（2）光敏性。利用这一特性，可以制成光敏电阻、光敏二极管和光敏晶体管等。

（3）热敏性。利用这一特性，可以制成热敏电阻，常用在工业自动控制装置中。

2. PN 结

不加杂质的纯净半导体，称为本征半导体。

在纯净的半导体中加入极微量的其他元素，得到的半导体称为杂质半导体。

在本征半导体中掺入适量的三价元素，就形成 P 型半导体。

在本征半导体中掺入适量的五价元素，就形成 N 型半导体。

在 P 区和 N 区的交界面形成一个具有特殊电性能的薄层，称为 PN 结。PN 结具有单向导电性，PN 结如图 1-63 所示。

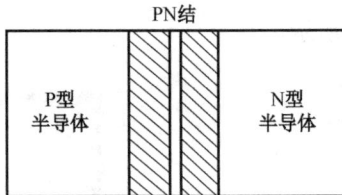

图 1-63　PN 结

3. 二极管的形成、符号与特性

晶体二极管简称二极管。它由一个 PN 结加上电极引线和管壳构成，如图 1-64 所示。

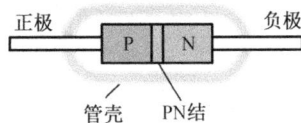

图 1-64　二极管的基本结构

二极管的一般图形符号如图 1-65 所示，文字称号为 VD。常见的二极管有整流二极管、检波二极管、开关二极管等。

图 1-65　二极管的一般图形符号

1）二极管的单向导电性

如图 1-66（a）所示，直流电源正极接二极管正极，直流电源负极接二极管负极，这种接法称为正向偏。此时，二极管导通，指示灯亮。

如图 1-66（b）所示，直流电源正极接二极管负极，直流电源负极接二极管正极，这种接法称为反向偏置。此时，二极管不导通，即截止，指示灯不亮。

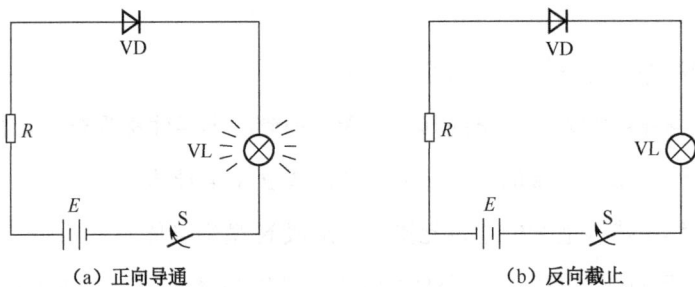

（a）正向导通　　　　　　　　　　（b）反向截止

图 1-66　二极管的单向导电性

结论：当二极管正向偏置时，二极管导通；当二极管反向偏置时，二极管截止。二极管的这种特性称为单向导电性。

2）二极管的伏安特性曲线

二极管的导电性能由加在二极管两端的电压和流过二极管的电流来决定。这两者之间的关系称为二极管的伏安特性。二极管的伏安特性曲线如图 1-67 所示。

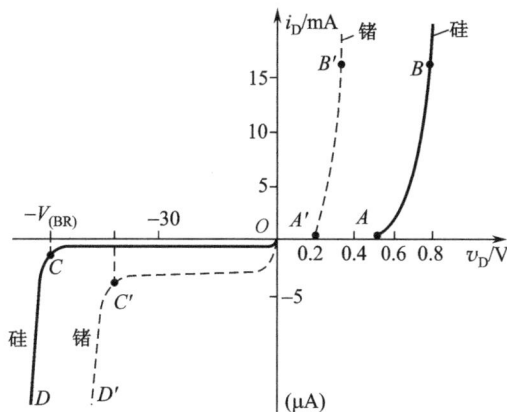

图 1-67　二极管的伏安特性曲线

正向特性

① 死区。如图中 OA 段，称为死区。硅二极管的死区电压约为 0.5 V，锗二极管的死区电压约为 0.2 V。

② 正向导通。如图中 AB 段。二极管导通后两端电压基本不变，硅二极管约为 0.7 V，锗二极管约为 0.3 V。

反向特性

① 反向截止区。当加反向电压时，二极管反向电流很小，而且在很大范围内不随反向电压的变化而变化，故称为反向饱和电流。

② 反向击穿区。若反向电压不断增大到一定数值时，反向电流就会突然增大，这种现象称为反向击穿。

稳压二极管就是利用反向击穿特性在电路中起稳定电压作用的。

由二极管的伏安特性可知，二极管属于非线性器件。

4. 二极管的分类

按制作材料分：硅二极管、锗二极管。

按结构形式分：点接触型、面接触型、平面型二极管。

按用途分 $\begin{cases} 普通二极管：整流二极管、检波二极管、开关二极管。 \\ 特殊二极管：稳压二极管、发光二极管、光敏二极管、变容二极管。 \end{cases}$

（1）整流二极管。整流二极管是用于将交流电能转变为脉动直流电能的半导体器件，如图 1-68 所示。

图 1-68　整流二极管

（2）检波二极管。检波二极管也称解调二极管，是利用其单向导电性将高频或中频无线电信号中的低频信号或音频信号分离出来的器件。它具有较高的检波效率和良好的频率特性，如图 1-69 所示。

图 1-69　检波二极管

（3）开关二极管。开关二极管是为在电路上进行通断而特殊设计的一种二极管。它由导通变截止或由截止变导通所需的时间比一般二极管短，即开关速度快，如图 1-70 所示。

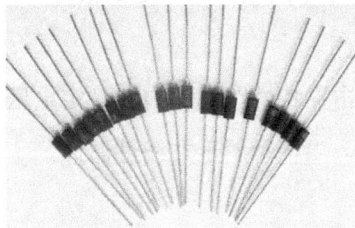

图 1-70　开关二极管

（4）特殊二极管的图形符号和外形（见表 1-9）。

表 1-9　特殊二极管的图形符号和外形

序号	名　称	实　物　图	符　号	用　途
1	稳压二极管		VZ	主要用作稳压器或电压基准元件
2	发光二极管		VD	广泛应用于各种电子电路、家用电器、仪表设备中,用作电源指示、电平指示,或者组成文字或数字显示等
3	光敏二极管		VD	主要用在自动控制中,作为光电检测元件
4	变容二极管		VD	在高频调谐、通信等电路中作为可变电容器使用

5. 识别二极管的极性

(1)国产的二极管通常将电路符号印在管壳上,直接标示出引脚极性,如图 1-71 所示。

正极 "+"　　　　　　　　负极 "-"

图 1-71　用符号直接标出引脚极性

(2)小型塑料封装的二极管的 N 极（负极）,常在负极一端印上一道色环作为负极标记,如图 1-72 所示。

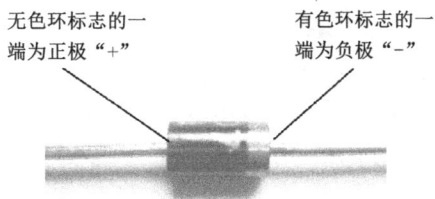

无色环标志的一端为正极 "+"　　　　有色环标志的一端为负极 "-"

图 1-72　用一道色环作为负极标记

（3）有的二极管两端形状不同，平头一端引脚为正极，圆头一端引脚为负极，如图 1-73 所示。

（4）发光二极管的正负极可从引脚长短来识别，长引脚为正极，短引脚为负极，如图 1-74 所示。

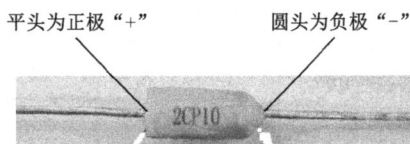

平头为正极"+"　　　　圆头为负极"−"

图 1-73　根据两端形状不同识别

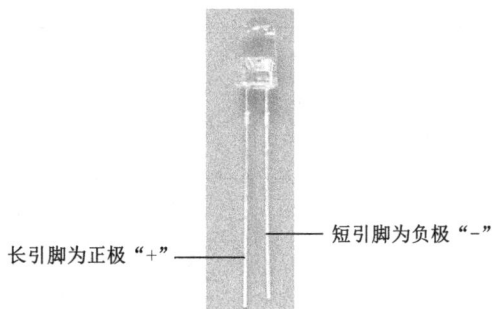

长引脚为正极"+"　　　短引脚为负极"−"

图 1-74　根据引脚长短识别

6. 二极管的检测

● 普通二极管的检测

1）判断二极管极性

① 选择量程。将量程开关拨到 R×100 或 R×1k 挡。

② 欧姆调零。

③ 检测极性。先用表笔分别与二极管的两极相连，测出正、反向两个电阻阻值。测得阻值较小的那一次，与黑表笔相接的一端即为二极管的正极。同理，测得阻值较大的那一次，与黑表笔相接的一端即为二极管的负极，如图 1-75 所示。

正向电阻较小，反向电阻较大

万用表置于 R×100 挡

MF 47　多重保护电路

红表笔接二极管的负极，黑表笔接二极管的正极，然后对调表笔

图 1-75　用万用表判断二极管极性

2）判断二极管质量的方法见表 1-10。

表 1-10　用万用表判定二极管质量的方法

序　号	1	2
测量方法	测正向电阻。用万用表 $R×100$ 挡或 $R×1k$ 挡，红表笔接二极管的正极，黑表笔接二极管的负极	反向电阻。用万用表 $R×100$ 挡或 $R×1k$ 挡，红表笔接二极管的负极，黑表笔接二极管的正极
示意图		
质量判定	硅管几千欧，锗管几百欧，说明二极管正常	几十万欧，硅管大于锗管，接近∞处，说明二极管正常
	测量值为零，说明二极管内部短路	
	测量值为∞，说明二极管内部开路	

● 检测发光二极管

（1）将指针式万用表置于 $R×10k\Omega$ 挡，欧姆调零。

（2）将红、黑表笔分别接至发光二极管两端。若测得阻值为 ∞，再将红、黑表笔对调后接在发光二极管两端，若测得的电阻阻值约为几十千欧至 $200k\Omega$，说明发光二极管质量良好。测得电阻阻值约为几十千欧至 $200k\Omega$ 的那一次，黑表笔接的是发光二极管正极，如图 1-76 所示。

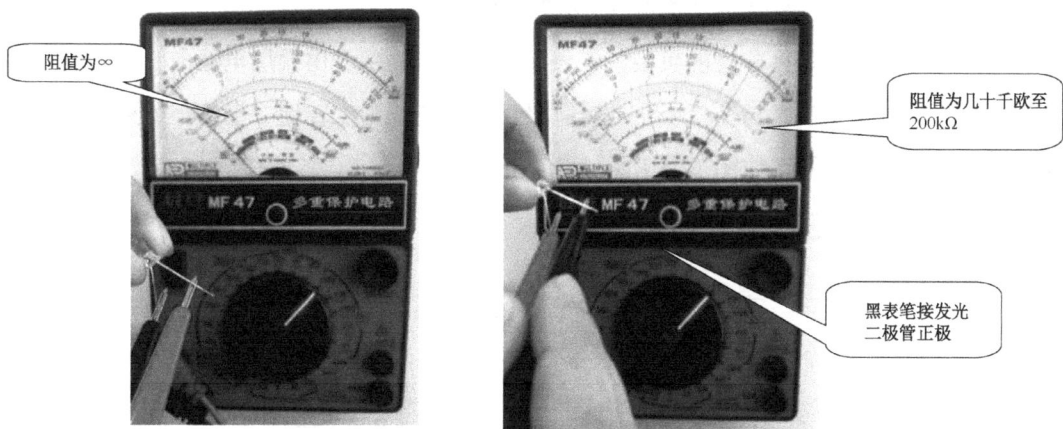

阻值为∞

阻值为几十千欧至 $200k\Omega$

黑表笔接发光二极管正极

图 1-76　用万用表检测发光二极管

（3）若两次测得的阻值都很大，则发光二极管内部开路；若两次测得的阻值都较小，则发光二极管内部击穿。

● 区分硅二极管和锗二极管

（1）将万用表的量程选择开关拨到 $R×100$ 挡或 $R×1k$ 挡。

（2）用黑表笔接二极管的"+"极，红表笔接二极管的"−"极，测其正向电阻。如果万用表的指针在表盘中间或中间偏右一点，则为硅管；如果万用表的指针在表盘右端靠近满刻度处，则为锗管，如图 1-77（a）所示。

（3）也可以用万用表红表笔接二极管的"+"极，黑表笔接二极管的"−"极，即测其反向电阻。如果指针基本不动，指在"∞"处，则为硅管；如果指针有很小偏转，且一般不超过满刻度的 1/4，则为锗管，如图 1-77（b）所示。

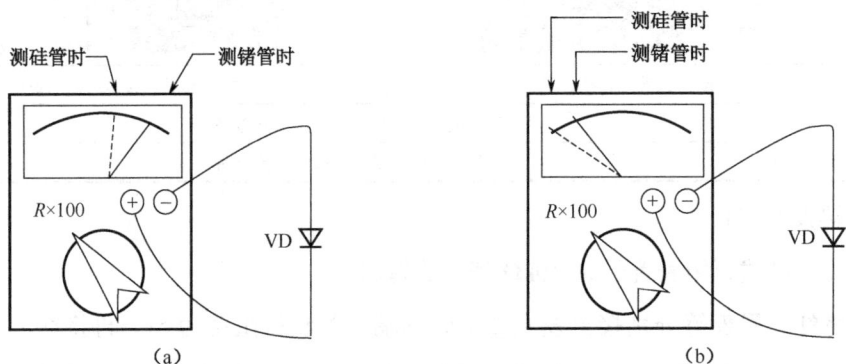

图 1-77　用万用表区分硅二极管和锗二极管

● 区分稳压管和普通二极管

（1）将万用表的量程选择开关拨到 $R×10k$ 电阻挡。

（2）用黑表笔接待区分管的负极，红表笔接其正极，由表内叠层电池向管子提供反向电压。若指针基本不动，指在"∞"处或有极小偏转的，则为普通二极管；如果指针有一定的偏转，则为稳压管，如图 1-78 所示。

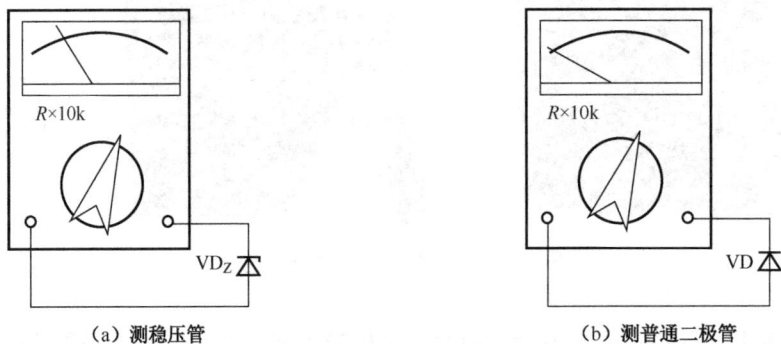

图 1-78　用万用表区分稳压管和普通二极管

● 用数字万用表测量二极管

1）判别极性

① 将数字万用表置于二极管挡，表笔分别接二极管的两个电极。

② 若显示屏显示在"1"以下数字时，说明二极管导通，红表笔所接的引脚为正极，黑表笔所接的引脚为负极。此时，数字万用表显示出被测发光二极管的正向电压，单位为V，如图 1-79（a）所示。

③ 若数字万用表是溢出显示（显示"1"），则说明二极管处于反向截止状态，红表笔所接的引脚为负极，黑表笔所接的引脚为正极，如图 1-79（b）所示。

（a）正向接法　　　　　　　　　　（b）反向接法

图 1-79　用数字万用表测量二极管

2）判断质量

如果正、反向接法测量时，数字显示≤20 时，同时发出蜂鸣声，或者均为溢出显示，则说明被测二极管是坏的。

3）区分硅管和锗管

将数字万用表置于二极管挡，红表笔接二极管的正极，黑表笔接二极管的负极，若显示屏显示的电压值为 0.5～0.7V，说明被测管是硅管；若显示屏显示的电压值为 0.1～0.3V，说明被测管是锗管。

4）检测发光二极管

① 将数字万用表置于二极管挡。

② 当正向接法时，数字万用表显示出被测发光二极管的正向电压，同时被测二极管发出

微亮光点。此时，红表笔所接的引脚为正极，黑表笔所接的引脚为负极，如图 1-80（a）所示。

③ 当反向接法时，数字万用表是溢出显示（显示"1"），被测发光二极管不会发光，如图 1-80（b）所示。

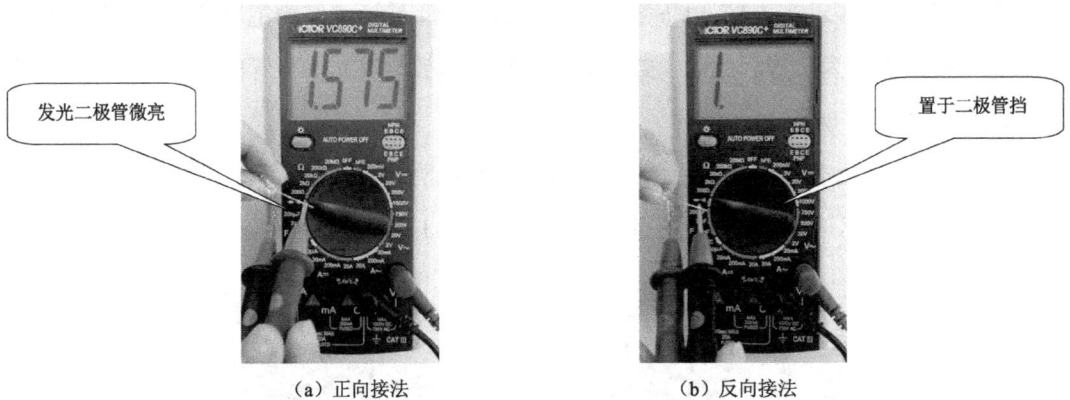

（a）正向接法　　　　　　　　　（b）反向接法

图 1-80　用数字万用表测量发光二极管

7. 二极管的选用

1）认识二极管的型号

二极管的型号命名通常由 5 部分组成，如图 1-81 所示。

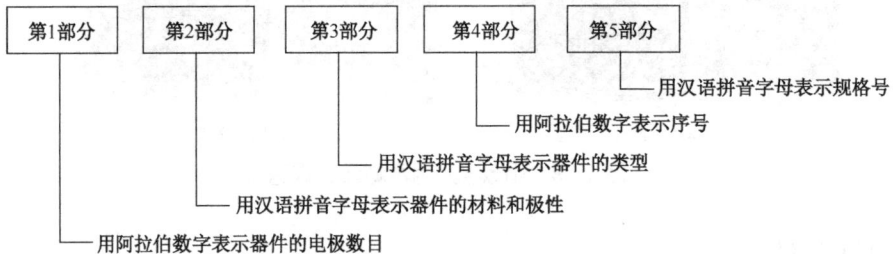

图 1-81　二极管的型号命名

2）选择二极管的类型

① 整流二极管的选用。整流二极管一般为平面型硅二极管，用于各种电源整流电路中。

② 检波二极管的选用。检波二极管一般可选用点接触型锗二极管，如 2AP 系列。

③ 稳压二极管的选用。稳压二极管一般用在稳压电源中作为基准电压源或用在过电压保护电路中作为保护二极管。

④ 硅功率开关二极管可实现高速导通与截止。主要在大功率开关或稳压电路、直流变换器、高速电机调速及在驱动电路中用作高频整流及续流箝位。

3）选择二极管的主要参数

① 最大整流电流 I_{FM} 是指二极管长期连续工作时允许通过的最大正向电流值。

② 二极管正常工作时所能承受的最高反向电压值，即为最高反向工作电压 U_{RM}。

③ 最大反向电流 I_{RM} 是指二极管在规定的温度和最高反向电压作用下，流过二极管的最大反向电流。

④ 最高工作频率 f_M 是指二极管正常工作下的最高频率。

如果是稳压二极管，主要参数有：

① 稳定电压 U_Z。

② 稳定电流 I_Z 和最大稳定电流 I_{Zmax}。

③ 电压温度系数。

第五节 晶体管

晶体管是一种利用输入电流控制输出电流的电流控制型器件。它是由两个 PN 结构成的带三个电极的半导体器件，在电路中主要作为放大和开关元件使用。

1. 晶体管的图形符号和外形

晶体管基本结构是在一块半导体基片上制作两个相距很近的 PN 结。两个 PN 结把整块半导体分成三部分，中间部分是基区，两侧部分是发射区和集电区。排列方式有 PNP 和 NPN 两种。从三个区引出相应的电极，分别为基极 b、发射极 e 和集电极 c。发射区和基区之间的 PN 结叫发射结，集电区和基区之间的 PN 结叫集电极。硅晶体管和锗晶体管都有 PNP 型和 NPN 型两种类型。晶体管的结构和符号如图 1-82 所示。

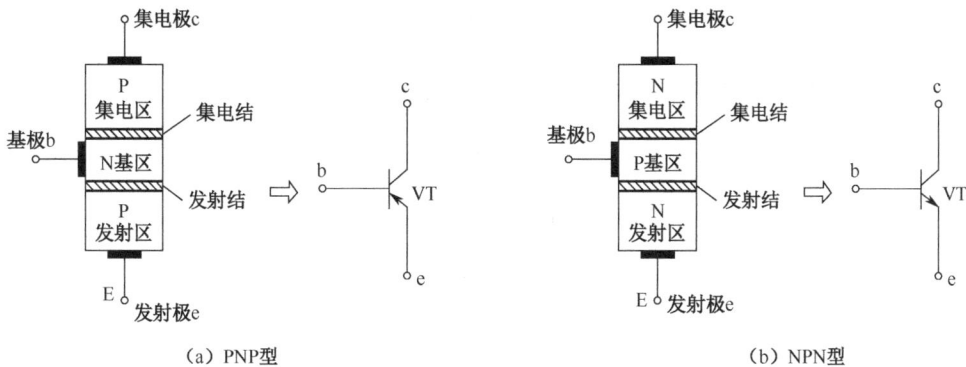

（a）PNP型　　　　　　　　　　　　　　（b）NPN型

图 1-82　晶体管的结构和符号

2. 晶体管应用电路及特性

1）电路连接

晶体管应用电路如图 1-83 所示，用直流电流表分别测量晶体管的基极电流 I_B、集电极电流 I_C 和发射极电流 I_E，将测量结果填入表 1-11 中。

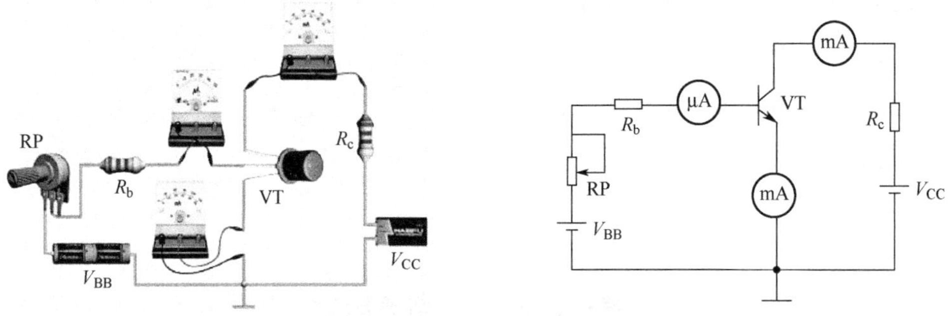

（a）实物图   （b）原理图

图 1-83　晶体管应用电路

表 1-11　晶体管应用电路测量结果

测量次数/次	1	2	3	4	5
基极电流 I_B/μA	0	20	40	60	80
集电极电流 I_C/mA	0	1.14	2.33	3.48	4.64
发射极电流 I_E/mA	0	1.16	2.37	3.54	4.72

2）电路分析

晶体管各电极电流分配关系为

$$I_E = I_B + I_C$$

共发射极直流放大系数

$$\bar{\beta} = \frac{I_C}{I_B}$$

共发射极交流放大系数

$$\beta = \frac{\Delta I_C}{\Delta I_B}$$

穿透电流 I_{CEO} 很小且不受 I_B 的控制，但受温度的影响较大。

晶体管电流放大作用：晶体管基极电流 I_B 的微小变化（ΔI_B）能够引起集电极电流 I_C 的显著变化（ΔI_C），即小电流可以控制大电流。

3）晶体管特性曲线

晶体管的输入特性曲线是反映晶体管输入回路电压与电流关系的曲线，指 U_{CE} 为某一定值时，基极电流 i_B 与发射结电压 u_{BE} 之间的关系曲线，如图 1-84 所示。

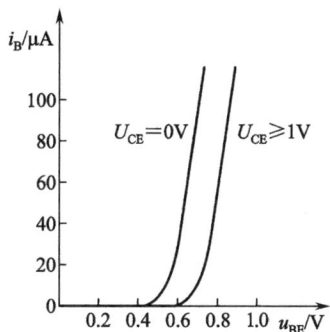

图 1-84　共发射极输入特性曲线

4）晶体管输出特性曲线

输出特性曲线是反映晶体管输出回路电压与电流关系的曲线，在基极电流 I_B 为一常量的情况下，集电极电流 i_C 与管压降 u_{CE} 之间的关系曲线，如图 1-85 所示。

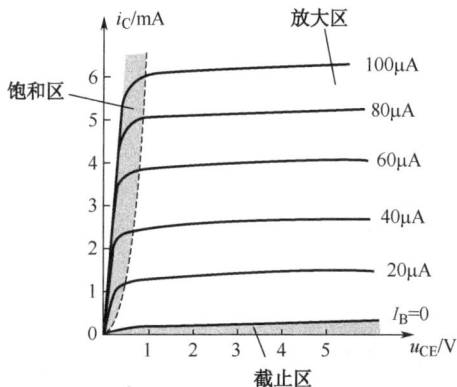

图 1-85　共发射极输出特性曲线

① 截止区。截止区是指 $I_B=0$ 曲线以下的区域。此时，晶体管发射结反偏或零偏，集电结反偏。

② 放大区。放大区是指一簇与横轴平行的曲线，且各曲线距离近似相等的区域称为放大区。此时，晶体管处于放大状态。它是晶体管发射结正偏、集电结反偏时的工作区域。

a．电流受控。I_C 受 I_B 控制，具有电流放大作用，即 $\Delta i_C = \beta \Delta i_B$。

b．恒流特性，只要 I_B 一定，i_C 基本不随 u_{CE} 变化而变化。

③ 饱和区。u_{CE} 较小的区域称为饱和区。此时，晶体管处于饱和状态，晶体管的发射结和集电结都处于正偏，I_C 已不再受 I_B 控制。饱和电压降是 U_{CES}，小功率硅管约为 0.2V，锗管约为 0.1V。

晶体管工作有饱和区与截止区时，具有"开关"特性，广泛应用在数字电路中；晶体管工作在放大区时，具有"放大"特性，广泛应用在模拟电路中。

3. 晶体管的分类

按材料分：有锗晶体管、硅晶体管。

按导电类型分：NPN 型晶体管、PNP 型晶体管。

按制作工艺分：平面型晶体管、合金型晶体管、扩散型晶体管。

按封装方式分：金属封装晶体管、塑料封装晶体管。

按功率分：小功率晶体管、中功率晶体管、大功率晶体管。

按工作频率分：低频晶体管、高频晶体管、超高频晶体管。

按用途分：普通放大晶体管、开关晶体管、特殊晶体管。

图 1-86（a）、图 1-86（b）为小功率晶体管。低频小功率晶体管一般用于小信号放大。高频小功率晶体管主要用于高频振荡、放大电路。

图 1-86（c）、图 1-86（d）为大功率晶体管。低频大功率晶体管主要应用于电子音响设备的低频功率放大电路和各种大电流输出稳压电源中，作为调整管。高频大功率晶体管主要用于通信等设备中，起功率驱动、放大作用。

按封装方式分，图 1-86（a）、图 1-86（c）为塑料封装晶体管，图 1-86（b）、图 1-86（d）为金属封装晶体管。

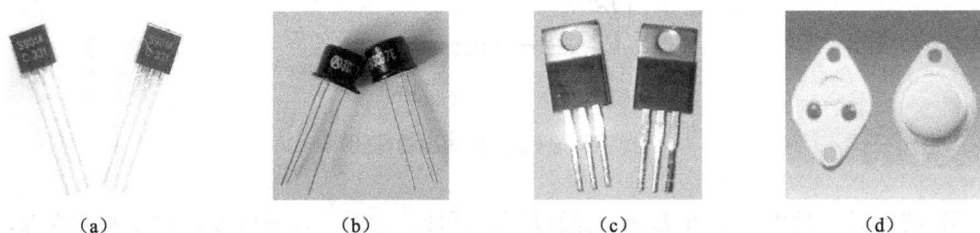

| （a） | （b） | （c） | （d） |

图 1-86　常用晶体管外形

常见特殊晶体管见表 1-12。

表 1-12　常见特殊晶体管

序号	名称	实物图	符号	用途
1	达林顿晶体管		NPN型达林顿三极管　　PNP型达林顿三极管	常用于功率放大器和稳压电源

续表

序号	名称	实 物 图	符 号	用 途
2	带阻晶体管		NPN型　　　　　　　　PNP型	常用在电路中作为电子开关
3	带阻尼晶体管		阻尼二极管 保护电阻	常用于彩色电视机和计算机显示器的电路

4. 识别晶体管的引脚

（1）小功率金属封装晶体管，如图1-87所示。

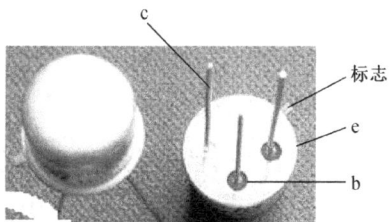

图 1-87　小功率金属封装三只引脚识别

（2）小功率塑料封装晶体管，如图1-88所示。

e　b c

图 1-88　小功率塑料封装三只引脚识别

（3）大功率金属封装晶体管，如图1-89所示。

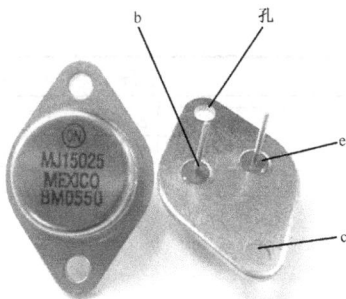

图 1-89　大功率金属封装三只引脚识别

（4）大功率塑料封装晶体管，如图 1-90 所示。

图 1-90　大功率塑料封装三只引脚识别

5. 判别晶体管的类型和引脚

（1）选择量程。把万用表置于×100Ω 挡或×1kΩ 挡。

（2）欧姆调零。调整欧姆调零旋钮至零刻度线。

（3）检测类型和基极。任意假定晶体管的一个电极是基极 b，用黑表笔连接，用红表笔分别与另外两极连接。当出现两次电阻都很小时，则黑表笔所接的就是基极，且管型为 NPN 型。当出现两次电阻都很大时，则管型为 PNP 型，如图 1-91 所示。

黑表笔接假定的基极b，红表笔分别与另外两个电极相连

当出现两次电阻都很小时，则黑表笔所接的为基极，且管型为NPN型

图 1-91　晶体管的类型和基极检测

（4）检测发射极和集电极。当基极 b 确定后，可接着判断发射极 e 和集电极 c。若是 NPN 型管，将两表笔与待测的两极相连，然后用手指捏紧基极和黑表笔，观察指针摆动的幅度，再将黑、红表笔对调，重复上述测量过程，比较两次指针摆动幅度，幅度摆动大的这次红表笔接的是发射极 e，黑表笔接的是集电极 c。若是 PNP 型管，只要在上述方法中红、黑表笔对调即可，如图 1-92 所示。

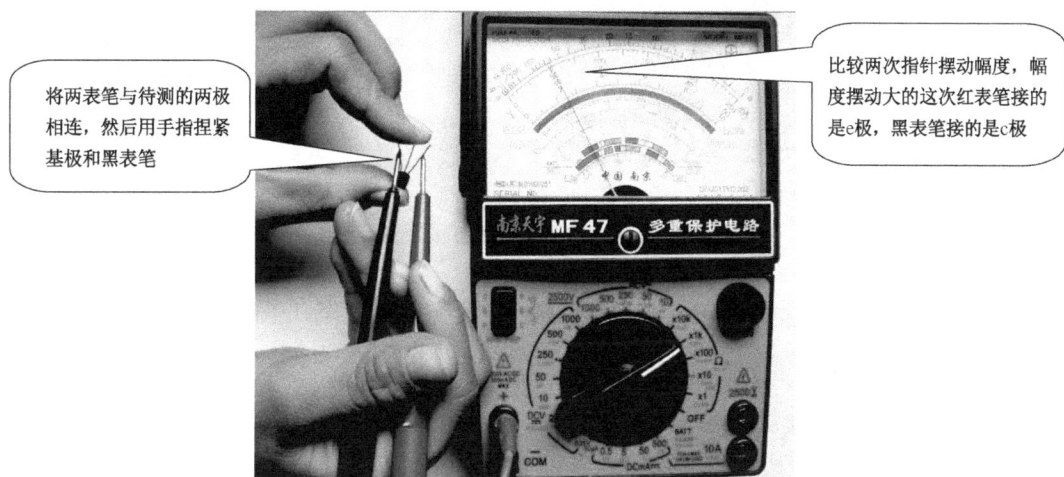

将两表笔与待测的两极相连，然后用手指捏紧基极和黑表笔

比较两次指针摆动幅度，幅度摆动大的这次红表笔接的是e极，黑表笔接的是c极

图 1-92　晶体管发射极和集电极检测

6. 判别晶体管质量

1）检测集电结和发射结的正、反向电阻

① 选择量程。把万用表置于×100Ω 挡或×1kΩ 挡。

② 欧姆调零。调整欧姆调零旋钮为零刻度线。

③ 检测 NPN 型晶体管的集电极和基极之间的正、反向电阻，如图 1-93 所示。

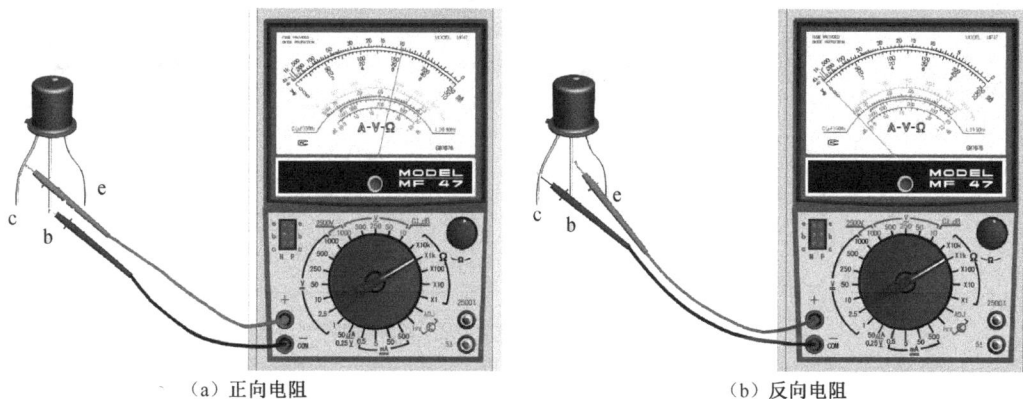

（a）正向电阻　　　　　　　　　　　　（b）反向电阻

图 1-93　检测 NPN 型晶体管的集电结电阻

④ 检测 NPN 型晶体管的发射极和基极之间的正、反向电阻，如图 1-94 所示。

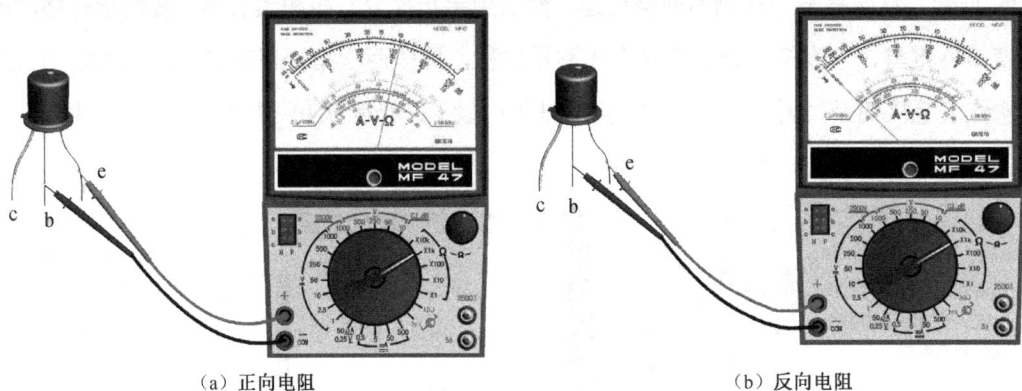

（a）正向电阻　　　　　　　　　　　　　　　　（b）反向电阻

图 1-94　检测 NPN 型晶体管的发射结电阻

正常时，集电结和发射结正向电阻都比较小，约为几百欧至几千欧；反向电阻都很大，为几百千欧至无穷大。

2）检测集电极与发射极之间电阻

① 选择量程。

② 欧姆调零。

③ 对于 NPN 型晶体管，红表笔接集电极，黑表笔接发射极测一次电阻，如图 1-95（a）所示。互换表笔再测一次电阻，如图 1-95（b）所示。正常时，两次电阻阻值比较接近，约为几百千欧至无穷大。

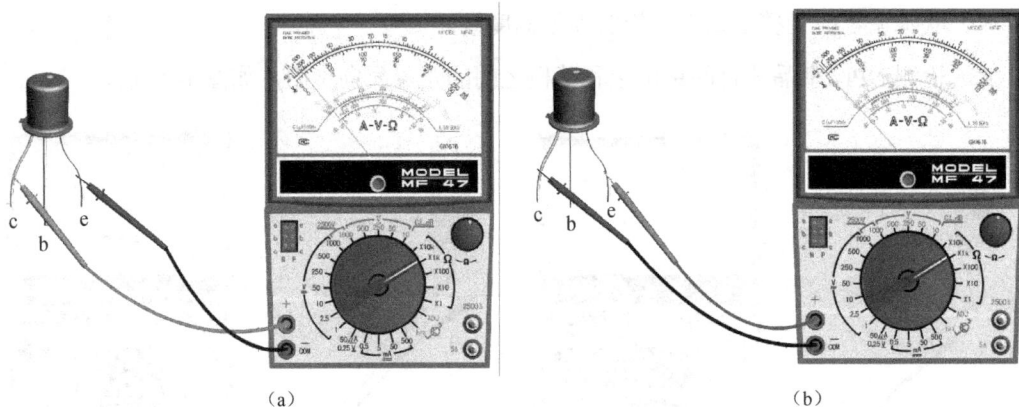

（a）　　　　　　　　　　　　　　　　　　（b）

图 1-95　集电极与发射极之间的电阻

对于 PNP 型晶体管，红表笔接集电极，黑表笔接发射极测一次电阻，正常为十几千欧至几百千欧；互换表笔再测一次电阻，与正向电阻值相近。

3）判断质量

如果晶体管任意一个 PN 结的正、反向电阻不正常，或集电极和发射极之间的正、反向电阻不正常，说明晶体管已损坏。如发射结的正、反向电阻阻值均为无穷大，说明发射结开路；集电极与发射极之间的电阻阻值为 0，说明集电极与发射极之间击穿短路。

7. 晶体管的选用

1）认识晶体管的型号

晶体管的型号命名通常由 5 部分组成（见图 1-96）。

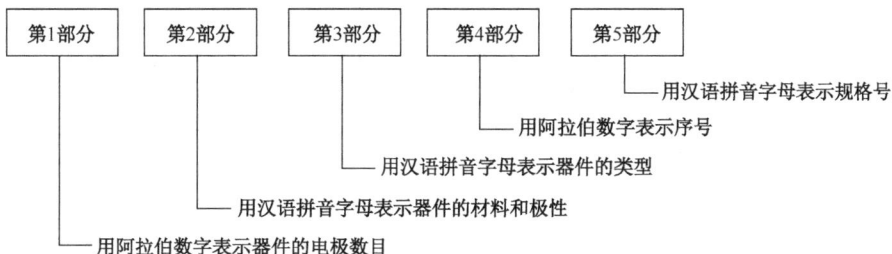

图 1-96　晶体管型号的命名

2）选择晶体管的类型

① 根据电路工作频率确定选用低频管或高频管。

② 尽量选用低噪声的硅管，考虑晶体管工作的安全性。

③ 大功率晶体管在使用时，因功耗较大，应按要求加装一定规格尺寸的散热片。

3）选择晶体管的主要参数

① 直流电流放大倍数 $\bar{\beta}$ (h_{FE})是指无交流信号输出时，共发射极电路输出的集电极直流电流 I_C 与基极输入的直流电流 I_B 的比值，即 $\bar{\beta} = \dfrac{I_C}{I_B}$。

② 集-基极反向饱和电流 I_{CBO} 是指在发射极开路（$I_E=0$），集电极与基极间加上规定的反向电压时的漏电电流。

③ 集-射极反向饱和电流 I_{CEO}，也称穿透电流，是指基极开路时，集电极与发射极之间加上规定的反向电压时，集电极的漏电电流。

④ 交流电流放大倍数 β(h_{fe})是指在有信号输入的情况下，共发射极电路集电极电流的变化量 ΔI_C 与基极电流变化量 ΔI_B 的比值，即 $\beta = \dfrac{\Delta I_C}{\Delta I_B}$。

⑤ 集电极最大允许电流 I_{CM}。一般规定晶体管电流放大系数 β 下降到额定值的 2/3 时的集电极电流，称为集电极最大允许电流。

⑥ 集-射极反向击穿电压 $U_{BR(CEO)}$。当基极开路时，集电极与发射极间允许加的最高

电压为 $U_{BR(CEO)}$。

⑦ 集电极最大允许耗散功率 P_{CM}。规定晶体管集电极温度升高到集电结临界烧毁所消耗的功率，称集电极最大耗散功率。

4）晶体管代换原则

晶体管的代换应遵守两大基本原则：类别相同，特性相近。

原则上要原型号代换，即 PNP 管换 PNP 管，NPN 管换 NPN 管及锗管换锗管，硅管换硅管。极限参数高的晶体管可以代替较低的晶体管，性能好的晶体管可以代替性能差的晶体管。

本 章 小 结

本章介绍了电路的基本概念，内容如下。

一、电路

电路是由各种元器件（或电工设备）按一定方式连接起来的总体，为电流的流通提供了路径。电路的基本组成电源、负载、控制器件和导线四个部分。电路有通路、开路、短路三种状态。

由理想元件构成的电路称为实际电路的电路模型，也称为实际电路的电路原理图，简称为电路图。

二、电流

在电场力作用下，电路中电荷沿着导体的定向运动即形成电流，其方向规定为正电荷流动的方向（或负电荷流动的反方向），其大小等于在单位时间内通过导体横截面的电量称为电流。

电流的大小及方向不随时间变化时称为直流电流。电流的大小及方向均随时间做周期性变化时称为交流电流。

三、电压

电压是指电路中 A、B 两点之间的电位差，其大小等于单位正电荷因受电场力作用从 A 点移动到 B 点所做的功。电压的方向规定为从高电位指向低电位的方向。

电压的大小及方向都不随时间变化，则称为直流电压。电压的大小及方向均随时间做周期性变化，则称为交流电压。

四、电阻

（1）电阻元件是对电流呈现阻碍作用的耗能元件，电阻定律为 $R = \rho l/S$ 。

电阻元件的电阻值一般与温度有关，衡量电阻受温度影响大小的物理量是温度系数，其定义为温度每升高 1℃时电阻值发生变化的百分数，即 $\alpha = \dfrac{R_2 - R_1}{R_1(t_2 - t_1)}$ 。

（2）电流通过导体时产生的热量为 $Q = I^2Rt$ 。

五、电位

在电路中选定某一点 A 为电位参考点，就是规定该点的电位为零，即 $U_A = 0$ 。电路中某一点 M 的电位 U_M 就是该点到电位参考点 A 的电压，也即 M、A 两点间的电位差，即 $U_M = U_{MA}$ 。

六、电功率与电能

电功率是电路元件或设备在单位时间内吸收或发出的电能，$P = UI$ 。

电能是指在一定的时间内电路元件或设备吸收或发出的电能量，$W = Pt = UIt$ 。

$$1 度（电）= 1kW \cdot h = 3.6 \times 10^6 J$$

为了保证电气设备和电路元件能够长期安全地正常工作，规定了额定电压、额定电流、额定功率等铭牌数据。

七、万用表

万用表是一种多用途、广量程、使用方便的测量仪表，可用来测量直流电压、直流电流、交流电压和电阻，万用表还可以测量交流电流、电容、电感及晶体管的主要参数等。万用表有指针式和数字式两类。

八、电阻器

电阻是导体本身具有的属性，用字母 R 表示。在国际单位制中，电阻的单位是欧姆，简称欧，符号是Ω。电阻的常用单位还有千欧（kΩ）和兆欧（MΩ）。1kΩ=10^3Ω，1MΩ=10^6Ω。

九、电容器

电容器简称电容，任何两个彼此绝缘又相互靠近的导体都可以构成电容器。这两个导体称为电容器的两个极板，中间的绝缘材料称为电容器的介质。电容器最基本的特性的是能够储存电荷。电容量的单位是法拉，简称法，用符号 F 表示。通常用远远小于法拉的单位有微法（μF），纳法（nF）和皮法（pF）：$1\mu F=10^{-6}F$，$1nF=10^{-9}F$，$1pF=10^{-12}F$。

十、电感器

电感器用绝缘导线绕成一匝或多匝以产生一定自感量的电子元件，常称电感线圈，简称线圈。电感器是电子电路中常用的元器件之一。电感的单位是亨利，用符号 H 表示。常用单位有毫亨（mH）、微亨（μH）。

十一、二极管

晶体二极管简称二极管。它由一个 PN 结加上电极引线和管壳构成。当二极管正向偏置时，二极管导通；当二极管反向偏置时，二极管截止。二极管的这种特性称为单向导电性。

十二、晶体管

晶体管是一种利用输入电流控制输出电流的电流控制型器件，是由两个 PN 结构成的带三个电极的半导体器件，在电路中主要作为放大和开关元件使用。硅晶体管和锗晶体管都有 PNP 型和 NPN 型两种类型。根据偏置条件的不同，可以工作在饱和、放大、截止三种不同的状态。

第二章

电子控制技术与系统 ◀◀

教学重点

1. 理解电子控制技术的含义，了解它的广泛应用。
2. 知道电子控制系统是以电子控制技术为核心的系统。
3. 知道电子控制系统的基本组成。

教学难点

1. 能用框图分析生活中常见电子控制系统的工作过程。
2. 理解反馈在电子控制系统中的作用。
3. 理解开环电子控制系统和闭环电子控制系统的区别。

第一节 电子控制系统的组成与工作过程

一、电子控制技术

电子控制技术是一门运用电子电路实现控制功能的技术。近几十年来，它的发展异常迅速，已经成为推动新的技术革命的一种重要技术。它不仅在生活中为人们所用，而且广泛应用于工业、农业、医疗、军事、航天等各领域。

二、电子控制系统

以电子技术为核心的控制系统称为电子控制系统（electronic control system）。在这个系统中，有电阻、电感、电容等元件和二极管、晶体管、集成电路（IC）等电子器件。它们相互作用、相互依赖，形成一个整体，以实现控制的目的。

例如，智能化的电饭煲具有煮饭、保温、定时、显示温度等功能，都是依靠电子控制技术实现控制的，属于电子控制系统。而普通的电饭煲往往只具有煮饭、保温功能，它是利用双金属片进行控制的，属于机械控制方式，不是电子控制系统。

电子控制系统是通过控制器实现控制的。如电子调光台灯系统中，灯泡是被控对象，灯光的亮度是被控量，通过控制器（调光电子电路）对灯泡进行控制，实现灯光亮度的调节。又如遥控小车，是通过遥控器对被控对象小车进行控制的，最终使被控量小车速度的大小和方向得到改变。

三、电子控制系统的组成

了解电子控制系统的基本组成对于电子产品的设计、使用和维护都有着十分重要的意义。下面以路灯的控制为例，说明电子控制系统的基本组成和工作过程。

过去的路灯需要人工控制，现在利用电子控制技术实现了自动化控制。那么，这两者有什么异同呢？现通过图 2-1 与图 2-2 进行对比。

视觉器官		大脑		手和足		路灯
检测光的强度	→	分析信息发出命令	→	执行命令完成路灯的开和关	→	点亮与熄灭

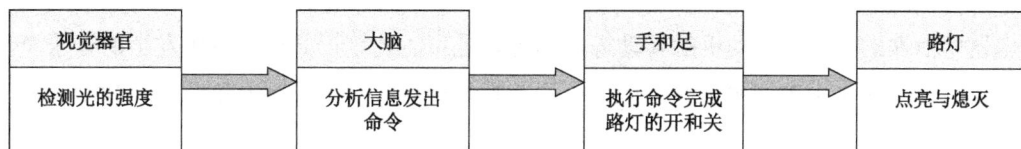

图 2-1　路灯人工控制系统组成

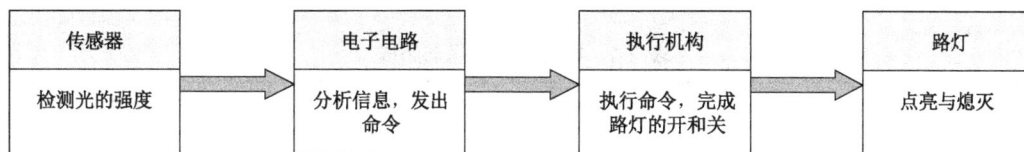

传感器		电子电路		执行机构		路灯
检测光的强度	→	分析信息，发出命令	→	执行命令，完成路灯的开和关	→	点亮与熄灭

图 2-2　路灯电子控制系统组成

两个系统都是先进行信息收集，然后经过对信息的分析、判断，发出命令，再执行命令，闭合或者切断电路，从而达到控制目的。两个系统虽然结构的组成各不相同，但是各部分完成的功能十分相似。

电子控制系统一般可分为输入、控制（处理）和输出三个基本的组成部分。用框图表示，如图 2-3 所示。

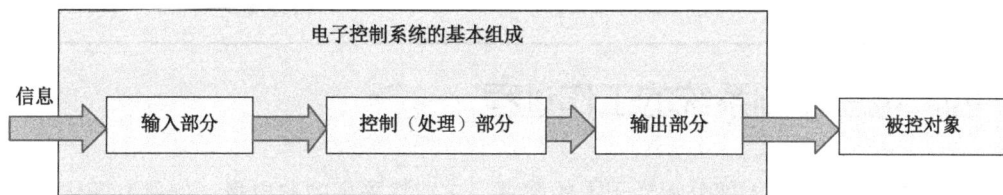

电子控制系统的基本组成

信息 → 输入部分 → 控制（处理）部分 → 输出部分 → 被控对象

图 2-3　电子控制系统组成框图

1. 输入部分

输入部分通常由各种传感器组成，输入信息可以有各种形式，可以是作用力，也可以是温度、湿度、磁场、光照强度等环境参数的变化。

输入部分相当于人的感官。它能将采集的非电量变化转变为电量的变化。例如，手按动按钮，输入部分就把机械开关的通或断的非电量变化转变为电信号（电压或电流）的有或无的电量变化。

2. 控制（处理）部分

控制（处理）部分一般由具有各种控制功能的电子电路（或微处理器）组成。它的作用相当于人的大脑。它能对送入的电信号进行比较、分析和处理，并发出指令。

3. 输出部分

输出部分由电磁继电器、晶闸管等多种执行机构组成。输出信号可以是位移，如电磁继电器中衔铁的运动、电动机的转动等，也可以是声、光等，如扬声器中发出的音乐声。

输出部分相当于人的手和足。它的作用是执行控制（处理）部分的指令，进行某种操作，实现某种功能。

电路常见信号与组成见表 2-1。

表 2-1　电路常见信号与组成

输　入　信　号	信号处理电路	输出信号及控制对象
1. 开关信号 　电开关信号 　机械开关信号 　其他开关信号 2. 温度信号 3. 磁信号 4. 力信号 5. 气敏信号 6. 光敏信号 7. 湿敏信号 8. 声波信号	1. 放大电路 　交流放大电路、直流放大电路 2. 比较电路、积分电路、微分电路 3. 延时电路 4. 保持电路 5. 波形发生电路 6. 电压电流变换电路 7. 电压频率变换电路 8. 调制解调电路 9. 常用逻辑电路 *10. 常用单片机电路	1. 控制对象 　发光二极管、小型继电器 　中间继电器、交流接触器 　电磁阀、单相及三相交流电机 2. 显示对象 　LED 显示器、LCD 显示器 3. 输出信号 　开关信号 　晶体管、场效应晶体管、可控硅、IGBT 4. 连续信号 　电压、电流

四、电子控制系统的工作过程

电子控制系统的输入部分相当于人的感官。它能将采集的非电量（信息）变化转变为电量（电信号）变化。控制（处理）部分的作用，相当于人的大脑，它能将对送入的电信号进行分析、比较和处理，并发出指令。输出部分由电磁继电器、晶闸管等多种执行机构组成，相当于人的手足。它的作用是执行控制（处理）部分的指令，进行某种操作，实现某种功能。

基本的电子控制系统的工作过程如图 2-4 所示。

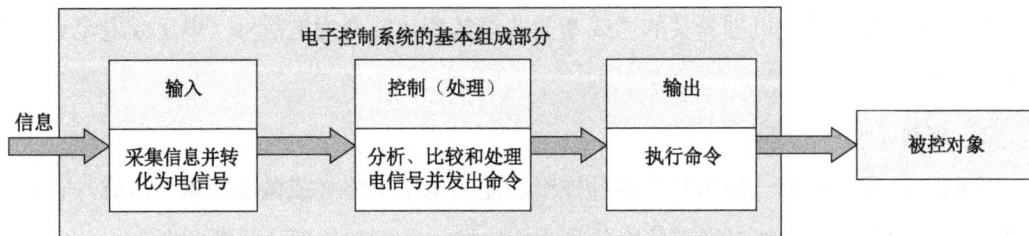

图 2-4　基本的电子控制系统的工作过程

第二节 开环与闭环控制系统

一、开环电子控制系统

当电子控制系统的输出结果对系统的控制没有影响，也就是被控量的变化不会引起控制量的改变，即没有反馈时，这种电子控制系统称为开环电子控制系统。

开环电子控制系统组成框图如图 2-5 所示。

信息 →　输入　→　控制（处理）　→　输出　→　被控对象

图 2-5　开环电子控制系统组成框图

如图 2-5 所示，开环电子控制系统由输入、控制（处理）和输出三个部分组成，对控制系统的输出没有任何检测。下面以电子门铃为例，分析开环电子控制系统的工作过程。

如图 2-6 所示，把电子门铃装置作为一个电子控制系统，则扬声器是被控对象，门铃发出的音乐声是被控量，控制器是一个电子集成电路装置。

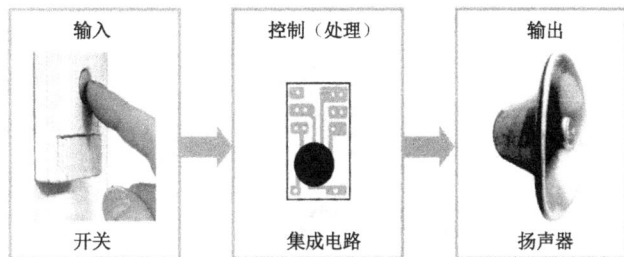

输入	控制（处理）	输出
开关	集成电路	扬声器

图 2-6　电子门铃的开环电子控制系统

（1）输入：用手按动按钮，输入一个触发信号。

（2）控制（处理）：音乐集成电路经过触发后工作，产生一组载有"音乐"的电信号。

（3）输出：扬声器将电信号转变为音乐声。

从分析电子门铃的工作过程中可知，它的输出量（音乐声）的变化对系统的控制状态并不产生影响，即不存在反馈。所以，电子门铃装置是一个开环电子控制系统。

开环电子控制系统一般结构简单、造价较低，适用于被控对象的状态变化较为简单、被控量的控制精度要求不高的情形，如上文中所提的电子门铃只存在音乐声有、无两种状态。

二、闭环电子控制系统

闭环电子控制系统与开环电子控制系统不同，它能对输出结果进行检测，并将检测信号反馈到控制处理部分，从而对系统的控制产生影响。它的组成框图如图 2-7 所示。

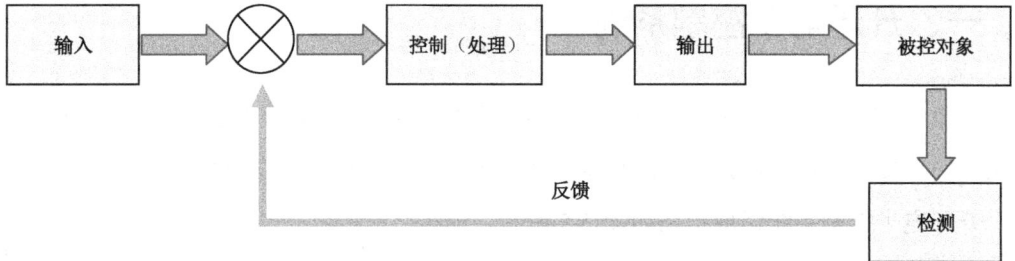

图 2-7　闭环电子控制系统组成框图

现在常见的家用电冰箱由电动机、压缩机、冷却器和蒸发器组成。它们之间用一根管道相连接。管道里装着一种沸点很低的制冷剂。管道的底部安装着压缩机，使制冷剂不停地在管道里循环，如图 2-8 所示。

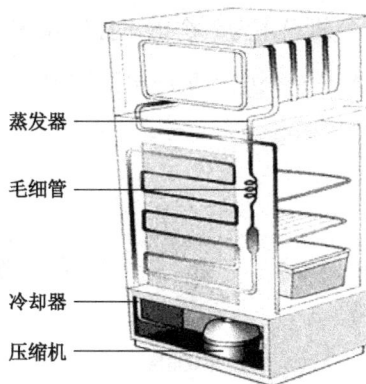

图 2-8　电冰箱制冷系统组成

由于管道中有一小段十分狭窄的毛细管，从而限制了管道内制冷剂的流动速度，并使气态的制冷剂受到强大的压力，使之由气态变成液态，对外释放热量。当液态制冷剂通过毛细管进入电冰箱的内部由较粗管道组成的冷却器时，由于压力突然降低，制冷剂便由液态立即转变为气态，从而吸收电冰箱内的热量，使电冰箱内的温度降低，达到制冷的效果。

图 2-9 用框图分析电子控制系统是如何利用反馈的方法实现冰箱恒温控制的。

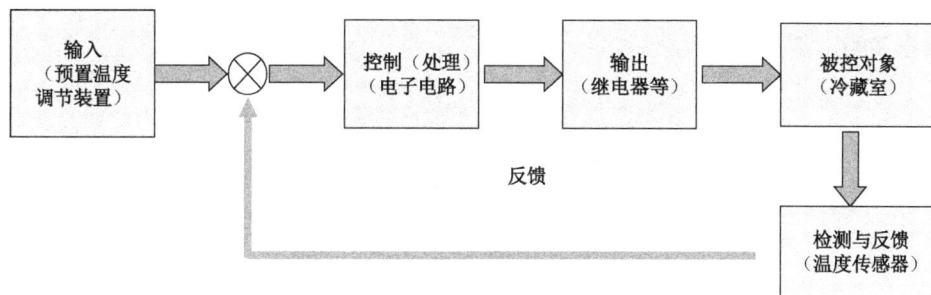

图 2-9　电冰箱恒温控制系统框图

（1）输入：根据冰箱内放置食物的保存要求，预先设置一个恰当的冷藏温度。

（2）控制（处理）：它由电子电路组成，其核心部件是一个微处理器，实际上是一个微型电脑装置。它能够对预置设定和输出中检测到的电信号进行比较、分析和判断，并发出命令。

（3）输出：它由电磁继电器等组成。当它接到"接通"压缩机电路的操作指令时，电磁继电器接通压缩机的工作电路；当它接到"停止"的操作指令时，继电器便断开压缩机的工作电路。

（4）检测与反馈：它主要由温度传感器组成。温度传感器放置在家用电冰箱的冷藏室内。它将检测到的冰箱冷藏温度转变为电信号并反馈到电子控制系统的控制（处理）部分。当接通电冰箱的电源后，控制电路命令执行器接通压缩机工作电路，制冷剂不断地在管道中循环，并吸收电冰箱内的热量，使电冰箱内的温度下降。同时，电冰箱冷藏室内的温度传感器不断检测电冰箱内的温度，并把温度变化的电信号反馈到控制（处理）部分。控制（处理）部分不断地对预置温度和反馈的温度变化进行比较、分析和处理。当电冰箱内温度达到预先设定的温度时，控制（处理）部分即发出指令给电磁继电器，电磁继电器立即切断压缩机工作电路，电冰箱内制冷工作停止，使电冰箱内温度不再下降。

由于存在电冰箱外面的温度较高、经常开门等干扰因素，电冰箱冷藏室不能一直保持预置温度，当电冰箱内温度回升并超过预置温度时，电子控制电路再次发出指令，使电磁继电器接通压缩机工作电路，压缩机重新工作并进行制冷。如此循环往复，使电冰箱内能始终保持恒温。

从分析家用电冰箱的制冷工作过程可以知道，智能冰箱的电子控制系统是一个闭环电子控制系统。

在家用电冰箱的工作过程中，电子控制系统是运用反馈的方法实现温度控制自动化的。目前反馈被广泛用于自动控制中。从简单的水位控制、恒温控制，到复杂的导弹、人造卫星和宇宙飞船，都离不开反馈。

本 章 小 结

本章介绍了电子控制技术的基本概念、电子控制系统的基本组成，内容如下。

一、电子控制技术

电子控制技术是一门运用电子电路实现控制功能的技术。

二、电子控制系统

以电子技术为核心的控制系统称为电子控制系统。在这个系统中，有电阻、电感、电容等元件和二极管、晶体管、集成电路（IC）等电子器件。它们相互作用、相互依赖，形成一个整体，以实现控制的目的。

三、电子控制系统组成

电子控制系统一般可分为输入、控制（处理）和输出三个基本的组成部分。

四、开环电子控制系统

电子控制系统的输出结果对系统的控制没有影响，被控量的变化不会引起控制量的改变，即没有反馈的电子控制系统称为开环电子控制系统。

五、闭环电子控制系统

电子控制系统对输出结果进行检测，并将检测到的输出信号反馈到控制处理部分，从而对系统的控制产生影响，这样的电子控制系统被称为闭环电子控制系统。

第三章

传 感 器

教学重点

1. 认识常见的传感器。
2. 知道各种传感器的作用。

教学难点

1. 能用万用表检测传感器。
2. 掌握传感器的各种应用。

第一节 常见传感器

一、传感器的定义

自然界中的信息大都是以非电量信息存在的，在实现电子控制时，就需要通过传感器将这些非电量信息转换为电量信息，实现电子系统控制。不同的非电量信息在实现电子系统控制时，就需要通过不同的传感器实现电量信息的转换。

人体系统：人体有五大感觉器官，即眼、耳、鼻、舌、皮肤。机器系统：在机器系统中，传感器是各种机械和电子设备的感觉器官，感知光、色、温度、压力、声音、湿度、气味及辐射等外界信息。

传感器是一种能把特定的被测信号按一定规律转换成某种可检测信号输出的器件或装置。在电子控制系统中人机系统的机能对应关系如图 3-1 所示。传感器一般由敏感元件和转换元件组成，如图 3-2 所示。其中敏感元件是指传感器中能直接感受或响应被测量的部分，转换元件是指传感器中能将敏感元件感受或响应到的被测量转换成适用于传输或测量的电信号（电压、电流）部分。

在电子控制系统中，传感器是必不可少的元件，是电子控制系统获取外界信息的唯一途径。不同的传感器可以用来收集不同的变化信息，并把它们转换为电流、电压等电信号的变化，以便于传输、处理、存储和输出。

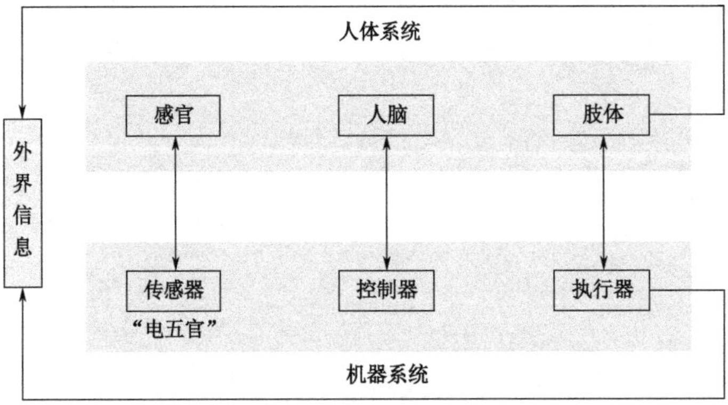

图 3-1 人机系统的机能对应关系

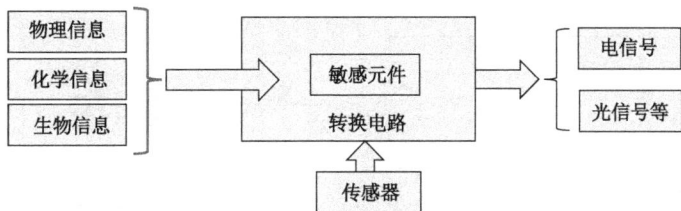

图 3-2　传感器

电路中传感器有 4 个方面的作用，即：① 传感器是测量装置，能完成检测任务。② 输入量是某一被测量，如物理量、化学量、生物量等。③ 输出量是某种物理量，便于传输、转换、处理、显示等，可以是气、光、电等物理量，主要是电物理量。④ 输出与输入有对应关系，且应有一定的精确程度。传感器在电路中的作用如图 3-3 所示。

图 3-3　传感器在电路中的作用

二、传感器的类型

在实际工程应用中，用于信号测量与控制的传感器种类繁多。同一种被测量可以用不同的传感器来测量；而同一原理的传感器，通常又可以测量多种非电物理量。因此，传感器的分类方法也很多，目前比较常用的分类方法见表 3-1。

表 3-1　传感器分类

分 类 方 法	传感器名称
按被测物理量分	位移传感器、力传感器、速度传感器、温度传感器、流量传感、气体传感器等
按工作原理分	电阻式传感器、电容式传感器、电感式传感器、压电式传感器、霍尔式传感器、光电式传感器、光栅式传感器、热电偶传感器、超声波传感器等
按输出信号性质分	模拟式传感器、数字式传感器等

传感器的类型很多，常用的有光敏传感器、声敏传感器、磁敏传感器、热敏传感器、湿敏传感器、气敏传感器、力敏传感器、位移传感器和红外线传感器等。由于它们各自的材料不同和结构上的差异，它们所转换的信息也各不相同。通常，每类传感器都有一个区别于其他类型传感器的电路符号，但是，同一类型传感器的外形又可能是多种多样的。

常见传感器包括以下几种。

1）光敏传感器（光敏电阻器）

分析图 3-4 所示的电路图，讨论外界光线的变化对 LED 的影响。

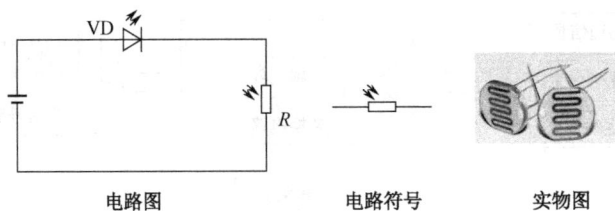

图 3-4 光敏传感器应用

光敏电阻器是利用半导体光电导效应制成的一种对光敏感的特殊电阻器。它的阻值随着外界光照强弱的变化而变化，无光照时呈高阻状态（10MΩ 以上），有光照时电阻迅速减小（几十千欧以下）。其可将光信号转换为电信号。

2）声敏传感器

如图 3-5 所示，声敏传感器接入电路时能通过声音引起的振动产生微弱的电信号。其可将声音信号转换为电信号。

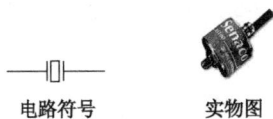

图 3-5 声敏传感器应用

3）磁敏传感器（干簧管）

分析图 3-6 所示的电路图，若将磁铁移近、移出干簧管，可讨论灯泡的亮、灭情况。

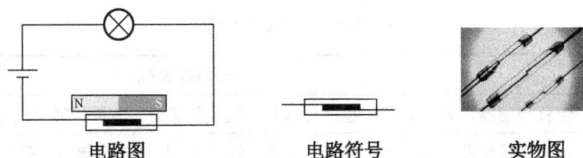

图 3-6 磁敏传感器应用

如图 3-6 所示，当无磁场时，干簧管的两个簧片相互分离，干簧管处于"关断"状态；当有磁场时，铁合金簧片被磁化，两个簧片相互吸引，干簧管处于"接通"状态。其可将磁信号转换为电信号。

4）热敏传感器（热敏电阻器）

按照以下电路图连接元器件，接通电源，再用手握住热敏电阻，观察灯泡的亮度的变化。

如图 3-7 所示，热敏电阻器的阻值随着温度的变化而变化。电阻值随着外界温度升高而下降的是负系数热敏电阻器（NTC）。电阻值随着外界温度升高而升高的是正系数热敏电阻器（PTC）。电阻值在某一温度附近发生突变的是临界温度系数热敏电阻（CTR）。其可将温度信号转换为电信号。

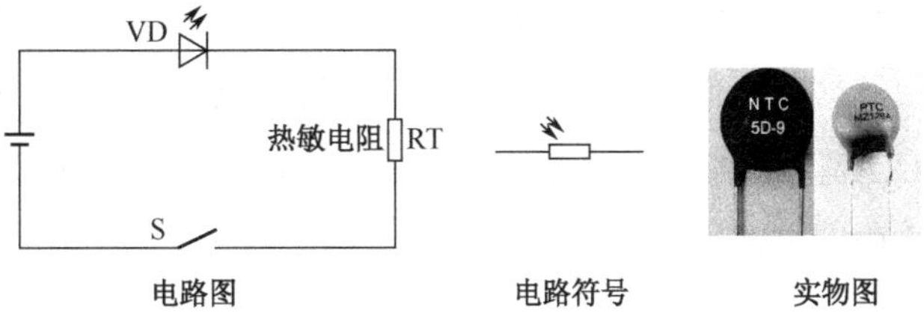

图 3-7　热敏传感器应用

5）湿敏传感器

如图 3-8 所示，湿敏电阻器的阻值随着湿度的变化而变化。负系数湿敏电阻器，随着外界湿度变大阻值减小。正系数湿敏电阻器，随着外界湿度变大阻值变大。其可将湿度信号转换为电信号。

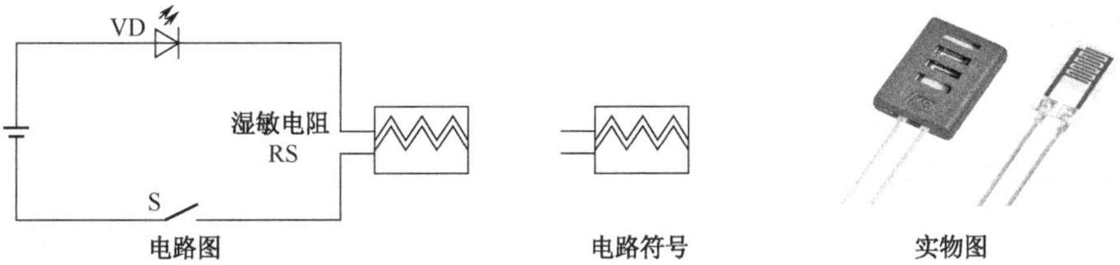

图 3-8　湿敏传感器应用

6）光敏二极管

光敏二极管是利用半导体材料的光电效应制成的器件。当受到光的照射后，会产生光电流。这就是半导体的光电效应。光敏二极管的结构与普通二极管相似，装在透明玻璃壳内，PN 结装在管子顶部，易于接收光线照射。锗光敏二极管有 A、B、C、D 四类，硅光敏二极管有 2 CU1A～D 和 2DU1～4 几个系列。

光敏二极管是一种光电变换器件，当 PN 结受到光照后，能吸收光并将光能转换成电能。它有以下三种状态：

① 光敏二极管一般处于反向工作状态。当光敏二极管上加有反向电压，受到光照时，管子处于导通状态，管子中的反向电流将随光照强度的增大而增大，即光照强度越大，反向电流越大。这时的电流称为光电流，一般光电流为几十微安，光敏二极管的光电流与照度之间呈线性关系。

② 光敏二极管上不加偏压，利用 PN 结在受光照时产生正向电压的特性，可制作微型光电池。这种工作状态一般做光电检测器。

③ 光敏二极管没有光照时，处于反向截止状态，反向电阻很大，反向电流很小。此时的反向电流又称暗电流。

光敏二极管有四种类型：PN 结型（也称 PD 型）、PIN 结型、雪崩型和肖特基型。其中，应用最多的是用硅材料制作的 PN 结型光敏二极管。它的价格也最低。常用的光敏二极管有 2DU 型和 2CU 型。最常用的是 2CU 型光敏二极管。光敏二极管的结构、电路图形符号、实物图和基本应用电路如图 3-9 所示。

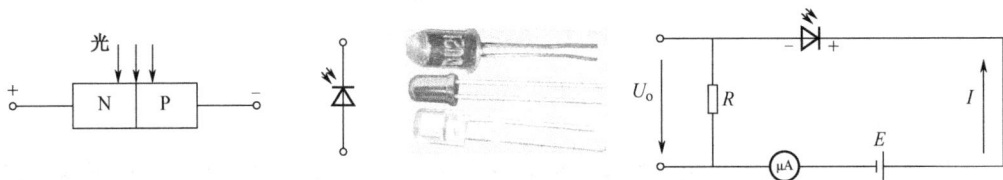

图 3-9 光敏二极管的结构、电路图形符号、实物图和基本应用电路

光敏二极管常用于红外线遥控、探测及光电转换的自动化仪器仪表等。使用光敏二极管时，要注意的特性如下。

① 伏安特性。

光敏二极管的伏安特性表示光电流与反向电压之间的关系，如图 3-10 所示。光敏二极管在无光照射时，它的特性与一般的二极管一样。当受光照射后，它的特性曲线沿电流轴向下平移，平移的幅度与光的照度成正比。

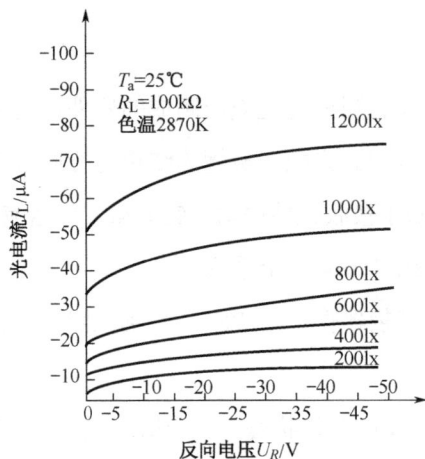

图 3-10 光敏二极管的伏安特性

② 光照特性。

光敏二极管的光照特性如图 3-11 所示。曲线与纵坐标的交点即为零偏压时的光生电流。在低反向电压下，光电流随电压的变化比较敏感。当反向电压很大时，光生电流趋向

饱和。此时，光生电流与所加的电压几乎无关，它取决于光照强度。在较小负载电阻下，表现出较好的线性。

图 3-11 光敏二极管的光照特性

③ 温度特性。

光敏二极管的暗电流对温度的变化非常敏感，图 3-12 所示为典型光敏二极管的温度特性。实线表示典型值，虚线表示可能的最大值。为取得很好的温度特性，光敏二极管应在较小负载下使用。

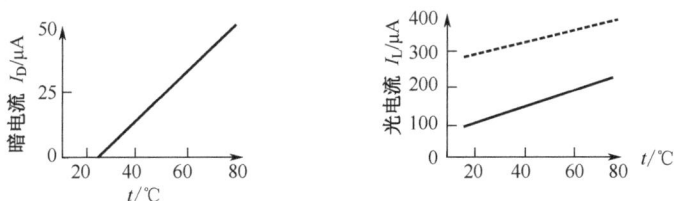

图 3-12 典型光敏二极管的温度特性

光敏二极管的主要参数如下。

① 最高工作电压。

在无光照的情况下，当光敏二极管中的反向电流不大于 $0.2\sim0.4\mu A$ 时，允许的反向最高电压一般不高于 10V，最高允许电压为 50V。

② 暗电流 I_D。

暗电流是指光敏二极管在无光照时，加上最高的反向电压后，通过光敏二极管的反向漏电流。

③ 光电流 I_L。

在最高反向电压条件下，当受到光照时，流过光敏二极管的电流为光电流。一般情况下，光电流的强度为几十微安。

7）光敏晶体管

光敏晶体管也是靠光的照射量控制输出电流的器件。它可以看作一个光敏二极管并联到一个晶体管的 bc 结上的结合体。光敏晶体管有 NPN 型和 PNP 型之分，其结构与普通晶体管相似，由于受光的 PN 结做得很大，基极一般不接引线。光敏晶体管具有电流放大作用，一般是用硅制作的，外部一般引出集电极和发射极，其外形和光敏二极管类似。光敏晶体管的结构、电路图形符号、实物图和基本应用电路如图 3-13 所示。

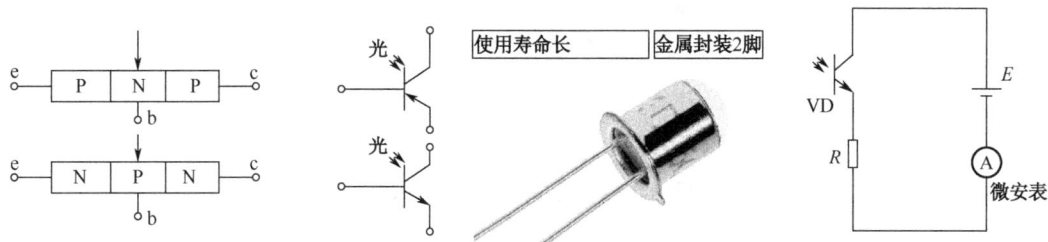

图 3-13　光敏晶体管的结构、电路图形符号、实物图和基本应用电路

同样，使用光敏晶体管也必须了解光敏晶体管的特性。

① 光照特性。

光敏晶体管的光照特性给出了光敏晶体管输出电流和照度之间的关系，如图 3-14 所示。它们之间是近似线性关系。当光照足够大时，会出现饱和现象，使光敏晶体管既可做线性转换器件，也可做开关器件。

② 温度特性。

温度特性反映光敏晶体管的光生电流、光生电压与温度之间的关系，如图 3-15 所示。温度变化对光电流的影响很小，而对暗电流的影响很大。在电路设计中应对暗电流进行补偿，以免引起输出误差。

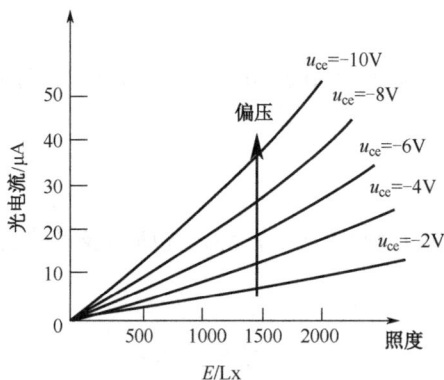

图 3-14　光敏晶体管的光照特性

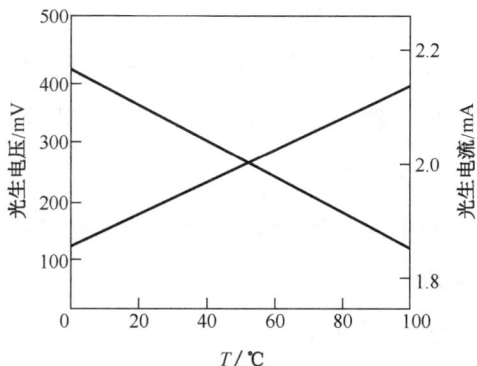

图 3-15　光敏晶体管的温度特性

③ 输出特性。

光敏晶体管的输出特性与一般晶体管的输出特性相同,其差别仅在于参变量不同。一般晶体管的参变量为基极输入电流,而光敏晶体管的参变量为入射光的照度,如图 3-16 所示。

④ 光谱响应特性。

和光敏二极管一样,光敏晶体管的光谱响应特性取决于所用半导体材料、结构与工艺。光敏晶体管的光谱响应特性如图 3-17 所示。光谱特性反映在照度一定时,输出的光电流(或相对光谱灵敏度)随光波波长的变化情况。由曲线可以看出,光敏晶体管存在一个最佳灵敏度的峰值波长。当入射光波长与峰值波长偏差较大时,相对灵敏度要下降。若波长较长,因为光子的能量大小,不足以激发出电子空穴对,从而导致相对灵敏度下降。当入射光波长太短时,由于材料对短波的吸收剧增,使光子在半导体表面附近激发的电子空穴对不能到达 PN 结,相对灵敏度也要下降。

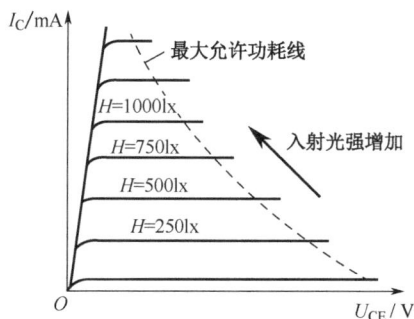

图 3-16　光敏晶体管的输出特性

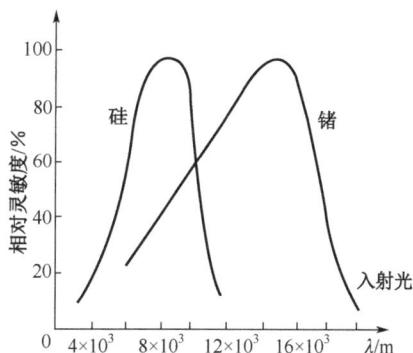

图 3-17　光敏晶体管的光谱响应特性

⑤ 频率特性。

光敏晶体管的频率特性如图 3-18 所示。光敏晶体管的频率特性受负载电阻的影响,减小负载电阻可以提高频率响应。

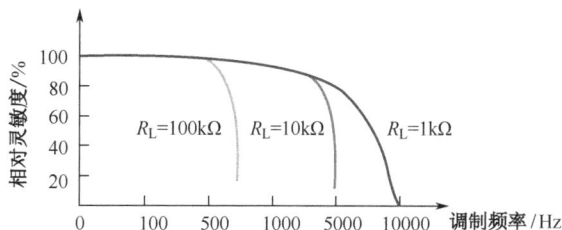

图 3-18　光敏晶体管的频率特性

近年来,为了兼顾光敏器件与红外发光二极管的使用,工艺上采用了黑色树脂来封装光敏器件。这样,既可以透过红外线,又可以滤除可见光的干扰,提高了光敏接收器件的抗干扰能力。

三、传感器的检测

检测精度要求不高时，通常可以用万用表对传感器进行检测，根据检测结果判定传感器质量的好坏。

实验一：运用万用表检测光敏电阻

（1）实验目的：认识光敏传感器并了解其作用，学会使用万用表检测光敏传感器。

（2）实验器材：光敏电阻（MG4）1 只、万用表 1 只、1.5 kΩ 电阻 1 只、1.5 V 电池 1 只、开关 1 只。

（3）实验步骤：① 按图 3-19 所示连接电路。

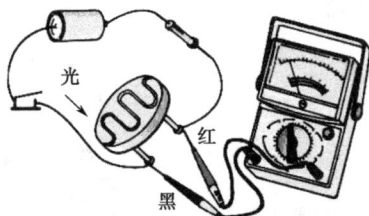

图 3-19　测试光敏电阻

② 断开开关，在不同光照条件下，用万用表测量光敏电阻的阻值。

③ 闭合开关，在不同光照条件下，用万用表测量光敏电阻的电压值。

（4）实验记录

开关断开时，在表 3-2 中记录用万用表测的不同电阻值。

表 3-2　断开时电阻值

光照情况	手遮盖光敏电阻的受光表面	光敏电阻的受光表面暴露在室内自然光下	太阳光照射光敏电阻
电阻值/Ω			

开关闭合时，在表 3-3 中记录用万用表测的不同电压值。

表 3-3　闭合时电压值

光照情况	手遮盖光敏电阻的受光表面	光敏电阻的受光表面暴露在室内自然光下	太阳光照射光敏电阻
电压值/V			

实验二：运用万用表测量热敏电阻的特性

（1）试验目的：认识热敏传感器并了解其作用，学会使用万用表测量热敏传感器的特性。

（2）试验器材：热敏电阻 R_1（MF11），串联电阻 R_2，干电池，万用表，温度计，烧杯，开关，冷水，热水，铁架台，导线等。

（3）试验步骤：① 按图 3-20 所示连接电路。

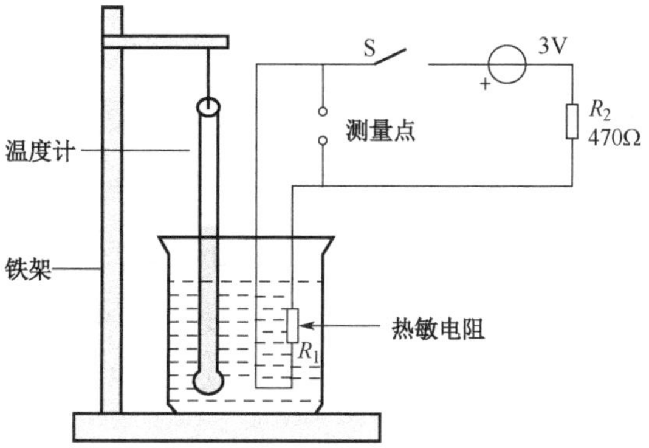

图 3-20　热敏电阻测试

② 用温度计分别测量热敏电阻 R_1 在冷水和两次加热水时的温度值。

③ 用万用表分别测量热敏电阻在上述三种不同温度下的电阻值和相应的电压值（测量电阻值时把开关断开，测量电压值时热敏电阻两端的裸露引线尽量离开水面）。

（4）实验记录见表 3-4

表 3-4　试验记录

环　境 数　据	冷　水	加 50 mL 热水	再加 50 mL 热水
R_1 温度/℃			
R_1/Ω			
电压值/V			

依据表 3-4 中获得的数据在图 3-21 和图 3-22 中绘制曲线，并分析曲线变化规律。

图 3-21　不同温度下热敏电阻值

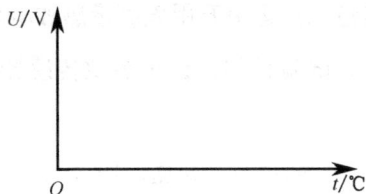

图 3-22　不同温度下热敏电阻电压值

实验三：运用万用表测量光敏二极管

① 电阻测量法。

用万用表 1kΩ 挡检测。光敏二极管的正向电阻值为 10kΩ 左右。在无光照的情况下，反向电阻值为无穷大时，说明管子是好的，反向电阻值不是无穷大时，说明漏电流很大。有光照时，反向电阻值随光照强度增加而减小，阻值一般在几千欧以下，则管子是好的；若管子的正、反向电阻值均是无穷大或 0 时，则说明管子是坏的。有光照时，反向电阻值越小越好，一般应在 2kΩ 以下。

② 电压测量法。

用万用表 1V 挡检测。用红表笔接光敏二极管的正极，黑表笔接光敏二极管的负极，在光照下，其电压与光照强度成比例，一般可达 0.2～0.4V。

③ 短路电流测量法。

用万用表 50μA 挡或 500μA 挡。用红表笔接光敏二极管的正极，黑表笔接负极，在白炽灯下（不能用荧光灯），随着光照增强，若其电流增加则管子是好的，短路电流一般在数十微安到数百微安。

光敏二极管可以用作光信号放大电路及光开关电路。在使用时，光敏二极管的受光表面要保持清洁，必要时用酒精棉球擦净。光敏二极管的基本应用电路原理如图 3-23 所示。

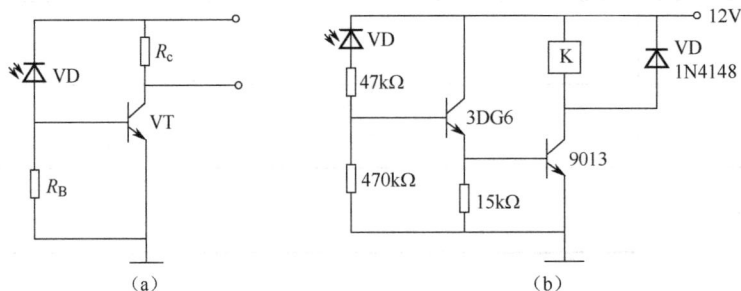

图 3-23　光敏二极管的基本应用电路原理

图 3-23（a）所示为光信号放大电路，输出电压随光照强度的增加而减小。为了保证入射光强度与输出保持线性关系，反向电压应不低于 5V。图 3-23（b）所示为开关电路，光敏二极管的光电流经两级放大后使继电器 K 吸合。

实验四：运用万用表测量光敏晶体管

1. 电阻测量法

用万用表的 1kΩ 挡进行测量，黑表笔接 c 极，红表笔接 e 极，在无光照时，其阻值接近无穷大。在白炽灯照射下，随着光照的增强，电阻逐渐减小，可从无穷大减至 1kΩ 以下。用黑表笔接 e 极，红表笔接 c 极，无光照时电阻值为无穷大，有光照时万用表指针微动或指向无穷大为正常。

2. 电流测量法

用万用表的 50μA 挡或 0.5mA 挡，将光敏晶体管接上 10V 的工作电压（c 极接电源正极，e 极接电源负极，并将万用表串入电源正极与 c 极之间）。无光照时，电流小于 0.3μA，随着光照的增强，电流逐渐增大，从零点几毫安增加到几毫安。

光敏晶体管也是靠光的照射量来控制电流的器件。它可等效看作一个光敏二极管与一只晶体管的结合，所以它具有放大作用，如图 3-24（a）所示。其最常用的材料是硅，一般仅引出集电极和发射极，其外形与发光二极管一样。也有引出基极的光敏晶体管，常作温度补偿用。光敏晶体管的简单应用电路如图 3-24（b）、图 3-24（c）所示。

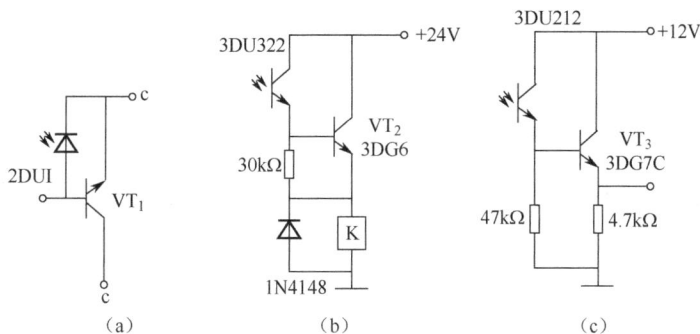

图 3-24　光敏晶体管的简单应用电路

图 3-24（b）所示为由光敏晶体管组成的开关电路。图 3-24（c）所示为由光敏晶体管组成的放大电路。

第二节 传感器的应用

传感器的用途很多,被广泛应用于工业、农业、军事、环境保护和日常生活等各领域。传感器应用的一般模式如图 3-25 所示。

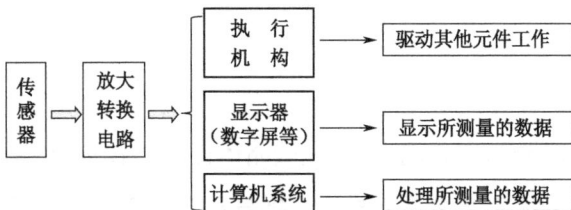

图 3-25 传感器应用的一般模式

1)气敏传感器的应用

车辆驾驶人员血液中的酒精含量大于或等于 20mg/100mL、小于 80mg/100mL 为饮酒驾车;血液中的酒精含量大于或者等于 80mg/100mL 为醉酒驾车。

《中华人民共和国道路交通安全法》规定:严禁酒后驾车。为了防止酒后驾车,交通警察使用酒精浓度测试仪检测可疑驾驶员是否酒后驾驶。酒精浓度测试仪中就使用了对酒精敏感的气敏传感器。

如图 3-26 所示,气敏传感器可以将获取的气体信息转换为电信号。利用不同的半导体可以制造出检测不同气体的气敏传感器。气敏传感器的电阻值随被检测气体的浓度和成分而变化。气敏传感器的灵敏度很高,即使空气中待测气体的含量不到千分之一,气敏传感器的电阻值也会产生很大变化。

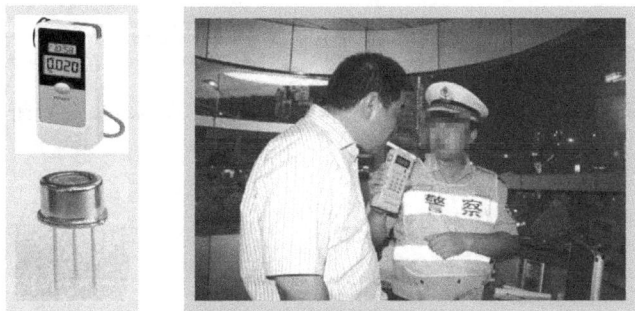

图 3-26 气敏传感器应用

2）力敏传感器的应用

如图 3-27 所示，当电阻应变片（力敏传感器）受到力的作用时，它的电阻值就会发生变化。如图 3-28 所示，电子秤就是货物质量的变化转换为电阻的变化、电压的变化，再经过电压放大器、模数转换器后把模拟量转换为数字量，最后送到液晶显示器显示出被称物体质量，实现快速、准确称重目的。

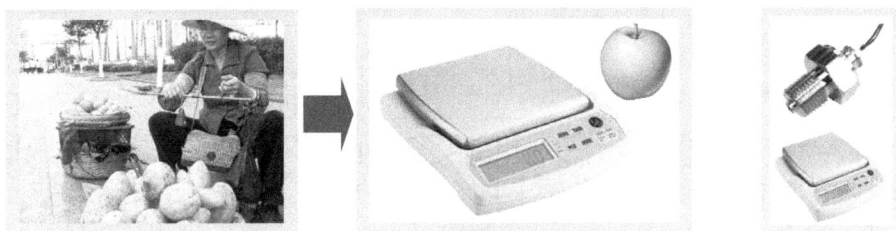

图 3-27　力敏传感器的应用

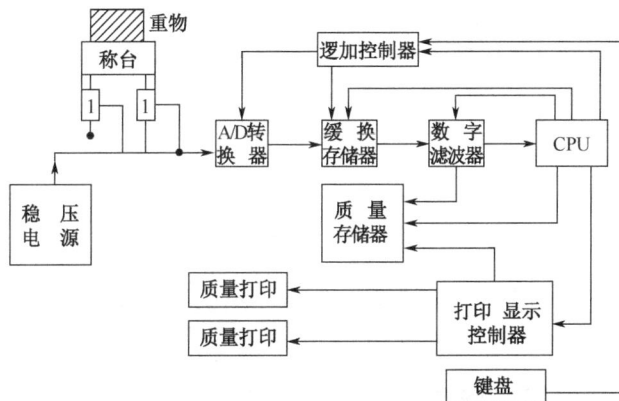

图 3-28　采用微处理器的电子秤原理图

图 3-29 所示为实用的承重及声光报警电子秤电路。可用于质量、拉力、压力测量的各种场合，还可用于起重机、吊车等起重设备的超载保护，可实现自动控制，用途广泛。

3）光敏传感器的应用

思考：如何对生产线上高速流动的啤酒进行快速、准确地计数呢？

如图 3-30 所示，在传送带的两侧分别安装光源和光敏传感器，当被测瓶子位于光源和传感器之间时，传感器无光照。被测瓶子不在光源和传感器之间时，传感器有光照。这样，通过它输出的电信号发生的变化便可以计数。

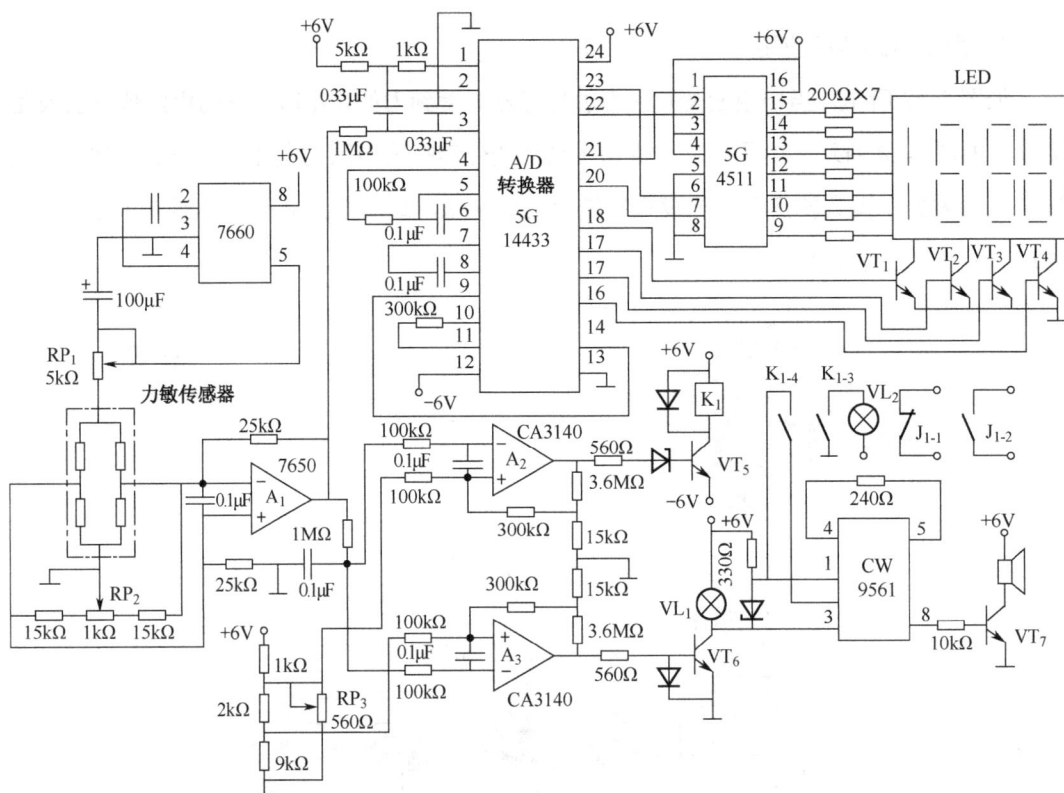

图 3-29　实用的承重及声光报警电路

图 3-30　光敏传感器应用

对于一些简单的重复性工作，时间一长，人们容易疲劳，甚至导致工作失误。传感器可以在减轻工作强度的同时，做出更精确、快捷的判断。

4）红外光传感器的应用

思考：人走近自动门时，门为什么能自动打开？

对红外线敏感的传感器，称为红外光传感器。如图 3-31 所示，当红外光传感器接收到红外光（线）时，电阻值产生变化，如果接电路则会产生电压或电流的变化，从而将红外光信息转换为电信号。自动门就是利用红外光传感器实现断路功能的。

图 3-31　自动门

人们在漆黑的夜里如何才能"看到"周围的事物呢？如图 3-32 所示，自然界所有的物体都要辐射能量。温度越低，波长越长。一般室温时，为红外线。当温度为 800℃ 左右时，辐射为可见光，就是为什么铁烧红了你能看到亮光。晚上了，没有可见光，但是仍在辐射红外线，人和周围的树木的温度不同，辐射的红外线波长也不同。人类是看不见红外线的，红外夜视仪将来自目标的人眼看不见的光（微光或红外光）信号转换成为电信号，然后把电信号放大，并把电信号转换成人眼可见的光信号。有了夜视仪能够帮助人们在漆黑的夜里"看到"周围的景物了。

图 3-32　红外线敏感应用

5）超声波传感器的应用

超声波有两个重要特性。一是它的方向性好，它的频率比音频高，遇到物体后超声波会反射，物体的密度不同，反射程度也不同，通过接收和处理反射波就可以知道物体的方位和距离。二是它在水里可以传播很远的距离，因此可用超声波检测人体内部的病变，如图 3-33 所示。

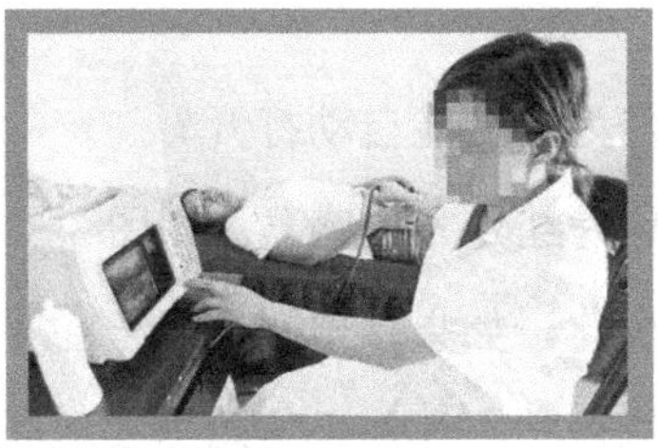

图 3-33　超声波检测人体

声呐（超声波测距仪）是利用超声波原理的一大发明。它的工作原理是：利用声波在水下的传播特性，通过电声转换和信息处理，完成水下探测和通信任务。如果说雷达主要在空中发挥其优势，那么声呐则是水声学中应用最广泛的一种装置。它是对水下目标进行探测、定位和通信的电子设备。

声呐是水下观测和测量的重要技术手段，除了水下测距，还可应用于测海底、测鱼群、测暗礁、港口导航等，如图 3-34 所示。

图 3-34　声呐水下观测

作为电子控制系统中唯一的信号源，传感器是必不可少的，它将外界信息转换为电信号以便处理、存储、输出。工农业生产、日常生活都离不开传感器。用它进行科学测量可以提高测量的精确度、可靠性。用它代替人做一些简单、重复的工作，不但可以降低人的工作强度，而且更准确快捷。在一些恶劣的或者人无法达到的环境中，传感器更是人类的好帮手。

本 章 小 结

本章介绍了电子控制技术中传感器的作用、类型等，内容如下。

一、传感器的定义

将声音、色彩、光亮度、气味和味道等非电量转换为与之有确定关系的电量输出的装置称为传感器，传感器可以模拟人的感觉器官，感受被控对象信息的变化。

二、传感器的类型

传感器的类型很多，常用的有光敏传感器、声敏传感器、磁敏传感器、热敏传感器、湿敏传感器、气敏传感器、力敏传感器、位移传感器等。常见传感器的结构图与电路符号见表3-5。

表3-5　常见传感器

传感器类型	传感器名称	结 构 图	电 路 符 号
光敏传感器	光敏电阻		
热敏传感器	热敏电阻		
湿敏传感器	湿敏电阻		
磁敏传感器	干簧管		
气敏传感器	电阻式气敏传感器		
声敏传感器	驻极体送话器		
力敏传感器	电阻式应变片		
位移传感器	电容式位移传感器		

三、传感器的检测

使用万用表能检测光敏电阻、热敏电阻、光敏二极管、光敏晶体管的性能。

四、传感器的应用

传感器的用途很多，被广泛应用于工业、农业、军事、环境保护和日常生活等各领域。

第四章

模拟电路基础

教学重点

1. 了解共发射极放大电路、共集电极放大电路及共基极放大电路的结构组成，理解其工作原理。
2. 理解稳定静态工作点的原理。
3. 掌握多级放大电路与复合管在电路中的作用。
4. 了解反馈类型，理解放大电路中负反馈的作用。
5. 理解集成运算放大器的工作原理。

教学难点

1. 理解放大电路设置静态工作点的目的。
2. 掌握多级放大电路的电路组成与工作原理。
3. 掌握晶体管自锁电路组成与工作原理。
4. 掌握集成运算放大器的应用。

一、模拟信号

在生产、医疗、科研等领域中，经常要对事物的某些物理量（如温度、湿度、光照、速度、压力等）进行检测、转换、比较和控制等。这些物理量的大小或者方向往往随时间是连续变化的，称为模拟量。人们通过传感器把这些非电量转换成的电量，其幅度随时间连续变化，称为模拟信号。

二、基本放大电路

经过传感器转换而来的模拟信号往往十分微弱，不方便人们对其进行有效的观察、测量、控制或调节，所以，需要利用放大电路对模拟信号进行放大。

如图 4-1 所示，人们利用送话器（话筒）把声音转换成微弱的电信号，然后通过放大电路的放大作用，驱动扬声器，把电信号还原成声音，实现声音的放大。

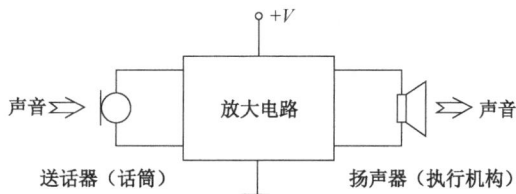

图 4-1 功放工作原理

从图 4-1 中不难看出，放大电路就是一个有源的二口电路单元，包含一个输入端口和一个输出端口。

常见的放大电路通常利用晶体管的放大特性来实现放大的功能。图 4-2 所示为三种基本晶体管放大电路，其中图 4-2（a）所示为共发射极放大电路，图 4-2（b）所示为共集电极放大电路，图 4-2（c）所示为共基极放大电路。

（1）共发射极放大电路的电压、电流、功率放大倍数都较大，所以应用在多级放大器的中间级。

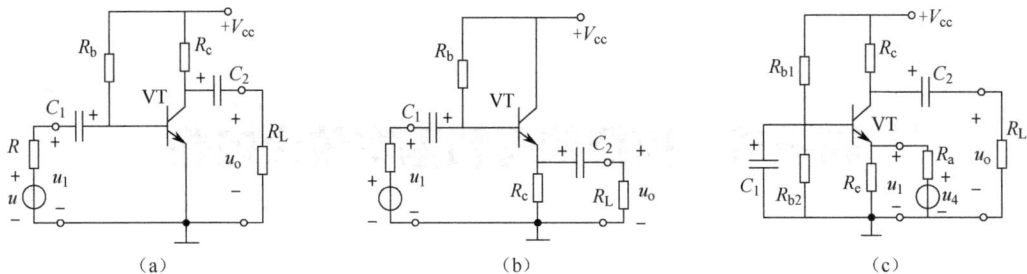

图 4-2　基本晶体管放大电路

（2）共集电极放大电路只有电流放大作用，无电压放大作用。它的输入电阻大，输出电阻小，常用作实现阻抗匹配和作为缓冲电路，也可作为多级放大器的输入级和输出级。

（3）共基极放大电路主要是频率特性好，所以多用作高频放大器、高频振荡器及宽频带放大器。

本节重点讨论共发射极放大电路。

（一）晶体管共发射极放大电路的基本组成

晶体管共发射极放大电路如图 4-3 所示。

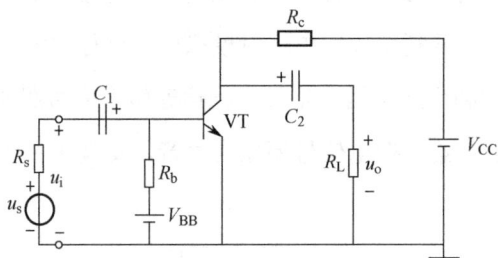

图 4-3　晶体管共发射极放大电路

电路中各器件的作用如下。

（1）VT：放大管，起电流放大作用。

（2）V_{BB}：基极偏置电源，为发射结提供正向偏压。

（3）R_b：基极偏置电阻。一般为几十千欧至几百千欧。

（4）V_{CC}：集电极直流电源，为集电结提供反向偏压。

（5）R_c：集电极电阻。一般为几百欧至几千欧。

（6）C_1、C_2：输入和输出耦合电容。

（7）R_L：负载电阻。

（8）u_s：信号源电压。

（9）R_s：信号源内阻。

（二）放大器的静态工作点

1. 静态工作点

单电源共发射极放大电路如图 4-4 所示。

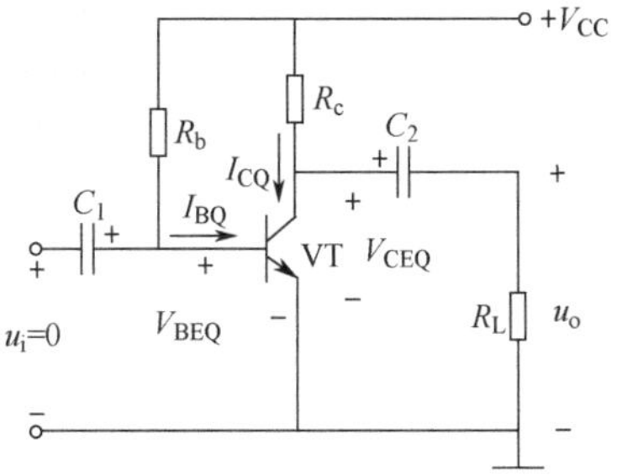

图 4-4　单电源共发射极放大电路

静态：放大器无信号输入时的直流工作状态叫静态。

静态工作点：在静态下电流电压共同确定的点叫静态工作点，用 Q 表示。一般描述静态工作点的量用 V_{BEQ}、I_{BQ}、V_{CEQ} 和 I_{CQ} 表示。

$$I_{BQ} = \frac{V_{CC} - V_{BEQ}}{R_b}$$

$$I_{CQ} = \beta I_{BQ}$$

$$V_{CEQ} = V_{CC} - I_{CQ}R_c$$

V_{BEQ}：硅管一般为 0.7V，锗管为 0.3V。

一个放大器的静态工作点的设置是否合适，是放大器能否正常工作的重要条件。

2. 静态工作点对放大器工作状态的影响

若去掉 R_b，没有偏置的输入电路如图 4-5 所示，则 $I_{BQ}=0$，输入电流 i_b 随 u_i 变化。在信号负半周，输入电流 i_b 等于零，波形将产生失真。

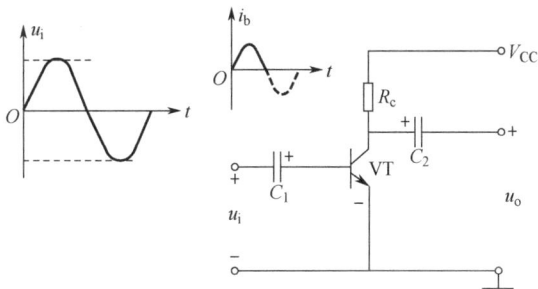

图 4-5　没有偏置的输入电路

若保留 R_b，且阻值适当，则 I_{BQ} 将有合适的数值，保证基极的总电流 I_B+i_b 始终是单方向的电流，即它只有大小的变化，没有正负极性的变化。这样就不会使发射结反偏而截止，从而避免了输入电流 i_b 的波形失真，如图 4-6 所示。

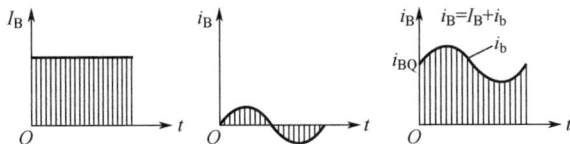

图 4-6　输入电流波形图

（三）放大原理

1. 放大电路

放大电路与信号波形如图 4-7 所示。信号从基极和发射极之间输入，从集电极和发射极之间输出。

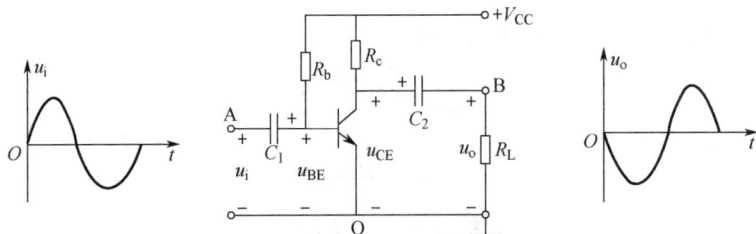

图 4-7　放大电路与信号波形

2. 放大原理

u_i 的变化将产生基极电流 i_b 的变化，使基极总电流发生变化，集电极电流 i_c 将在集电极电阻上产生压降，使放大器的集电极电压 $u_{CE}=V_{CC}-i_cR_c$ 随之变化。通过 C_2 耦合，隔断直流，输出信号电压 u_o 也随之变化。只要电路参数能使晶体管工作在放大区，则 u_o 的变化幅度将比 u_i 的变化幅度大很多倍。

电路中，u_{BE}、i_B、i_C、u_{CE} 随 u_i 变化，变化作用如下：

$$u_i \rightarrow u_{BE} \rightarrow i_B \rightarrow i_C \rightarrow u_{CE} \rightarrow u_o$$

3. 波形

放大器输入正弦电压 u_i 后晶体管各极电流电压波形如图 4-8 所示。

输出电压与输入电压相位相反，又称这种共发射极的单管放大电路为反相放大器。

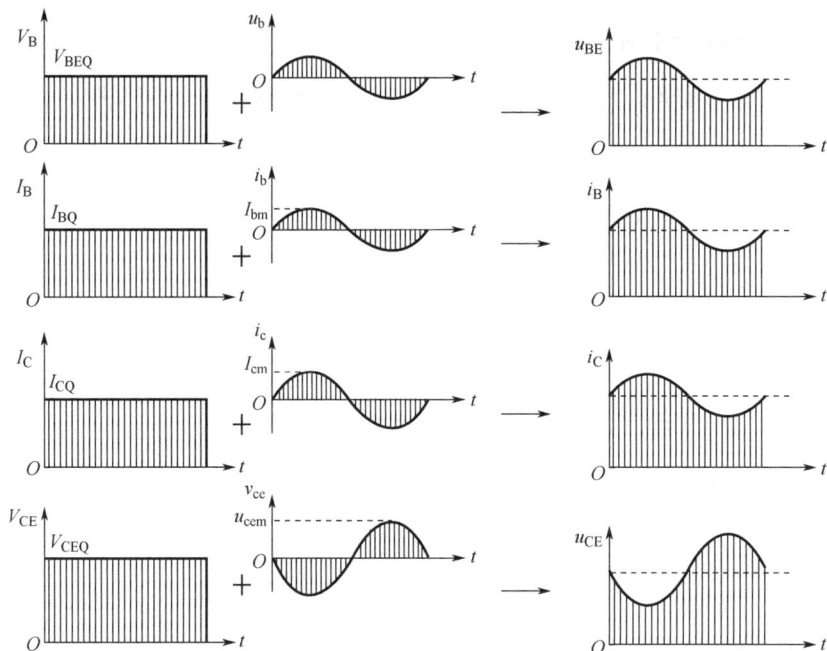

图 4-8　晶体管各级电流电压波形

（四）直流通路与交流通路

放大信号中，既有直流成分又有交流成分。

1. **直流通路的画法**

（1）定义：放大器的直流电流流通的回路。包括输入直流通路和输出直流通路。

（2）画法：将电容视为开路，则有图 4-9（a）等效为图 4-9（b）。

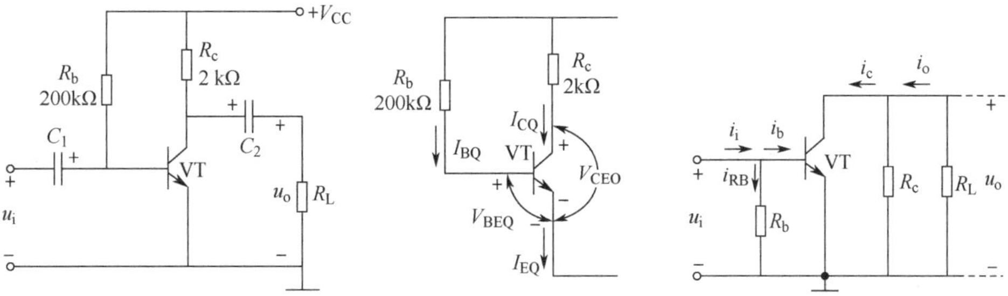

（a）原电路　　　　　（b）直流通路　　　　　（c）交流通路

图 4-9　放大电路的交、直流通路

2. **交流通路的画法**

（1）定义：放大器的交流信号电流的流通回路，包括输入交流通路和输出交流通路。

（2）画法：将容量较大的电容视为短路；将直流电源视为短路，其他元件照画。

上述所示电路的交流通路如图 4-9（c）所示。

（五）静态工作点对输出波形失真的影响

如果静态工作点选择不当将会造成失真，静态工作点与波形失真关系图如图4-10所示。

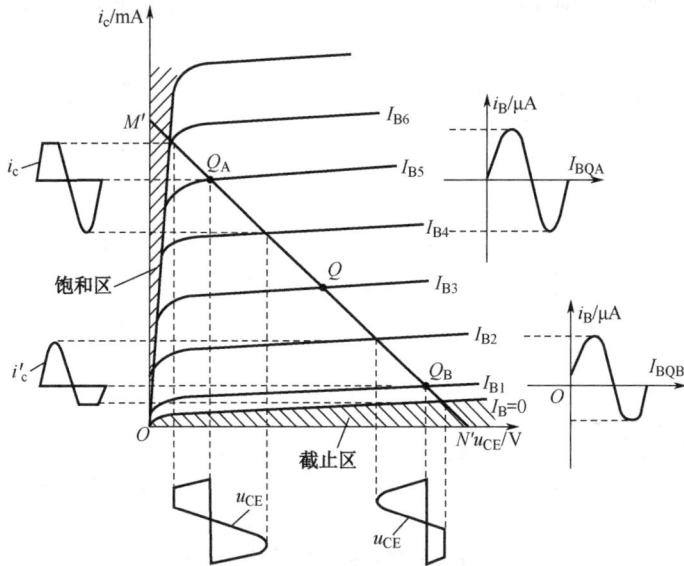

图4-10　静态工作点与波形失真关系图

1）饱和失真

如果静态工作点 Q 在交流负载线上位置过高，如图中 Q_A 点，则在输入信号幅值较大时，管子将进入饱和区，输出电压波形负半周被部分削除，产生"饱和失真"。

2）截止失真

如果静态工作点 Q 在交流负载线上位置过低，如图中 Q_B 点，则在输入信号幅值较大时，管子将进入截止区，输出电压波形正半周被部分削除，产生"截止失真"。

3）非线性失真

非线性失真是由于晶体管的工作状态离开线性放大区，进入非线性的饱和区和截止区而产生的。

三、多级放大电路的组成

在实际应用中，如果放大器的输入信号非常微弱，这时为了能够驱动负载工作，就必须由多级放大电路对微弱信号进行连续放大。把多个单级放大电路串接起来，使输入信号 u_i 经过多次放大的电路。多级放大电路组成如图4-11所示，其特点是电压放大倍数高。

在多级放大电路中，两个单级放大电路之间的连接称为耦合。常见的耦合有阻容耦合、变压器耦合、直接耦合等多种方式。

图 4-11　多级放大电路组成

（1）阻容耦合：级间通过电容 C_2 和基极电阻 $R_b(R_{b12}//R_{b22})$ 连接，如图 4-12（a）所示。由于电容 C_2 的"隔直通交"作用，使各级静态工作点独立；交流信号顺利通过 C_2 输送到下一级。n 级放大器的放大倍数为：$A_u = A_{u1} \cdot A_{u2} \cdot A_{u3} \cdots A_{un}$。

（2）变压器耦合：级间通过变压器 T_1 连接，如图 4-12（b）所示。由于 T_1 初次级之间具有"隔直通交"的性能，使各级静态工作点独立，而交流信号通过 T_1 互感耦合顺利输送到下一级。

（3）直接耦合：级间通过导线（或电阻）直接连接，如图 4-12（c）所示。前级输出信号直接输送到下一级。但各级静态工作点相互影响。

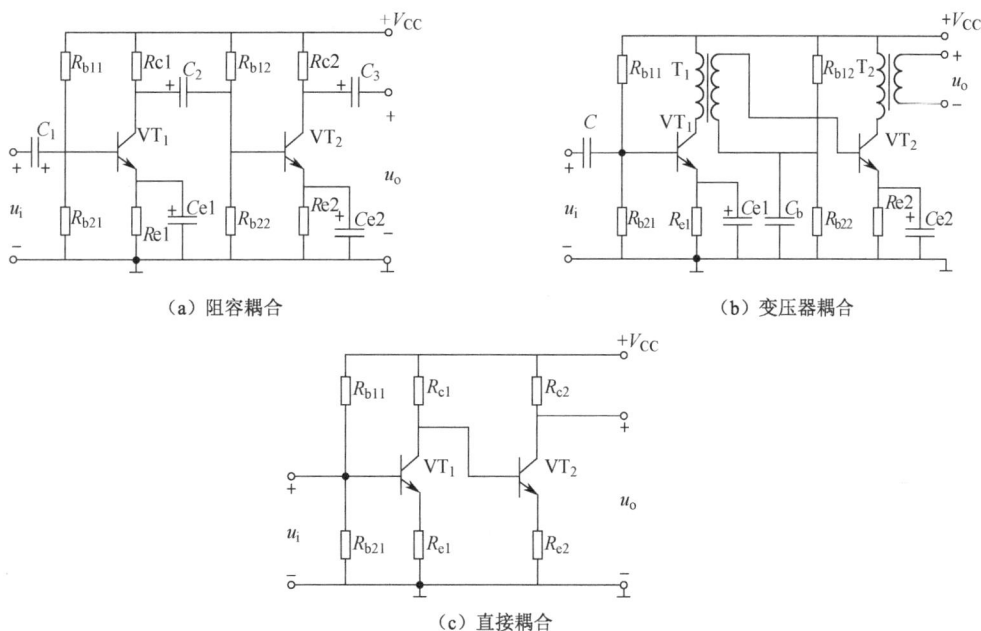

（a）阻容耦合

（b）变压器耦合

（c）直接耦合

图 4-12　多级放大电路的三种耦合电路

四、复合管放大电路的组成

在实际应用中，一般通过复合管的形式实现电流的放大。图 4-13 所示为常用的四种复合管。

复合管组成原则：① 每只晶体管三个电极的电流流向正确。② 复合管的类型取决于前一只晶体管。复合后的放大倍数是两晶体管放大倍数的乘积。

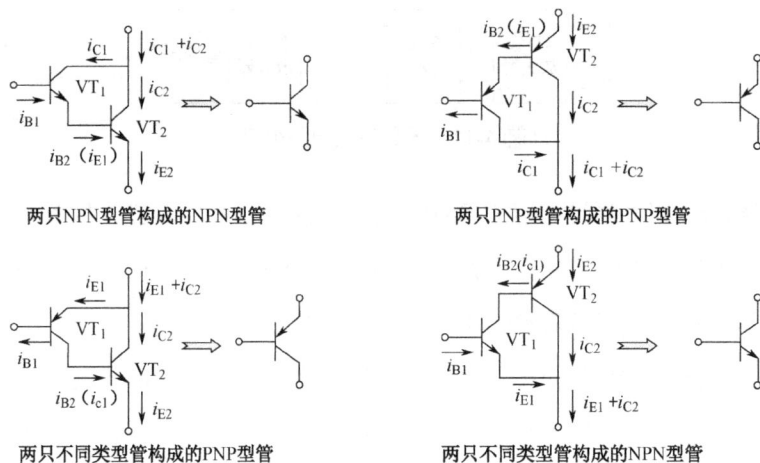

两只NPN型管构成的NPN型管

两只PNP型管构成的PNP型管

两只不同类型管构成的PNP型管

两只不同类型管构成的NPN型管

图 4-13　常用的四种复合管

五、晶体管自锁电路的组成与工作原理

自锁电路：是指按下开关能自动保持通电的电路。晶体管自锁电路结构特点：一个 PNP 管与一个 NPN 型晶体管组合，如图 4-14 所示。

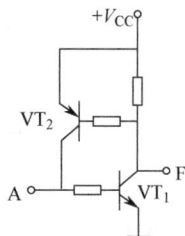

图 4-14　晶体管自锁电路

晶体管自锁工作过程：两个晶体管互锁实现功能控制。A 为高电平，VT_1 导通，F 为低电平，VT_2 导通，此后 A 保持高电平，不受输入影响。

第二节　反馈电路

一、反馈的概念

在电子电路中，将输出量（输出电压或输出电流）的一部分或全部通过一定的电路形式作用到输入回路，用来影响其输入量（放大电路的输入电压或输入电流）的措施称为反馈。

图 4-15 所示为放大电路的反馈电路结构框图。图中 u_i 为输入信号，u_o 为输出信号，u_f 为反馈信号。

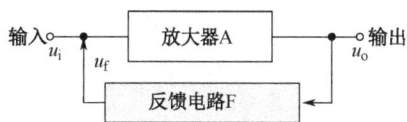

图 4-15　放大电路的反馈电路结构框图

反馈的目的：通过输出对输入的影响来改善系统的运行状况及控制效果。

二、反馈的类型

反馈的分类及判别方法如下。

（一）正反馈和负反馈

正反馈：反馈信号起到增强输入信号的作用。

判断方法：若反馈信号与输入信号同相，则为正反馈。

负反馈：反馈信号起到削弱输入信号的作用。

判断方法：若反馈信号与输入信号反相，则为负反馈。

（二）电压反馈和电流反馈

电压反馈：如图 4-16（a）所示，反馈信号与输出电压成正比。

判断方法：把输出端短路，如果反馈信号为零，则为电压反馈。

电流反馈：如图 4-16（b）所示，反馈信号与输出电流成正比。

判断方法：把输出端短路，如果反馈信号不为零，则为电流反馈。

（三）串联反馈和并联反馈

串联反馈：如图 4-17（a）所示，净输入电压由输入信号和反馈信号串联而成。

判断方法：把输入端短路，如果反馈信号不为零，则为串联反馈。

并联反馈：如图 4-17（b）所示，净输入电流由反馈电流与输入电流并联而成。

判断方法：把输入端短路，如果反馈信号为零，则为并联反馈。

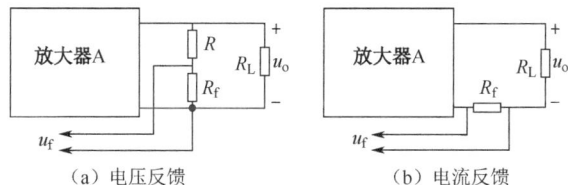

（a）电压反馈　　　　　（b）电流反馈

图 4-16　电压反馈和电流反馈

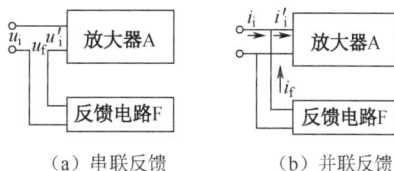

（a）串联反馈　　　　　（b）并联反馈

图 4-17　串联反馈和并联反馈

【例 4-1】判别图 4-18（a）和图 4-18（b）电路中反馈元件引进的是何种反馈类型。

解： 1）电压反馈和电流反馈的判别

当输出端分别短路后，图 4-18（a）中 u_f 消失，而图 4-18（b）中，晶体管 VT_2 的 i_{E2} 不消失，即 u_f 不等于零，所以图 4-18（a）是电压反馈，图 4-18（b）是电流反馈。

2）串联反馈和并联反馈的判别

当输入端分别短路后，图 4-18（a）中的 u_f 不消失，图 4-18（b）中的 u_f 消失，所以图 4-18（a）是串联反馈，图 4-18（b）是并联反馈。

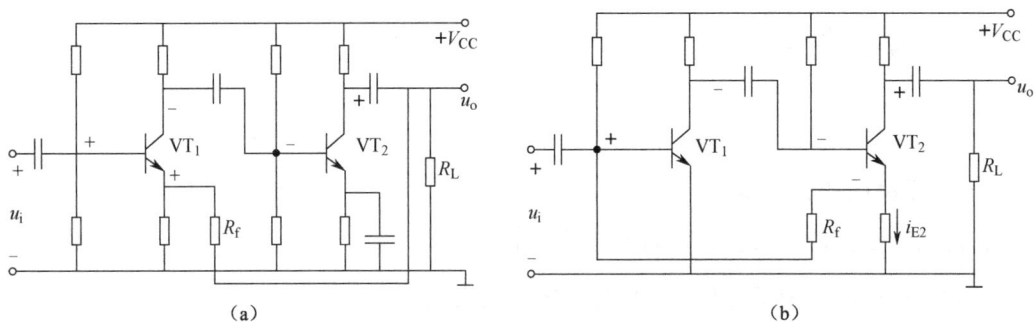

图 4-18　例 4-1 电路

3）正反馈和负反馈的判别

采用信号瞬时极性法判别，设某一瞬时，输入信号 u_i 极性为正"+"，并标注在输入端晶体管基极上，然后根据放大器的信号正向传输方向和反馈电路的信号反向传输方向，在晶体管的发射极、基极和集电极各点标注同一瞬时的信号的极性。可见，图 4-18（a）中反馈到输入回路的 u_f 的极性是"+"，与输入电压 u_i 反相，削弱了 u_i 的作用，所以是负反馈；而图 4-18（b）中，反馈到输入端的 i_f 极性是"-"，它削弱了 u_i 的作用，所以也是负反馈。

三、放大电路中的负反馈

（1）静态工作点的漂移：一个良好的放大电路，其静态工作点应该在放大区。在实际应用中，由于环境温度的变化、电压的波动、晶体管老化等原因，使得静态工作点发生漂移，若静态工作点上移而靠近饱和区，容易引启动态工作时饱和失真。

如图 4-19 所示，环境温度上升，会引起 I_B、β、I_{CEO} 等变大，从而使静态工作点 Q 上移到 Q'。

（2）分压偏置基极电位：为了克服上述问题，图 4-20（a）所示的分压式偏置电路是比较常用的静态工作点稳定电路。

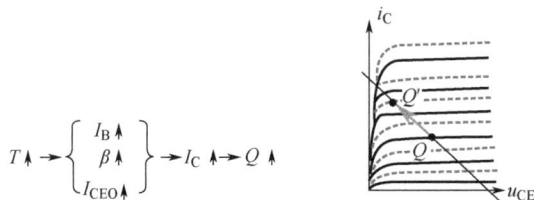

图 4-19　晶体管静态工作点漂移原理图

图 4-20（b）所示分压式偏置直流等效电路中，利用电阻 R_{b1} 和 R_{b2} 的分压来稳定基极电位 V_{BQ}。设流过 R_{b1}、R_{b2} 电流为 I_1、I_2，则 $I_2 = I_1 + I_{BQ}$，一般 I_{BQ} 很小，$I_2 \gg I_{BQ}$，可以认为 I_1 近似等于 I_2。这时基极电位 V_{BQ} 由 R_{b1}、R_{b2} 分压所决定，不会随温度而变。

图 4-20　分压偏置放大电路

（3）发射极反馈网络稳定静态工作点：如图 4-20（b）所示，在发射极串联电阻 R_e 和电容 C_e 组成的反馈网络，发射极电阻 R_e 可以获得发射极电路 I_E 变化的信息，反馈在输入端来实现稳定静态工作点。

$$T \uparrow \to I_C \uparrow \to V_E \uparrow \to V_{BE} \downarrow \quad (V_B \text{基本不变}) \to I_B \downarrow \to I_C \downarrow$$

基极电压 V_{BQ} 由 R_{b1} 和 R_{b2} 分压后得到，即 $V_{QB} = \dfrac{R_{b1}}{R_{b1} + R_{b2}} \cdot V_{CC}$ 固定。当环境温度上升时，会引起 I_{CQ} 增加，导致 I_{EQ} 的增加，使 $V_{EQ} = I_{EQ} R_e$ 增大。由于 $V_{BEQ} = V_{BQ} - V_{EQ}$，使得 V_{BEQ} 减小，于是基极偏流 I_{BQ} 减小，使集电极电流 I_{CQ} 的增加受到限制，从而达到稳定静态工作点的目的。静态工作点估算如下：

$$V_{QB} = \frac{R_{b1}}{R_{b1} + R_{b2}} \cdot V_{CC} \quad （分压公式）$$

$$V_{EQ} = V_{BQ} - 0.7 \quad （射极电位）$$

$$I_{EQ} = \frac{V_{EQ}}{R_E} \quad （射极电流）$$

$$I_{CQ} \approx I_{EQ}$$

$$I_{BQ} = I_{CQ}/\beta \quad （基极电流）$$

$$V_{CEQ} = V_{CC} - I_{CQ}（R_c + R_e）\quad （集-射电压）$$

第三节 集成运算放大器和电压比较器

一、集成运算放大器的外形和电路符号

集成运算放大器是电子控制技术中十分常用的模拟集成电路。其封装形式有很多种，常见的有圆壳式外形和双列直插式外形等类型，如图 4-21 所示。目前使用较多的是后者，而后者又有 8 引脚、10 引脚、12 引脚、14 引脚、16 引脚等许多种类，而各产家对引脚的定义也略有不同，所以使用和电路焊接时一定要认真查阅手册，认清引脚，集成运放引脚功能如图 4-22 所示。

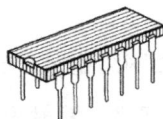

圆壳式外形　　　　　　　　　　双列直插式外形

图 4-21　集成运放外形图

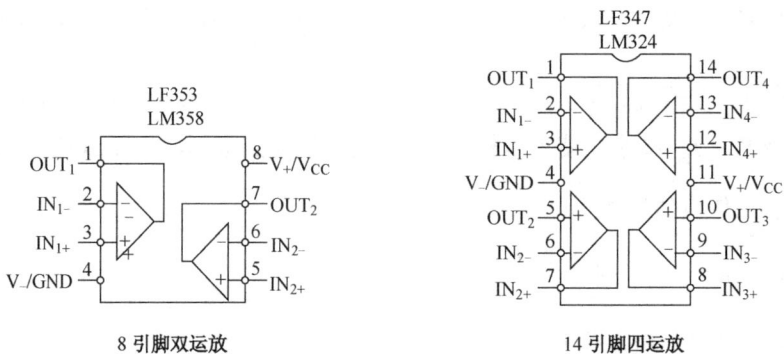

8 引脚双运放　　　　　　　　　14 引脚四运放

图 4-22　集成运放引脚功能

在电路图当中，人们通常用图 4-23、图 4-24 来表示其中一个集成运算放大器。

图 4-23　集成运放标准符号图形

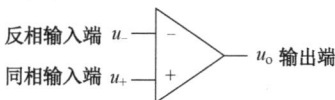

图 4-24　集成运放常见符号图形

二、集成运算放大器的结构和原理电路

1. 运算放大器的内部结构

集成运算放大器主要由输入级、中间级、输出级和偏置电路四个部分组成，如图 4-25 所示。运算放大器内部电路如图 4-26 所示。

图 4-25　运算放大器内部组成

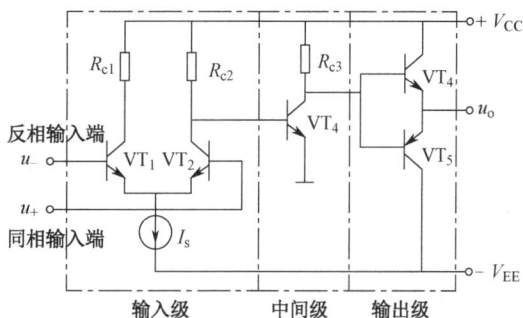

图 4-26　运算放大器内部电路

2. 运算放大器的原理电路

一个运算放大器至少有两个输入端、一个输出端和一对正负电压源五个引脚。

3. 输入输出特性

当同相输入端电压大于反相输入端电压，即 $u_+>u_-$ 时，输出端电压 $u_o=+V_{CC}$；

当同相输入端电压小于反相输入端电压，即 $u_+<u_-$ 时，输出端电压 $u_o=-V_{EE}$；

当同相输入端电压等于反相输入端电压，即 $u_+=u_-$ 时，输出端电压 $u_o=(V_{CC}-V_{EE})/2$。

三、集成运放的输入输出特性

根据集成运算放大器的原理电路图可知，其输入电阻很大，而输出电阻却很小，在理想化情形下，可以认为输入电阻无穷大，输出电阻为零。因此输入电流为零，即运算放大器的接入基本不会影响输入端电路电流、电压的变化。同样，输入端电路结构的变化也不会改变运算放大器的输入电压。

四、集成运放的应用

1. 反相放大器

如图 4-27 所示，输入信号 u_i 从运算放大器的反相输入端加入，就构成反相放大器。R_1 为输入耦合电阻。R_f 为反馈电阻。R_2 为平衡电阻，取值 $R_2=R_1 /\!/ R_f$。

反相电路的电压放大倍数为 $\dfrac{u_o}{u_i} = \dfrac{R_f}{R_1}$

反相电路的输出电压 u_o 相位与输入电压 u_i 相反。

2. 同相放大器

如图 4-28 所示，输入信号 u_i 从运算放大器的同相输入端加入，就构成同相放大器。

输入电压 u_i 通过电阻 R_2 接到同相输入端，在输出端与反相输入端之间接有反馈电阻 R_f，为使输入端保持平衡，$R_2=R_1 /\!/ R_f$。

同相放大器的电压放大倍数为 $\dfrac{u_o}{u_i} = 1 + \dfrac{R_f}{R_1}$

同相放大器的输出电压 u_o 相位与输入电压 u_i 相同。

3. 电压跟随器

如图 4-29 所示，当 R_f 为零时，$u_o=u_i$。

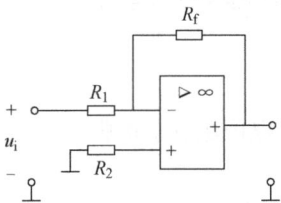

图 4-27 反相放大器　　　图 4-28 同相放大器　　　图 4-29 电压跟随器

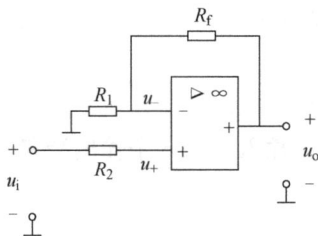

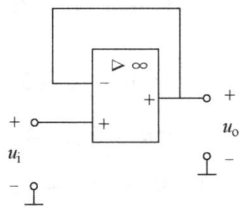

4. 加法器

如图 4-30 所示，输入信号分多路输入的反相放大器，能实现加法运算，即

$$u_o = -R_f(\frac{u_{i1}}{R_1} + \frac{u_{i2}}{R_2})$$

当 $R_f=R_1=R_2$ 时，$u_o=-(u_1+u_2)$。其中负号表示相位相反。

如图 4-31 所示为同相加法器。

$$u_o = (1+\frac{R_f}{R_1})(\frac{R_3 /\!/ R_4}{R_2 + R_3 /\!/ R_4}u_{i1} + \frac{R_2 /\!/ R_4}{R_3 + R_2 /\!/ R_4}u_{i2})$$

5. 减法器

如图 4-32 所示，若 $R_1 = R_2$，$R_3 = R_f$，得 $u_o = \dfrac{R_f}{R_1}(u_{i2} - u_{i1}) = u_{i2} - u_{i1}$，输出电压正比于两个输入电压之差，故电路又称为减法器。

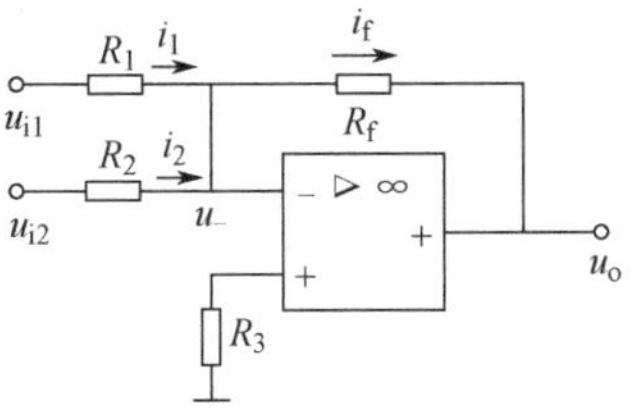

图 4-30　加法器 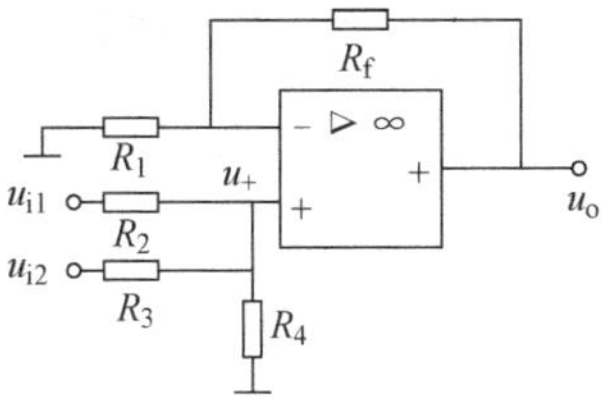　　　　图 4-31　同相加法器 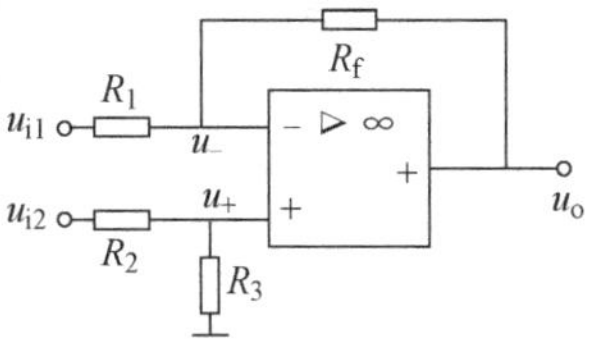　　　　图 4-32　减法器

本 章 小 结

本章介绍了模拟信号及共发射极放大电路等模拟电路知识，内容如下。

一、模拟信号

人们通过传感器把非电量转换成的电量，其幅度随时间连续变化的信号，称为模拟信号。

二、基本放大电路

通过传感器转换而来的模拟信号十分微弱，需要利用放大电路对模拟信号进行放大。晶体管共发射极放大电路就是基本放大电路之一，晶体管在电路中有截止、放大和饱和三种状态。有共发射极放大电路、共基极放大电路、共集电极放大电路三种基本形式。

三、多级放大电路的组成

在实际应用中，如果放大器的输入信号非常微弱，为了能够驱动负载工作，就必须由多级放大电路对微弱信号进行连续放大。在多级放大电路中，两个单级放大电路之间的连接称为耦合。常见的耦合有直接耦合、阻容耦合等多种方式。一般通过复合管的形式实现电流的放大。

四、反馈

在电子电路中，将输出量（输出电压或输出电流）的一部分或全部通过一定的电路形式作用到输入回路，用来影响其输入量（放大电路的输入电压或输入电流）的措施称为反馈。按照反馈对放大电路性能影响的效果，可将反馈分为正反馈和负反馈两种极性。按输出端取样方式分电压反馈和电流反馈。按输入端接入方式分并联反馈和串联反馈。分压式共发射极放大电路就是利用基极分压和发射极电阻负反馈来实现静态工作点的稳定的。

五、集成运算放大器

集成运算放大器是电子控制技术中十分常用的模拟集成电路。一个运算放大器至少有同相、反相两个输入端、一个输出端和一对正负电压源五个引脚。在电路中用作比较器使用时：当同相输入端电压大于反相输入端电压，即 $u_+ > u_-$ 时，输出端电压 u_o 为高电平。当同相输入端电压小于反相输入端电压，即 $u_+ < u_-$ 时，输出端电压 u_o 为低电平。

第五章

数字电路 ◀◀

教学重点

1. 知道数字信号的特性，数字信号相比模拟信号的优点。

2. 知道数字信号中"1"和"0"的意义。

3. 数字信号中"1"和"0"在电路分析中的应用。

4. 掌握与门、或门和非门三种基本逻辑门的电路符号及各自的逻辑功能，真值表的填写。

5. 掌握与非门、或非门的电路符号及各自的逻辑功能，真值表的填写。

6. 会对简单的逻辑电路进行分析并设计简单的逻辑电路。

教学难点

1. 理解数字信号中"1"和"0"的意义。

2. 熟练掌握五种逻辑门逻辑关系。

3. 学会简单组合逻辑电路的分析和设计。

第一节 数字信号与逻辑门

一、数字信号

1. 什么是数字信号

控制系统的核心部分就是控制（处理）部分。它会对各种不同的输入信号进行分析、比较、判断、放大、运算、传输、变换……最后向输出部分发出命令，控制执行机构的操作。上述对信号的分析、比较等过程统称为处理，如路灯的控制、大棚蔬菜中的温度和湿度控制、门铃的控制等。

电子控制系统中对信号的处理过程是用电子电路完成的。电子电路只能处理电信号，所以需要传感器将所获取的非电信号转换成电信号，如图 5-1 所示。

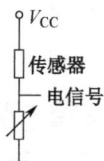

图 5-1 非电信号转换电信号

模拟信号指在时间上和幅值上均是连续的信号。数字信号指自变量是离散的（不连续的），因变量也是离散的信号。这种信号的自变量用整数表示，因变量用"0"或"1"表示。如图 5-2 所示为模拟信号。如图 5-3 所示为数字信号。

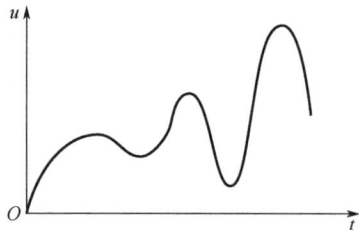

图 5-2 模拟信号

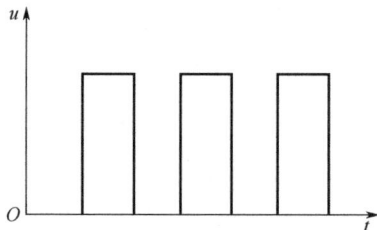

图 5-3 数字信号

以路灯的控制为例：光敏电阻（光敏传感器）将环境光的强度信号转换成电信号。电子电路对该电信号进行处理后向输出部分发出命令，控制开关的通断，从而使路灯点亮和熄灭。其中，光的强度变化是连续的，光敏电阻的阻值也因此发生连续变化，转换的电信号也是连续变化，所以属于模拟信号；而开关的变化只有通和断，路灯的变化只有亮和灭，开关和路灯的变化均是非连续的，所以属于数字信号。

讨论：如图 5-4 所示，当开关闭合时，A 和 B 两点的电位信号怎么变？

是否属于数字信号（电容器初始不带电）？

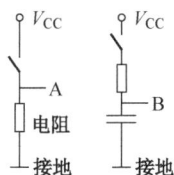

图 5-4　开关输入电路

2. 数字信号中 "1" 和 "0" 的意义

数字信号是非连续变化的，可以用数字表示，若用二进制来表示这个数，就是两个离散的值 1 和 0，在电子电路中是用高和低两个电平（level）代表二进制数中的 "1" 和 "0"，而其形成的在高低电平之间来回跳变的电信号就是通常所说的数字信号。

这里的 1 和 0 没有大小之分，只代表两种对立的状态，称为逻辑 1 和逻辑 0。它除了可以代表一位二进制数字，还可以代表电位的高和低，信号的有和无，命题的真和假，开关的通与断，路灯的亮与灭等。

☞ **马上行动**

请判断下列各例中哪些适合用 1 和 0 表示。

1. 举重比赛中试举成功与否。

2. 学生的考试成绩是否及格。

3. 一个人的生与死。

4. 一个人是好人还是坏人。

3. 数字信号的优点

数字信号具有容易处理、处理精度高、便于记录保存等优点。

1）容易处理

数字信号只有高、低两个电平，容易识别，失真和干扰对数字信号影响小。

✔ 案例分析

图 5-5 所示为扩音机信号处理过程。声音先经过送话器（话筒）转换成随声音强弱变化的电信号，再送入电压放大器和功率放大器进行放大，最后通过扬声器把放大的电信号还原成比原来响亮得多的声音。模拟信号在处理过程中不可避免地会产生失真并受到各种干扰因素的影响，因而导致输出失真，如图 5-6 所示。

图 5-5　扩音机信号处理过程

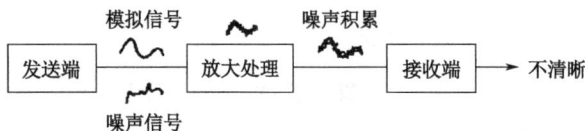

图 5-6　模拟信号受干扰失真

如果先将模拟信号转换为数字信号，处理后再将数字信号还原成模拟信号使扬声器发声，虽然数字信号在处理过程中同样会产生失真，受到干扰，其形状也会发生变化，但它所代表的数字（0、1）并未改变。

如图 5-7 所示，数字信号在处理过程中，受波形失真和干扰的影响很小，所以听众能听到音色逼真、不带噪声的歌声。

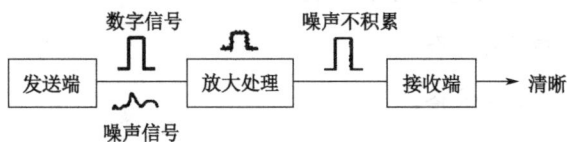

图 5-7　数字信号受干扰不失真

识别有失真和受干扰影响的数字信号的方法是，设置一个电压门槛（它应介于高电平与低电平之间），高于此门槛的信号传过去后，输出为1，低于此门槛的信号传过去后，输出为0。

2）处理精度高

现在在百米竞赛中记录运动员成绩用电子计时器，它可将时间精确到 0.01s，如现在男子田径 100m 世界纪录为 9.58s，这个成绩的测量精度比以前用机械秒表的精度提高了 10 倍。电子计时器之所以有这么高的计时精度，原因之一就是它在测量过程中使用了数字信号。

3）便于记录保存

由于数字信号中只有 1 和 0 两个值，可很方便地用（具有记忆功能的）电路输出电压的高和低，电容上电荷的有和无，磁性物质的极化方向等方式记录保存，也可用打孔的方法，如穿孔卡利用孔的有和无，光盘利用有无凹坑记录 1 和 0，还可以直接将 1 和 0 打印在纸上记录保存。但这些方法很少能用来保存模拟信号。

二、逻辑门

数字信号用数字电路处理，实现各种逻辑关系的电路称为数字电路（或逻辑电路），数字电路中最基本的单元是门电路。

数字电路就是依据输出信号与输入信号之间的逻辑关系（因果关系）来处理的，为处理方便，将逻辑前提和逻辑结论均用字母 A、B、C 等表示。显然，这些字母都只有"真"和"假"两个状态，且非真即假。在数字电路中，"真"用高电平"1"表示，"假"用低电平"0"表示。"1"和"0"称为数字电路的真值或逻辑值。

基本的逻辑关系有与逻辑、或逻辑和非逻辑。各种逻辑门电路是组成数字电路的基本单元。

（一）关于逻辑电路的几个规定

1. 逻辑状态的表示方法

用数字符号 0 和 1 表示相互对立的逻辑状态，称为逻辑 0 和逻辑 1，见表 5-1。

表 5-1　常见的对立逻辑状态示例

一种逻辑状态	高电位	有脉冲	闭合	真	上	是	…	1
另一种逻辑状态	低电位	无脉冲	断开	假	下	非	…	0

2. 高、低电平规定

用高电平、低电平来描述电位的高低。

高低电平不是一个固定值，而是一个电平变化范围，正逻辑和负逻辑高低电平范围如图 5-8 所示。

在集成逻辑门电路中规定：

标准高电平 V_{SH}——高电平的下限值。

标准低电平 V_{SL}——低电平的上限值。

应用时，高电平应大于或等于 V_{SH}；低电平应小于或等于 V_{SL}。

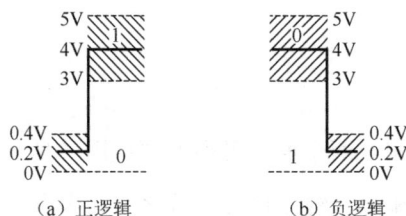

（a）正逻辑　　　　　　（b）负逻辑

图 5-8　正逻辑和负逻辑高低电平范围

3．正、负逻辑规定

正逻辑：用 1 表示高电平，用 0 表示低电平的逻辑体制。

负逻辑：用 1 表示低电平，用 0 表示高电平的逻辑体制。

（二）与门电路

1．与逻辑关系

与逻辑关系如图 5-9 所示。当决定一件事情的几个条件全部具备后，这件事情才能发生，否则不发生。

2．与门电路

与门电路如图 5-10（a）所示，工作原理如下：

$V_A = 0V$，$V_B = 0V$，VD_1、VD_2 均导通，$Y = 0V$。

$V_A = 6V$，$V_B = 0V$，VD_1 截止，VD_2 导通，$Y = 0V$。

$V_A = 0V$，$V_B = 6V$，VD_1 导通，VD_2 截止，$Y = 0V$。

$V_A = 6V$，$V_B = 6V$，VD_1、VD_2 均导通，$Y = 6V$。

A、B 为输入端；Y 为输出端。

3．逻辑符号

逻辑符号如图 5-10（b）所示。

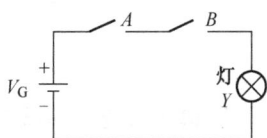

图 5-9　用串联开关说明与逻辑关系

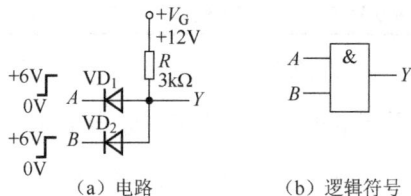

（a）电路　　　　　（b）逻辑符号

图 5-10　与门电路

4．逻辑函数式

与门电路的逻辑函数式为 $Y = A \cdot B$ 或 $Y = AB$。

5．真值表

真值表——表明逻辑门电路输入端状态和输出端状态逻辑对应关系的表。与门真值表见表 5-2。

表 5-2　与门真值表

输　　入		输　　出
A	B	Y
0	0	0
0	1	0
1	0	0
1	1	1

6. 逻辑功能

与门逻辑功能为"有 0 出 0，全 1 出 1"即 $Y = AB$。

（三）或门电路

1. 或逻辑关系

或逻辑关系如图 5-11 所示。当决定一件事情的几个条件中只要有一个条件得到满足，这件事情就会发生。

2. 或门电路

或门电路如图 5-12（a）所示，工作原理如下：

$V_A = 0\text{V}$，$V_B = 0\text{V}$，VD_1、VD_2 均截止，$Y = -12\text{V}$；

$V_A = 6\text{V}$，$V_B = 0\text{V}$，VD_1 导通，VD_2 截止，$Y = 6\text{V}$；

$V_A = 0\text{V}$，$V_B = 6\text{V}$，VD_1 截止，VD_2 导通，$Y = 6\text{V}$；

$V_A = 6\text{V}$，$V_B = 6\text{V}$，VD_1、VD_2 均导通，$Y = 6\text{V}$。

3. 逻辑符号

或门的逻辑符号如图 5-12（b）所示。

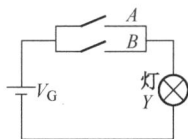

图 5-11　用并联开关说明或逻辑关系

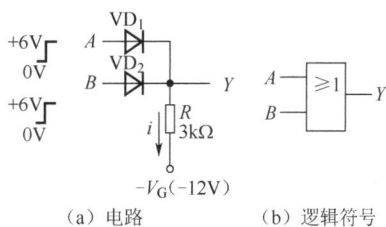

图 5-12　或门电路

4. 逻辑函数式

或门的逻辑函数式为 $Y = A + B$。

5. 真值表

表 5-3 给出了或门真值表。

表 5-3　或门真值表

输　　入		输　　出
A	B	Y
0	0	0
0	1	1
1	0	1
1	1	1

6. 逻辑功能

或门的逻辑功能为"全 0 出 0，有 1 出 1"。

（四）非门电路

1. 非逻辑关系

非逻辑关系：事情和条件总是呈相反状态。

2. 非门电路

非门电路如图 5-13（a）所示。工作原理如下。

$V_A = 6\text{V}$，VT 导通，$Y = 0$。

$V_A = 0\text{V}$，VT 截止，$Y = V_\text{G}$。

3. 逻辑符号

非门逻辑符号如图 5-13（b）所示。

4. 逻辑函数式

非门的逻辑函数式为 $Y = \overline{A}$。

5. 真值表

表 5-4 给出了非门真值表。

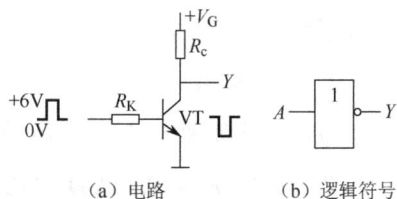

（a）电路　　（b）逻辑符号

图 5-13　非门电路

表 5-4　非门真值表

输　　入	输　　出
A	Y
0	1
1	0

6. 逻辑功能

非门的逻辑功能为"有 0 出 1，有 1 出 0"。

三、组合逻辑门电路

实用中常把与门、或门和非门组合起来使用，几种常见的简单组合门电路介绍如下。

（一）与非门

1. 电路组成

在与门后面接一个非门，就构成了与非门，如图 5-14 所示。

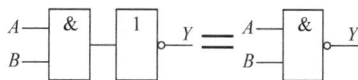

图 5-14　与非门

2. 逻辑符号

在与门输出端加上一个小圆圈，就构成了与非门的逻辑符号。

3. 函数表达式

与非门的函数逻辑式为 $Y = \overline{A \cdot B}$ 。

4. 真值表

表 5-5 给出了与非门真值表。

表 5-5　与非门真值表

A	B	$A \cdot B$	$\overline{A \cdot B}$
0	0	0	1
0	1	0	1
1	0	0	1
1	1	1	0

5. 逻辑功能

与非门的逻辑功能为"全 1 出 0，有 0 出 1"。

（二）或非门

1. 电路组成

在或门后面接一个非门就构成了或非门，如图 5-15 所示。

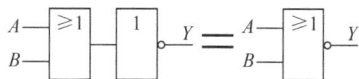

图 5-15　或非门

2. 逻辑符号

在或门输出端加一小圆圈就变成了或非门的逻辑符号。

3. 逻辑函数式

或非门逻辑函数式为 $Y = \overline{A + B}$ 。

4. 真值表

表 5-6 给出了或非门真值表。

表 5-6　或非门真值表

A	B	$A+B$	$Y=\overline{A+B}$
0	0	0	1
0	1	1	0
1	0	1	0
1	1	1	0

5. 逻辑功能

或非门的逻辑功能为"全 0 出 1，有 1 出 0"。

（三）与或非门

1. 电路组成

把两个（或两个以上）与门的输出端接到一个或非门的各个输入端，就构成了与或非门。与或非门的电路如图 5-16（a）所示。

2. 逻辑符号

与或非门的逻辑符号如图 5-16（b）所示。

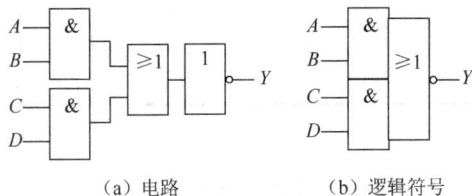

（a）电路　　　　　（b）逻辑符号

图 5-16　与或非门

3. 逻辑函数式

与或非门的逻辑函数式为 $Y=\overline{AB+CD}$。

4. 真值表

表 5-7 给出了与或非门真值表。

5. 逻辑功能

与或非门的逻辑功能为：当输入端中任何一组全为 1 时，输出即为 0；只有各组输入都至少有一个为 0 时，输出才为 1。

表 5-7 与或非门真值表

A	B	C	D	Y
0	0	0	0	1
0	0	0	1	1
0	0	1	0	1
0	0	1	1	0
0	1	0	0	1
0	1	0	1	1
0	1	1	0	1
0	1	1	1	0
1	0	0	0	1
1	0	0	1	1
1	0	1	0	1
1	0	1	1	0
1	1	0	0	0
1	1	0	1	0
1	1	1	0	0
1	1	1	1	0

（四）异或门

1. 电路组成

异或门的电路如图 5-17（a）所示。

2. 逻辑符号

异或门的逻辑符号如图 5-17（b）所示。

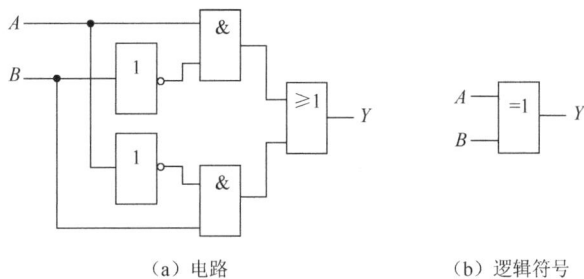

（a）电路　　　　　（b）逻辑符号

图 5-17　异或门

3. 逻辑函数式

异或门的逻辑函数式为 $Y = \overline{A}B + A\overline{B}$，通常也写成 $Y = A \oplus B$。

4. 真值表

表 5-8 给出了异或门真值表。

表 5-8　异或门真值表

A	B	Y
0	0	0
0	1	1
1	0	1
1	1	0

5. 逻辑功能

当两个输入端的状态相同（都为 0 或都为 1）时输出为 0。反之，当两个输入端状态不同（一个为 0，另一个为 1）时，输出端为 1。

6. 应用

判断两个输入信号是否不同。

（五）同或门

1. 电路组成

在异或门的基础上，最后加上一个非门就构成了同或门，其电路如图 5-18（a）所示。

2. 逻辑符号

同或门逻辑符号如图 5-18（b）所示。

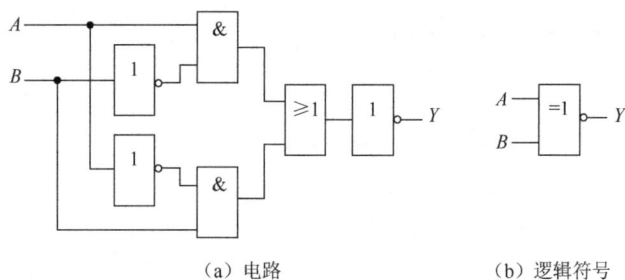

（a）电路　　　　　　　　（b）逻辑符号

图 5-18　同或门

3. 逻辑函数式

同或门逻辑函数式为 $Y = AB + \overline{A}\,\overline{B}$ ，同或门逻辑函数式通常也写成 $Y = A \odot B$ 。

4. 真值表

表 5-9 给出了同或门真值表。

5. 逻辑功能

当两个输入端的状态相同（都为 0 或都为 1）时输出为 1；反之，当两个输入端状态不同（一个为 0，另一个为 1）时，输出端为 0。

表 5-9　同或门真值表

A	B	Y
0	0	1
0	1	0
1	0	0
1	1	1

6. 应用

判断两个输入信号是否相同。

四、逻辑代数及其在逻辑电路中的应用

（一）逻辑代数概述

逻辑代数是研究逻辑电路的数学工具。

逻辑变量：逻辑代数的变量。在逻辑电路里，输入、输出状态相当于逻辑变量。

逻辑变量的表示：用大写字母 A、B、C 等标记。

逻辑变量特征：只有 0 和 1 两种取值。

（二）逻辑函数式与组合逻辑电路

1. 逻辑函数式

逻辑函数式：逻辑变量用逻辑运算符号连接起来，就成为逻辑函数式。

如：$Y = \overline{A} + B + \overline{\overline{A \cdot B} \cdot \overline{A + B}}$；$Y = (\overline{A}B + A\overline{B}) \cdot (A + B)$。

运算的次序：如有括号先进行括号里的运算，没有括号则先运算非号下的内容，取非后，再按乘、加的次序依次运算。

2. 组合逻辑电路

组合逻辑电路：仅由基本门电路（在不加反馈的情况下）组成的逻辑电路称为组合逻辑电路。组合逻辑门电路功能特点：

（1）任何时刻的输出状态直接由当时的输入状态决定。

（2）电路没有记忆功能。

3. 逻辑函数与组合逻辑电路转换

【例 5-1】　把图 5-19 中逻辑电路的输出 Y 和输入 A、B 的逻辑关系写成逻辑函数式。

解：（1）$Y_1 = \overline{A \cdot B}$

（2）$Y_2 = A \cdot Y_1$

（3）$Y_3 = Y_1 \cdot B$

（4）$Y_4 = Y_2 + Y_3$

（5）$Y = A + Y_4$

$$Y = A + (A \cdot \overline{A \cdot B} + \overline{A \cdot B} \cdot B)$$

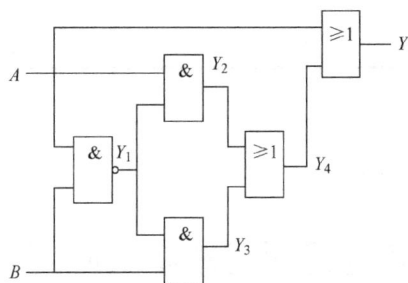

图 5-19　逻辑电路

【例 5-2】　根据逻辑函数式 $Y = (A + B) \cdot \overline{A \cdot B}$，画出它的逻辑电路。

解：由逻辑函数画出逻辑电路，如图 5-20 所示。

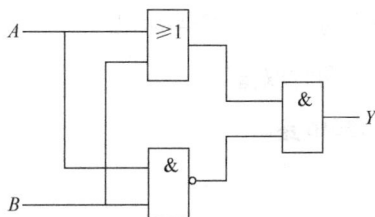

图 5-20　逻辑电路

（三）逻辑代数的基本定律及其应用

逻辑代数具有基本运算定律，运用这些定律可以把复杂的逻辑函数式化简。

1. 逻辑代数基本定律

重叠律 $A \cdot A \cdot A = A$；　$A + A + A = A$

还原律 $\overline{\overline{A}} = A$

交换律 $A + B = B + A$；　$A \cdot B = B \cdot A$

结合律 $A + (B + C) = (A + B) + C$

　　　　$A \cdot (B \cdot C) = (A \cdot B) \cdot C$

分配律 $A + B \cdot C = (A + B) \cdot (A + C)$

互补律 $A + \overline{A} = 1$；　$A \cdot \overline{A} = 0$

吸收律 $(A + B)(A + \overline{B}) = A$；　$A \cdot B + A\overline{B} = A$；　$A + \overline{A}B = A + B$

反演律（又称摩根定律）

$$\overline{A+B} = \overline{A} \cdot \overline{B}；\quad \overline{A \cdot B} = \overline{A} + \overline{B}$$

$$\overline{A+B+C+\cdots} = \overline{A} \cdot \overline{B} \cdot \overline{C} \cdots$$

$$\overline{A \cdot B \cdot C \cdots} = \overline{A} + \overline{B} + \overline{C} + \cdots$$

注意：逻辑函数等式表示等号两边的函数式代表的逻辑电路所具有的逻辑功能是相同的。

2. 逻辑函数的化简（代数法）

代数法：运用逻辑代数的基本定律和一些恒等式化简逻辑函数式的方法。

化简的目的：使表达式是最简式。

最简式的含义：乘积项的项目是最少的；每个乘积项中，变量的个数为最少。

化简方法：

1）并项法

利用 $A + \overline{A} = 1$ 的关系，将两项合并为一项，并消去一个变量。

2）吸收法

利用 $A + AB = A$ 的关系，消去多余的项。

3）消去法

利用 $A + \overline{A}B = A + B$ 的关系，消去多余的因子。

4）配项法

利用 $A = A(B + \overline{B})$ 的关系，将其配项，然后消去多余的项。

【例 5-3】　求证 $\overline{A\overline{B}} + \overline{AB} = AB + \overline{AB}$

解：$\overline{A\overline{B}} + \overline{AB} = \overline{A\overline{B}} \cdot \overline{AB} = (\overline{A} + \overline{\overline{B}})(\overline{A} + \overline{B}) = (\overline{A} + B)(A + \overline{B}) = AB + \overline{AB}$

【例 5-4】　求证 $\overline{AB + \overline{A}C} = A\overline{B} + \overline{A}C$

解：$\overline{AB + \overline{A}C} = (\overline{AB})(\overline{\overline{A}C}) = (\overline{A} + \overline{B})(A + \overline{C}) = A\overline{B} + \overline{A}\overline{C} + \overline{B}\overline{C}$

$\quad = A\overline{B} + \overline{A}\overline{C} + (A + \overline{A})\overline{B}\overline{C} = A\overline{B} + \overline{A}\overline{C}$

【例 5-5】　化简 $AD + A\overline{D} + AB + \overline{A}C + BD$

解：$AD + A\overline{D} + AB + \overline{A}C + BD = (AD + A\overline{D}) + AB + \overline{A}C + BD$

$\quad = (A + AB) + \overline{A}C + BD = (A + \overline{A}C) + BD = A + C + BD$

3. 逻辑代数在逻辑电路中的应用

实现一定逻辑功能的逻辑电路有简有繁，利用逻辑代数化简，可以得到简单合理的电路。

【例 5-6】　设计一个体现函数式 $Y = AB + AC$ 的逻辑电路。

解：根据题意，可画出图 5-21（a）所示的电路，但函数式化简后得 $Y = AB + AC = A(B + C)$，可简化成图 5-21（b）所示的电路。

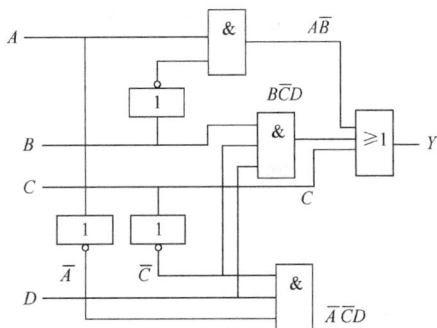

图 5-21　逻辑电路图的简化

【例 5-7】　设计一个 $Y = A\bar{B} + C + \bar{A}CD + BCD$ 的逻辑电路。

解：化简前后的逻辑电路分别如图 5-22、图 5-23 所示。

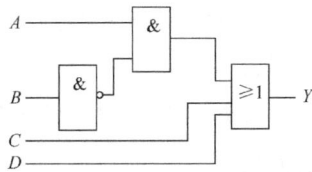

图 5-22　化简前的电路

图 5-23　化简后的电路

$$Y = A\bar{B} + C + \bar{A}\bar{C}D + B\bar{C}D = A\bar{B} + C + \bar{C}(\bar{A}D + BD)$$

$$= A\bar{B} + C + (\bar{A}D + BD) = A\bar{B} + C + D(\bar{A} + B)$$

$$= A\bar{B} + C + D(\overline{\overline{\bar{A} + B}}) = A\bar{B} + C + D(\overline{A \cdot \bar{B}})$$

$$= A\bar{B} + C + D$$

【例 5-8】　变换 $A\bar{B} + A\bar{C} + A\bar{D}$ 为与非-与非表达式，并画出对应的逻辑电路图。

解：逻辑电路如图 5-24 所示。

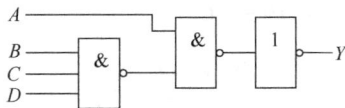

图 5-24　电路图

$$A\bar{B} + A\bar{C} + A\bar{D} = A(\bar{B} + \bar{C} + \bar{D})$$

$$= A \cdot \overline{B \cdot C \cdot D} = \overline{\overline{A \cdot \overline{B \cdot C \cdot D}}}$$

逻辑函数表达式形式：

$$Y = (A + \bar{C})(C + D) \qquad \text{或-与表达式}$$

$$= AC + \bar{C}D \qquad \text{与-或表达式}$$

$$= \overline{\overline{AC} \cdot \overline{CD}} \qquad \text{与非-与非表达式}$$

$$= \overline{\overline{(A+\overline{C})} + \overline{(C+D)}} \qquad \text{或非-或非表达式}$$

$$= \overline{\overline{AC} + \overline{CD}} \qquad \text{与-或-非表达式}$$

（四）逻辑电路与真值表的互换

1. 由逻辑函数列真值表

（1）若输入变量数为 n，则输入变量不同状态的组合数目为 2^n。

（2）列表时，输入状态按 n 列，2^n 行画好表格，然后从右到左，在第一列中填入 0、1、0、1…；第二列中填入 0、0、1、1、0、0、1、1…；在第三列中填入 0、0、0、0、1、1、1、1…；以此类推，直到填满表格。然后，把每一行中各输入变量状态代入函数式，计算并记下输出状态列入表中。

【例 5-9】 列出逻辑函数式 $Y = \overline{A}B + A\overline{B}$ 的真值表（见表 5-10）。

解：

表 5-10 真值表

A	B	Y
0	0	0
0	1	1
1	0	1
1	1	0

2. 由真值表列出逻辑函数式

方法：

（1）从真值表上找出输出为 1 的各行，把每行的输入变量写成乘积形式；遇到 0 的输入变量加非号。

（2）把各乘积项相加。

【例 5-10】 试由真值表（见表 5-11）列出相应的逻辑函数式。

表 5-11 真值表

A	B	C	Y
0	0	0	0
0	0	1	0
0	1	0	0
1	0	0	1
0	1	1	1
1	0	1	0
1	1	0	0
1	1	1	1

解：$Y = A\overline{B}\overline{C} + \overline{A}BC + ABC$。

第二节 基本触发器

在数字电路中，单一的门电路只能实现较简单的逻辑功能，所以在实际的电子控制电路中，经常把门电路进行适当的组合，以完成较复杂的逻辑功能，从而满足实际控制中的各种逻辑功能要求。

在三人表决器案例中，若 A、B、C 是用按钮产生的，由于按钮按下的时间通常较短，使得 A、B、C 输入的电平保持时间较短，Y 输出信号保持的时间也就较短。这样表决的结果便一闪而过，无法观察清楚。因此，在一个控制系统中，必须包含能将这些信号记住的记忆元件。

"基本触发器"就是一种非常经典的由门电路组合而成的具有记忆功能的基本单元电路。

触发器是一种具有记忆功能并且其状态能在触发脉冲作用下迅速翻转的逻辑电路。基本 RS 触发器是各种触发器的基础。

一、与非门组成的基本 RS 触发器

将两个集成与非门的输出端和输入端交叉反馈相接，就组成了基本 RS 触发器。

1. 电路组成

基本 RS 触发器如图 5-25 所示。

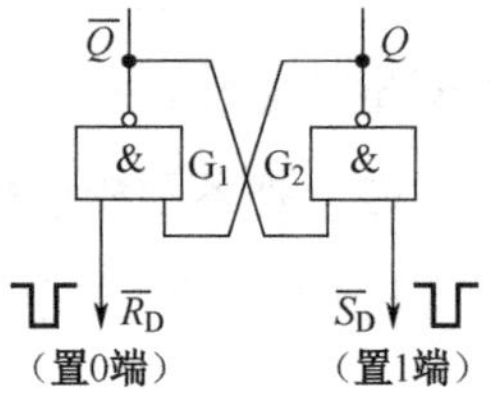

两个与非门 G_1、G_2；两个输入端 $\overline{R}_D$、$\overline{S}_D$；两个输出端 Q、$\overline{Q}$，逻辑状态是互补的。

图 5-25 基本 RS 触发器

2. 工作原理

触发器的翻转：触发器状态在外加信号作用下，状态转换的过程。触发脉冲：能使触发器发生翻转的外加信号。Q 端的状态为触发器的状态。

工作状态：$Q = 0$，$\overline{Q} = 1$ 时触发器处于 "0" 态（稳定状态）；$Q = 1$，$\overline{Q} = 0$ 时触发器处于 "1" 态（稳定状态）。

3. 逻辑功能

基本 RS 触发器的逻辑功能如下：

当 $\overline{R}_D = 0$，$\overline{S}_D = 1$ 时，则 $Q = 0$（$\overline{Q} = 1$）。

当 $\overline{R}_D = 1$，$\overline{S}_D = 0$ 时，则 $Q = 1$（$\overline{Q} = 0$）。

当 $\overline{R}_D = 1$，$\overline{S}_D = 1$ 时，则 Q 不变（$\overline{Q}$ 不变）。

当 $\overline{R}_D = 0$，$\overline{S}_D = 0$ 时，则 Q 不定（$\overline{Q}$ 不定），这是不允许的。

4. 真值表

表 5-12 给出了基本 RS 触发器的真值表。

表 5-12　基本 RS 触发器的真值表

$\overline{R}_D$	$\overline{S}_D$	Q
0	0	不定（禁用）
0	1	0
1	0	1
1	1	不变

$\overline{R}_D$ 置 0 端、$\overline{S}_D$ 置 1 端，均由负脉冲触发，符号 R_D、S_D 上加了非号，表示低电平有效。

二、或非门组成的基本 RS 触发器

将两个集成或非门的输出端和输入端交叉反馈相接，就组成了高电平触发的基本 RS 触发器。

1. 电路组成

基本 RS 触发器如图 5-26 所示。

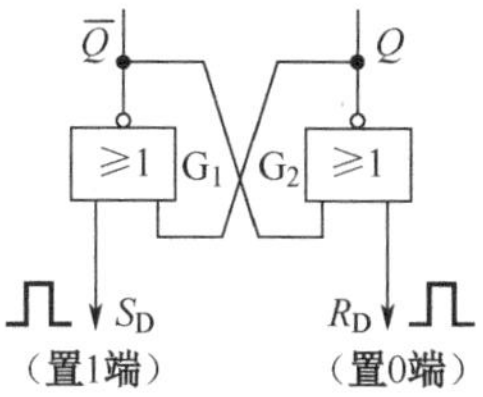

图 5-26　基本 RS 触发器

两个或非门 G_1、G_2；两个输入端 R_D、S_D；两个输出端 Q、$\overline{Q}$，逻辑状态是互补的。

2. 逻辑功能

基本 RS 触发器的逻辑功能如下：

当 $R_D=1$，$S_D=1$ 时，则 Q 不定（$\bar{Q}$ 不定），这是不允许的。

当 $R_D=0$，$S_D=1$ 时，则 $Q=1(\bar{Q}=0)$。

当 $R_D=1$，$S_D=0$ 时，则 $Q=0(\bar{Q}=1)$。

当 $R_D=0$，$S_D=0$ 时，则 Q 不变（$\bar{Q}$ 不变）。

3. 真值表

表 5-13 给出了基本 RS 触发器真值表。

表 5-13　基本 RS 触发器真值表

R_D	S_D	Q
0	0	不变
0	1	1
1	0	0
1	1	不定（禁用）

R_D 置 0 端、S_D 置 1 端，均由正脉冲触发，符号 R_D、S_D 上没有非号，表示高电平有效。

三、两种基本触发器的异同

1. 共同点

（1）S_D 称为置位端或置 1 端，R_D 称为复位端或置 0 端。因与非门组成的基本触发器输入端低电平触发（或称低电平有效），故与非门组成的基本触发器 2 个输入端分别记作 $\bar{S}_D$ 和 $\bar{R}_D$，以和或非门组成的基本触发器输入端高电平触发（或称高电平有效，后同）作区别。两个输入端都无效时保持不变；两个输入端都有效时禁用。两种触发器都有 2 个输入端。

（2）基本触发器都有 2 个输出端 Q 和 $\bar{Q}$，正常情况下 Q 和 $\bar{Q}$ 总是反相的，即不是 $Q=0$，$\bar{Q}=1$ 就是 $Q=1$，$\bar{Q}=0$。都是 "置位端（S_D 端）" 有效时 "置 1（$Q=1$，$\bar{Q}=0$）"；"复位端（R_D 端）" 有效时 "置 0（$Q=0$，$\bar{Q}=1$）"。

（3）无论置 1 还是置 0，当触发信号结束后，即输入端均加无效信号（前者低电平 $S_D=0$，$R_D=0$；后者高电平 $\bar{S}_D=1$，$\bar{R}_D=1$），基本触发器的状态保持不变。由此可见，基本触发器具有记忆作用（也称存储作用），能存储 1 位二进制信息（能存储一个 1 或 0）。

2. 不同点

（1）两种基本触发器的电阻组成有区别。

（2）或非门组成的触发器是高电平输入有效，而与非门组成的触发器是低电平输入有效。如果置位端加无效信号，复位端加有效信号（前者输入 $S_D=0$，$R_D=1$；后者输入 $\bar{S}_D=1$，

$\overline{R}_\mathrm{D}$ =0）则基本触发器被置于 0 状态，此过程称为置 0。

第三节 数字集成电路

门电路是用晶体管或 MOS 管构成的电路，现在都已集成化，是一种数字集成电路。

一、晶体管的开关特性及其在数字电路中的应用

在数字电路中，用电平的高和低来代表逻辑 1 和逻辑 0。

不同类型的逻辑电路，其高、低电平的电压值有不同的界定规则。

如图 5-27 所示用电阻和开关构成的电路中，开关闭合时，开关所呈现的电阻为 0，使得开关两端的电压也就是输出电压为 0，输出低电平。反之，若开关断开，因为电阻 R 上没有电流流过，R 上的电压为 0，所以输出电压等于电源电压，即输出高电平。因此，用开关可以实现高、低电平，这是构成门电路的基础。

门电路中的开关不能使用机械开关，因为机械开关不仅体积大、寿命短、操作不方便，而且开关的速度低。在现代高速电子控制系统中，开关每秒可能要开合上亿次，机械开关是绝对无法胜任的，必须使用电子开关，即用晶体管或 MOS 管（金属氧化物半导体场效应晶体管）做成的开关。例如，用晶体管代替图 5-27 中开关得到的电路如图 5-28 所示。

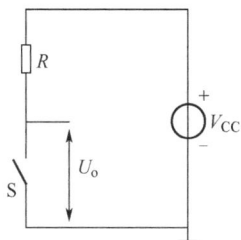

图 5-27　机械开关电路　　　　　图 5-28　电子开关电路

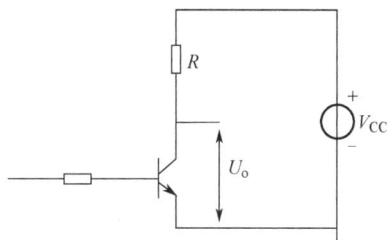

晶体管存在截止和饱和两种状态，截止状态相当于开关断开，饱和状态相当于开关闭合，因而可以作为开关使用，其条件和现象如下。

饱和：条件——输入信号足够大（高电平）；现象——晶体管流过的电流较大，而集电极与发射极之间的电压只有 0.2V 左右（低电平）。

截止：条件——输入信号足够小（低电平）；现象——晶体管没有电流流过，集电极与发射极之间的电压与电源电压相近（高电平）。

由于加到晶体管基极的信号不是高电平就是低电平，因此晶体管工作处于开关状态，即不是工作处于饱和状态就是工作处于截止状态。通常称这种信号为开关信号（数字信号）。

二、常用数字集成电路的类型

数字电路现在都已集成化，基本门电路属于小规模集成电路。由若干门电路组成，能完成某个逻辑功能，如编码译码等的集成电路通常属于中规模集成电路。由于集成技术的发展，中、小规模的数字集成电路已较少使用，代之以将数百、数千个门电路集成在一个硅片上的大规模、超大规模数字集成电路，将 1 万个以上门电路集成在一个硅片上，可实现一个较复杂系统功能的片上系统（SOC）也已出现。此外，还涌现出各种新型的数字集成电路，如用户可以改变片内电路之间逻辑关系的可编程逻辑器件（PLD）和现场可编程门阵列（FPGA）等，为电子控制系统的实现提供了极为有利的条件。

数字集成电路有多种类型，最常用的有 TTL 电路和 CMOS 电路两种。

TTL（晶体管-晶体管逻辑）电路是用普通晶体管构成的集成电路，与 CMOS 电路相比，其运行速度较快，允许负载流过的电流较大，但消耗功率较大。

CMOS（互补 MOS 电路）电路是用 MOS 管构成的集成电路，在工作时消耗的功率最低，但工作速度较 TTL 电路的低，允许负载流过的电流较 TTL 电路的小。

CMOS 器件与 TTL 器件的逻辑电平和电路的输出能力不一样，因此两种类型的集成电路通常不能在同一个电路中使用，如需同时使用，要在它们之间加上电平转换电路。

CMOS 器件较容易损坏，使用时要注意保护，如电源的极性不能接反，焊接时最好将烙铁的电源切断等。

三、数字集成电路简介

1. 分类

① 晶体管型数字集成电路（简称 TTL 电路）。

② 场效应晶体管数字集成电路（简称 MOS 电路）。

2. 主要产品系列

数字集成电路的主要产品系列参见表 5-14。

表 5-14　数字集成电路的主要产品系列

系　列	子　系　列	名　　称	国际型号
TTL	TTL	基本型中速 TTL	CT54/74
	HTTL	高速 TTL	CT54/74H
	STTL	超高速 TTL	CT54/74S
	LSTTL	低功耗 TTL	CT54/74LS
	ALSTTL	先进低功耗 TTL	CT54/74ALS
MOS	CMOS	互补场效应晶体管型	CC4000
	HCMOS	高速 CMOS	CT54/74HC
	HCMOST	与 TTL 兼容的高速 CMOS	CT54/74HCT

3. 数字集成电路外形举例

数字集成电路目前大量采用双列直插式外形封装，如图 5-29、图 5-30 所示。

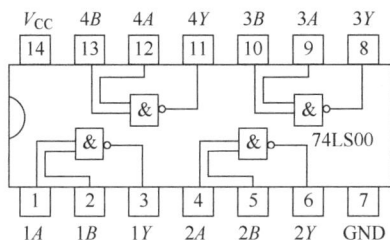

图 5-29　74LS00 外引线排列图

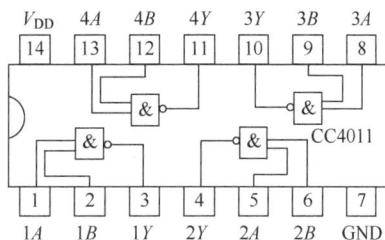

图 5-30　CC4011 外引线排列图

引脚的编号判读方法：把标志（凹口）置于左方，逆时针自下而上依次读出外引线编号。

数字集成电路主要参数如下。

① 输出高电平 V_{OH} 和输出低电平 V_{OL}。

② 输入高电平 V_{IH} 和输入低电平 V_{IL}，有时把这两个值的中间值称为输入的阈值电压 V_{IT}。

③ 输出高电平电流 I_{OH} 和输出低电平电流 I_{OL}。

④ 传输延时 t_{PHL} 和 t_{PLH} 的平均值称为平均传输延迟时间 t_{pd}。

⑤ 扇出系数 N：与非门输出端能驱动同类门的数目。

【例 5-11】　已知某逻辑电路的输入、输出相应波形如图 5-31 所示，试写出它的真值表和逻辑函数式。

解：由波形对应关系，列出真值表（见表 5-15）：

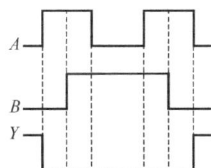

图 5-31　某逻辑电路输入、输出相应波形

表 5-15　真值表

A	B	Y
0	0	1
1	0	0
1	1	0
0	1	0

逻辑函数式为

$$Y = \overline{A + B}$$

本 章 小 结

一、数字电路

数字电路是处理在数值上和时间上不连续变化的数字信号的电路。

数字电路特点：电路中工作的晶体管多数工作在开关状态，研究对象是电路的输入与输出之间的逻辑关系，分析工具是逻辑代数，表达电路的功能主要用真值表、逻辑函数式。

二、逻辑门电路

1. 逻辑状态

有 1、0 两种逻辑状态。用 1 表示高电平，用 0 表示低电平的逻辑体制为正逻辑。用 1 表示低电平，用 0 表示高电平的逻辑体制为负逻辑。

2. 三种基本逻辑门

三种基本逻辑门的相关知识见表 5-16。

表 5-16　三种基本逻辑门

名　称	逻 辑 符 号	逻 辑 函 数 式	逻 辑 功 能
与门	A —— & —— Y　B	$Y = A \cdot B$	有 0 出 0，全 1 出 1
或门	A —— ≥1 —— Y　B	$Y = A + B$	全 0 出 0，有 1 出 1
非门	A —— 1 —○— Y	$Y = \overline{A}$	有 0 出 1，有 1 出 0

3. 五种组合逻辑门

与非门、或非门、与或非门、异或门、同或门。

4. 逻辑代数

逻辑代数是研究和简化逻辑函数的工具。电子控制系统控制（处理）部分的电路，应在仔细分析控制要求的基础上，按照其逻辑关系来设计。其中门电路用于实现各种逻辑关系，触发器（本书只介绍基本触发器）用于存储数据。它们是数字电路中必不可少的单元电路。

三、集成逻辑电路

晶体管（MOS 管）在开关信号作用下存在截止和饱和两种输出状态，等效于一个开关，可以构成各种门电路。

常用的集成逻辑器件有 TTL 和 CMOS 两大类。它们各有优点、缺点，应根据对电子控制系统的要求合理地选用。常见集成逻辑电路引脚功能如图 5-32 所示。

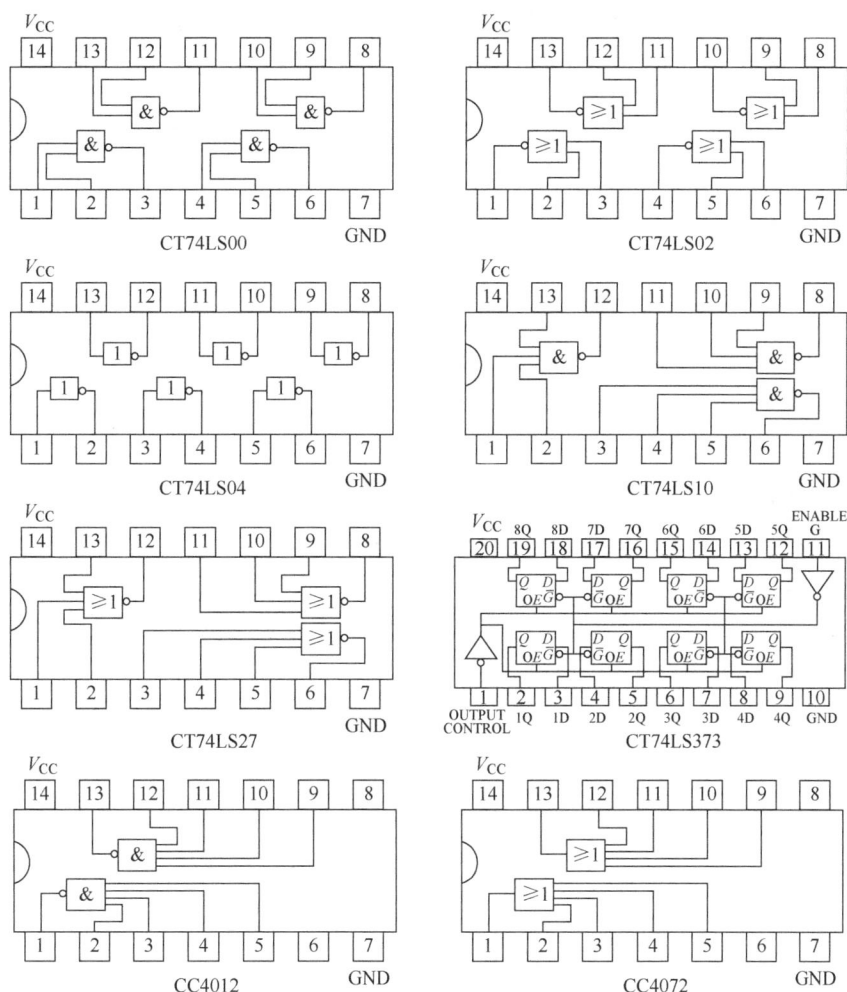

图 5-32　常见集成逻辑电路引脚功能

第六章

电子控制系统的执行部件

教学重点

1. 了解电磁继电器的作用、构造与规格。

2. 认识无触点和有触点继电器分类。

3. 理解直流电磁继电器的工作原理与优缺点。

教学难点

1. 理解不同继电器参数区别。

2. 掌握电磁继电器在实际电路中的正确选用与合理连接应用。

第一节 继电器的作用和类型

在电子控制系统中，输入部分（传感器）相当于人的感官，控制（处理）部分相当于人的大脑，输出部分（执行部件）相当于人的手脚。执行部件是接收并执行控制（处理）部分发出的命令，完成控制的部件。电子控制系统的组成如图6-1所示。

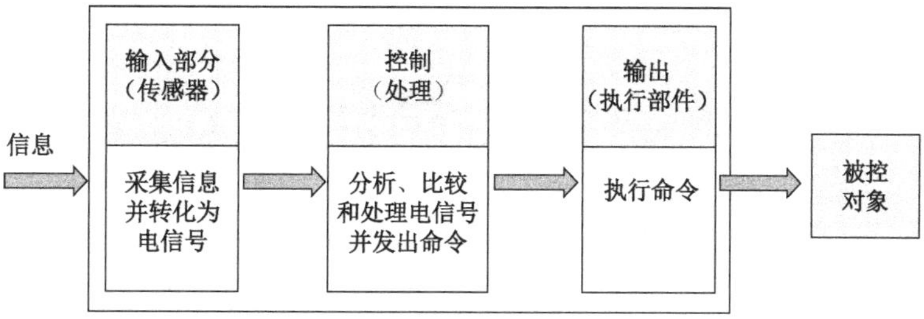

图 6-1　电子控制系统的组成

继电器是一种常用的执行部件，当输入量（电、磁、声、光、热）达到一定值时，输出量将发生跳跃式变化的自动控制器件。

在不同的电子控制系统中，各部分有多种组成方式，其复杂程度差异很大。例如，在电子门铃和路灯自动控制的模拟装置中，晶体管既是控制部分的电子电路，又是被控对象（扬声器或发光二极管）的执行部件（驱动电路）。但是在电冰箱中，输出部分中的继电器执行控制器的命令，接通电动机、压缩机的工作电路，使制冷剂在管道中循环、降低冷藏室中的温度。这里的被控对象是冷藏室，执行部件包括继电器、电动机、压缩机等。工业生产电子控制系统的执行部件的组成更为复杂。

一、继电器的作用

继电器简单地讲，就是电路的控制开关，但它又不是普通的电路开关。继电器是具有隔离功能的自动电路开关元件。日常生活中，大家经常用电路开关。但现实的生产和生活中，有很多情况不能用手去直接控制电路，如高电压、大电流、远距离、危险环境等。在这些情况下，只有有选择地使用各类继电器，才能保证工作设备的正常运行。

继电器作为一个开关元件实现普通开关的功能，还具备其他功能。可以通过研究电磁继电器驱动电灯及电动机的过程，了解继电器的其他功能。

✦ 实验

试验目的：

观察电磁继电器驱动电动机的过程，了解继电器的作用，如图 6-2 所示。

试验准备：

电磁继电器 1 个，玩具电动机 1 个，3V、12V 电源各 1 个，开关 1 个。

试验过程：

按照图 6-2 所示连接电路，接通电源。当开关闭合或断开时，请观察会出现什么现象？电磁继电器在电路中会起什么作用？

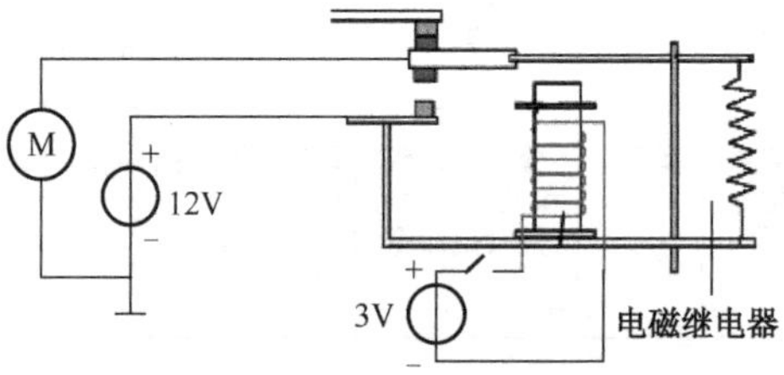

图 6-2 电磁继电器控制电动机电路

试验记录：

开关闭合，电动机运转、灯灭。开关断开，电动机停转。

试验结论：

继电器作为电路中的开关元件实现普通开关的功能。

实验表明：继电器能接收并执行控制（处理）电路发出的命令，用弱电（低电压、小电流）信号，控制强电（高电压、大电流）工作设备的正常运行，这就是继电器"以低控高""以小控大"的作用，如图 6-3 所示。

图 6-3 继电器作用

继电器是一种用小电流控制大电流的断路器。作为开关元件，继电器的输入与输出电路之间是完全隔离的，抗干扰能力很强，给人们带来方便和安全。因此它广泛应用于家用电器、工业控制等各种电子设备中。

✔ 案例分析

全自动洗衣机的工作过程如图 6-4 所示。

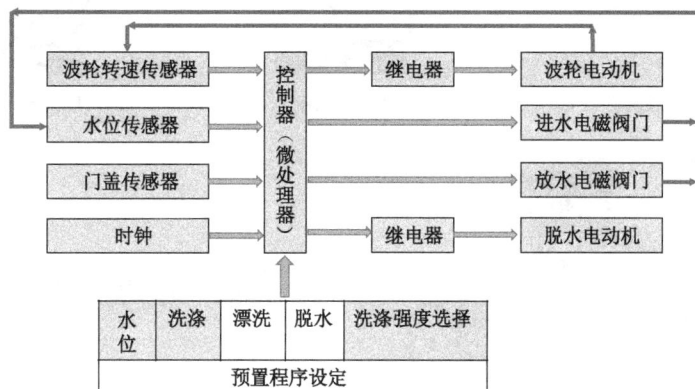

图 6-4　全自动洗衣机的工作过程

如图 6-5 所示为全自动洗衣机，其正常运行就需要继电器。继电器是一种开关元件，当控制器输入的低电压（5V）、小电流达到额定值时，它由"断开"转变为"闭合"，接通输出电路，其输出量便发生跳跃式变化，使需要高电压（220V）、大电流工作的电动机等部件动作。

图 6-5　全自动洗衣机

二、继电器类型

继电器的种类繁多，从不同的角度可以把继电器划分为不同种类。

按继电器输入物理量不同，可分为电磁继电器、温度继电器、时间继电器、压力继电器、干簧继电器等，如图 6-6 所示，其中常见的是电磁继电器。

电磁继电器

温度继电器

时间继电器

压力继电器

干簧继电器

图 6-6　继电器

按执行机构特征的不同，可分为触点继电器（见图 6-7）、无触点继电器（见图 6-8）。

图 6-7　触点继电器

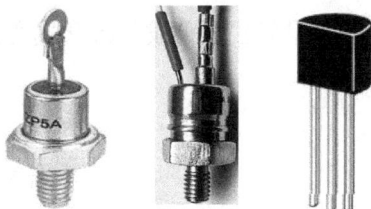
图 6-8　无触点继电器

按输入电路的控制电流是交流或直流，又可分为直流电磁继电器、交流电磁继电器。

三、电磁继电器的优缺点

电磁继电器具有工作可靠、体积小、结构简单、制作方便、灵敏度高、输入与输出电路相互隔离等优点。电磁继电器的缺点是触点频繁地接通、断开，影响寿命。由于工作在高电压、大电流条件下，触点通断瞬间会产生电火花造成干扰，如果周围有易燃物，还可能引发事故。电磁继电器用于自动控制系统、遥控遥测系统、通信系统的控制设备或保护装置中。

随着半导体技术的发展，人们开发出了无触点全固态的半导体开关元件。无触点继电器与电磁继电器的开关功能以及输入与输出电路相隔离程度都是相当的。无触点继电器由于没有可动触点，不产生电火花，因此它的可靠性高、寿命长、无干扰，又因其体积小、易与电子电路集成，因此广泛应用于计算机外围接口装置、电炉加热恒温系统、医疗器械、遥控系统、工业自动化装置等场合中。目前，在一些应用场合无触点继电器已逐步替代电磁继电器。晶闸管就是一种无触点继电器，主要用于以直流弱电信号控制大功率负载电路的场合。

第二节 直流电磁继电器的构造、规格和工作原理

一、直流电磁继电器的构造

电磁继电器一般由一个电磁铁和一组或几组带触点（接点）的簧片组成。

直流电磁继电器线圈与触点符号如图 6-9 所示。继电器用字母 K 表示。它的基本组成部分是电磁铁，其线圈接输入电路以接收控制信号，由一对或数对动、静触点组成执行机构。该结构中的动触点焊在触点弹簧片上，触点系统成对地接入输出电路，以控制输出电路的通与断。

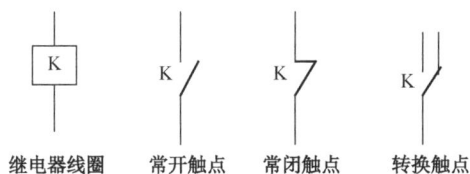

继电器线圈　　常开触点　　常闭触点　　转换触点

图 6-9　直流电磁继电器线圈与触点符号

直流电磁继电器结构（见图 6-10）。其触点有常开、常闭和转换触点三种类型。线圈不通电时，动、静触点处于断开状态的称为常开触点，处于闭合状态的称为常闭触点。直流电磁继电器外部引脚与符号对照图如图 6-11 所示。

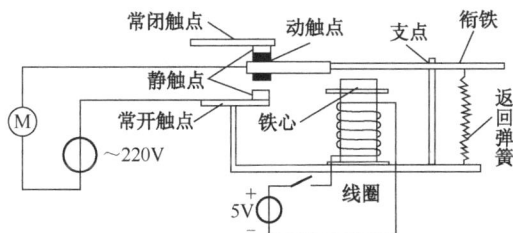

图 6-10　直流电磁继电器结构

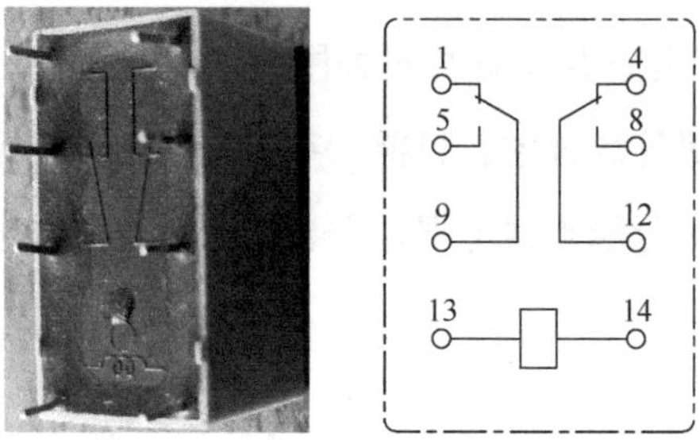

图 6-11　直流电磁继电器外部引脚与符号对照图

二、直流电磁继电器的工作原理

当线圈两端施加电压，且达到一定值时，线圈中流过的电流就会使电磁铁产生足够大的电磁力，克服返回弹簧的拉力，将衔铁吸向铁心，于是使动触点与常开触点闭合，接通输出电路，从而继续增大线圈中的输入电流，输出量不变。如果此时减小输入电流，电磁力减小，当降低到一定值时，可使电磁铁和动触点在返回弹簧的作用下回到原位，此时输出电路断开。所以，电磁继电器是一种根据外界输入信号来控制输出电路中电流通、断的器件。这样就可以利用继电器来实现对输出电路中的设备控制。

三、直流电磁继电器的参数

直流电磁继电器的参数标示与含义如图 6-12 所示。为了保证各种规格的直流电磁继电器都能安全、可靠地工作，其参数必须符合标准，如图 6-13 所示。

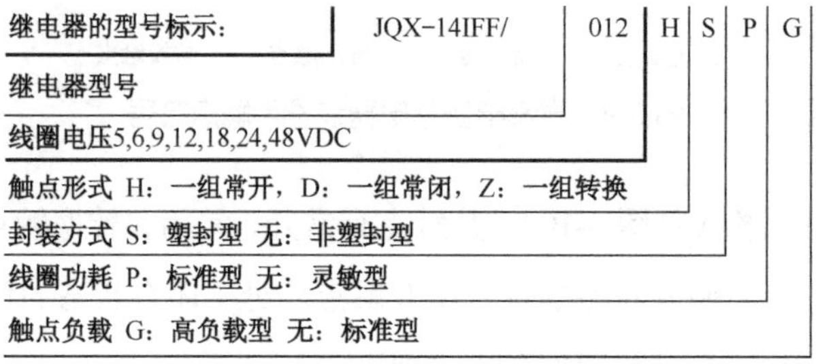

图 6-12　直流电磁继电器的参数标示与含义

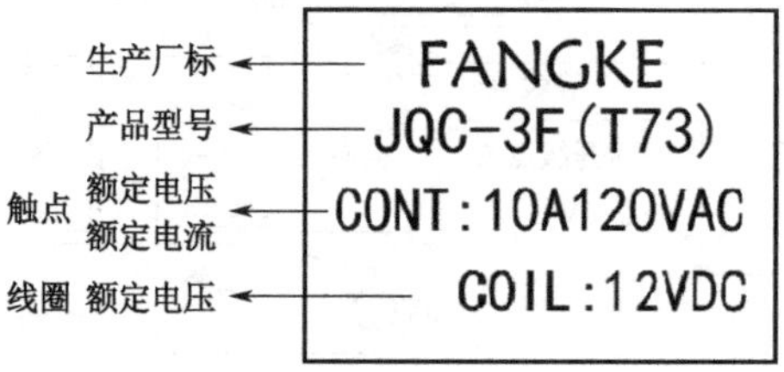

图 6-13　直流电磁继电器的参数符合标准

1. 额定工作电压

额定工作电压是指继电器正常工作时线圈所需要的电压。根据继电器的型号不同，对工作电压的要求也不同，常见的工作电压有 6V、9V、12V、18V、24V 等。继电器线圈所加的工作电压，一般不要超过额定工作电压的 1.5 倍。

2. 吸合电流

吸合电流是指继电器能够产生吸合动作的最小电流。在正常使用时，通过线圈的电流必须略大于吸合电流，这样继电器才能稳定地工作。

3. 释放电流

释放电流是指继电器产生释放动作的最大电流。当继电器线圈的电流减小到释放电流值时，继电器就会恢复到释放状态。释放电流远小于吸合电流。

4. 直流电阻

直流电阻是指继电器中线圈的直流电阻。直流电阻的大小可以用万用表来测量。

5. 触点电压和电流

触点电压和电流又称触点负荷，是指继电器触点允许承受的电压和电流。在使用时，不能超过此值，否则继电器的触点容易损坏。

四、直流电磁继电器的选用

不同直流电磁继电器的参数也不一样，表 6-1 是几种常用直流电磁继电器的参数。

表 6-1　几种常用的直流电磁继电器参数

外形图			
线圈电压	6～24V	5～48V	6～24V
线圈功耗	1.2～1.6W	0.9W	0.9W
接头规格	DC 40A　14V	AC 30A　250V DC 20A　30V	DC 40A　12V
触点对数	3 对	3 对	1 对

选用直流电磁继电器时，一般要注意下列几点。

（1）先了解哪些必要条件：① 电路的电源电压，能提供的最大电流。② 输出电路中的电压和电流。③ 被控电路需要几组、什么形式的触点。

（2）查找相关资料，找出需要继电器的型号和规格。若手中已有继电器，可依据资料核对是否可以利用，并考虑尺寸是否合适。

（3）注意根据装置容积的大小，选择合适的继电器。例如，对于玩具、遥控装置等，应选用超小型继电器产品。

五、干簧继电器

干簧继电器由线圈和干簧管组成，是用电磁线圈来控制其开关动作的。如图 6-14 所示，当线圈中有电流通过时，线圈产生磁场，使舌簧片磁化而吸合；当线圈中没有电流时，舌簧片断开。干簧继电器结构简单，工作可靠，质量小，价格便宜，吸合功率小，灵敏度高，但触点负荷小。干簧继电器实物图如图 6-15 所示。

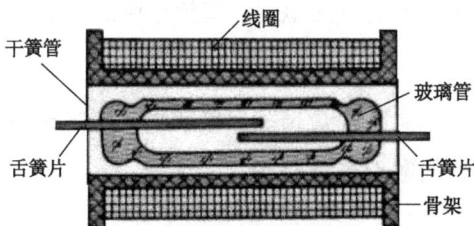

图 6-14　干簧继电器结构

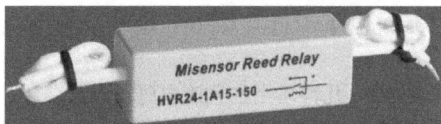

图 6-15　干簧继电器实物图

六、晶体管控制电磁继电器

常见的晶体管与继电器的连接方式如图 6-16 所示，继电器接在集电极上，线圈与普通二极管反向连接（通常状态下二极管是不通的）。二极管 VD_2 的作用是保护晶体管 VT_1（当晶体管 VT_1 的工作状态从饱和导通转变为截止时，继电器线圈瞬间断电会产生一个反向自感电动势，对晶体管的集电极产生冲击，为保护晶体管不受损坏，在继电器线圈两端反向并联了一只二极管，产生的反向自感电动势就会经过二极管消耗掉）。

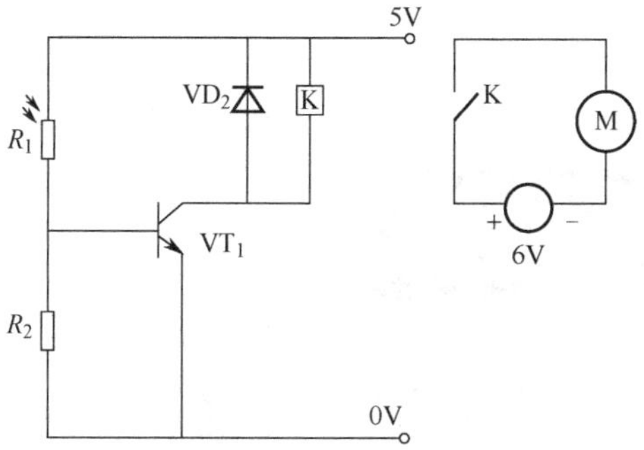

图6-16 常见的晶体管与继电器的连接方式

晶体管驱动继电器的常规接法见表6-2。

表6-2 晶体管驱动继电器的常规接法

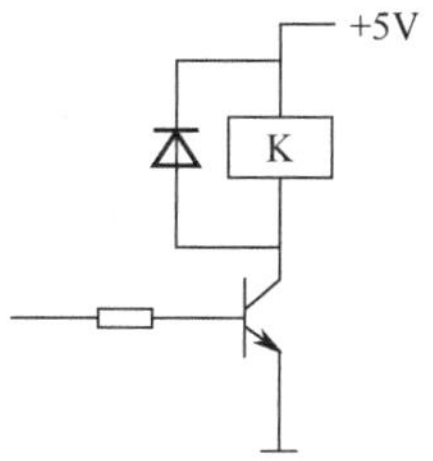	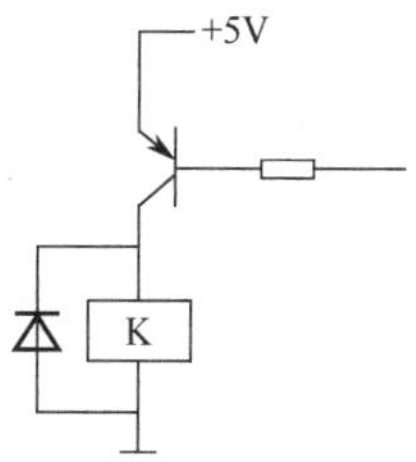
NPN型晶体管控制继电器	PNP型晶体管控制继电器

本 章 小 结

继电器是电子控制系统中的一种执行部件。它具有"以低控高（电压）""以小控大（电流）"的作用。常见的继电器有电磁继电器和无触点继电器等。

电磁继电器有直流电磁继电器和交流电磁继电器等。常见直流电磁继电器的触点有常开、常闭和转换触点三种类别。选用继电器时，继电器的参数必须符合电子控制系统和被控设备的要求。

第七章

控制电路应用

教学重点

1. 了解开环、闭环电子控制系统的组成与工作过程。

2. 理解常见开环、闭环电子控制系统的工作原理。

3. 掌握比较器、NE555、JN6201 集成电路的功能。

4. 掌握电烙铁等焊接工具的作用及使用方法。掌握手工焊接的正确方法与步骤。

教学难点

1. 理解常见开环、闭环电子控制电路的工作原理。

2. 掌握比较器、NE555、JN6201 集成电路在电子控制系统中的应用。

第一节 开环电子控制系统设计与应用

一、开环电子控制系统的工作过程

若电子控制系统的输出结果对系统控制没有影响，即没有反馈，则这种电子控制系统称为开环电子控制系统，如图 7-1 所示。

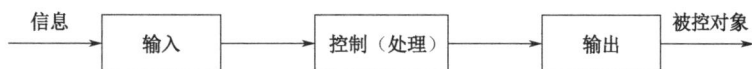

图 7-1 开环电子控制系统

由图 7-1 可知，开环电子控制系统由输入、控制（处理）、输出三部分组成，对控制系统输出没有任何检测。

下面以高温报警装置为例，分析开环电子控制系统的工作过程。高温报警装置作为一个电子控制系统，其蜂鸣器是被控对象，发出的声音是被控量，控制器是一个以 UA741 为核心的电子集成电路装置，用框图对其分析，工作过程如图 7-2 所示。

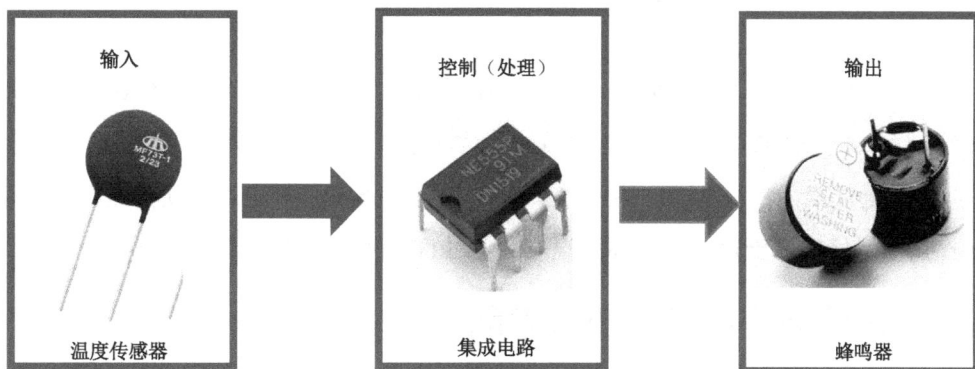

图 7-2 高温报警开环电子控制系统

UA741 是高增益运算放大器，用于军事、工业和商业应用，是硅集成电路器件，提供输出短路保护和闭锁自由运作。还具有广泛的共同模式，差模信号范围和低失调电压调零能力与使用适当的电位。

UA741 芯片引脚功能：1 和 5 为偏置（调零端），2 为正向输入端，3 为反向输入端，4

为接地，6 为输出，7 为接电源，8 为空脚。UA741 外观如图 7-3 所示，UA741 内部引脚如图 7-4 所示，高温报警电路原理图如图 7-5 所示。

图 7-3　UA741 外观

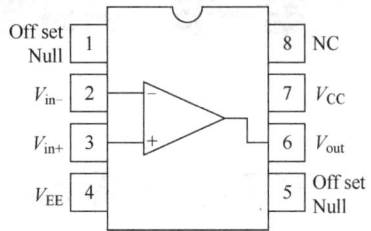

图 7-4　UA741 内部引脚

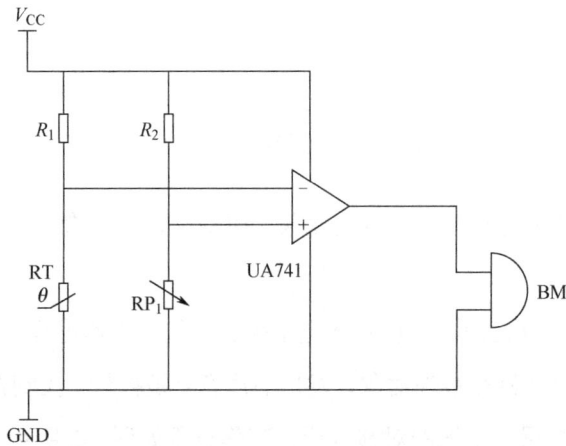

图 7-5　高温报警装置电路原理图

准备好器材以后，首先对元件逐一进行质量检测，然后按照电路原理图，在印制电路板上正确插装元件并进行焊接。检查无虚焊和搭焊后，接通电源，将 RT 放入 50℃热水中，调节电位器 RP$_1$ 的阻值，恰好使蜂鸣器发出声音。这样电路的功能是：当环境温度低于 50℃时蜂鸣器无声音；当环境温度高于 50℃时蜂鸣器发出声音报警。

二、开环电子控制系统的应用

（一）水位控制系统电路设计

小明家新买了一个鱼缸，用于养观赏鱼，但是鱼缸每隔一段时间就要换水，人工换水麻烦。小明打算利用已学的电子控制技术设计一个鱼缸自动加水的装置，闭合开关后能自动将水加满。设计要求：

（1）设计一个水位控制系统。

（2）要求接通电源后水泵启动，能将水加满后自动关闭水泵。

设计分析：

（1）根据设计要求，确定水泵工作是被控量，水泵是被控对象。

（2）基于开环控制的基本策略可采用的方法如下。

① 定时控制，设定好加水的时间，当加满水后自动断电。

② 通过检测水位控制水泵。当水位探头检测到液位到达最高点后自动关闭水泵。

（3）电子控制中的控制（处理）部分可采用 UA741 运放或者 NE555 集成电路作为控制电路。

NE555 定时器是一种集成电路芯片，常被用于定时器、脉冲产生器和振荡电路。NE555 可作为电路中的延时器件、触发器或起振元件。具有体积小、质量小、稳定可靠，操作电源范围大，输出端的供给电流强，计时精确度高，温度稳定，价格便宜。NE555 内部引脚如图 7-6 所示，NE555 外观如图 7-7 所示。NE555 引脚功能见表 7-1 和表 7-2。

图 7-6　NE555 内部引脚

图 7-7　NE555 外观

表 7-1　NE555 引脚功能

引脚	名　　称	功　　能
1	GND（地）	接地，作为低电平（0V）
2	TRIG（触发）	当此引脚电压降至 $1/3V_{CC}$（或由控制端决定的阈值电压）时输出端给出高电平
3	OUT（输出）	输出高电平（$+V_{CC}$）或低电平
4	RST（复位）	当此引脚接高电平时定时器工作，当此引脚接地时芯片复位，输出低电平
5	CTRL（控制）	控制芯片的阈值电压（当此引脚接空时默认两阈值电压为 $1/3V_{CC}$ 与 $2/3V_{CC}$）
6	THR（阈值）	当此引脚电压升至 $2/3V_{CC}$（或由控制端决定的阈值电压）时输出端给出低电平
7	DIS（放电）	内接 OC 门，用于给电容放电
8	V_+，V_{CC}（供电）	提供高电平并给芯片供电

表 7-2　NE555 引脚功能表

引脚 4（RST）	引脚 2（TRIG）	引脚 6（THR）	引脚 3（OUT）	引脚 7（DIS）
0	—	—	0	接地
1	$<1/3V_{CC}$	—	1	开路
1	$>1/3V_{CC}$	$<2/3V_{CC}$	保持	保持
1	$>1/3V_{CC}$	$>2/3V_{CC}$	0	接地

方案 A：

电路原理如图 7-8 所示，工作过程：闭合开关 S 后，按下按钮 SB_1，NE555 的引脚 2 为低电位，引脚 3 输出高电平，启动水泵。电容 C_1 开始充电，当引脚 6 电位大于 $2/3V_{CC}$ 后，引脚 3 输出低电平关闭水泵。

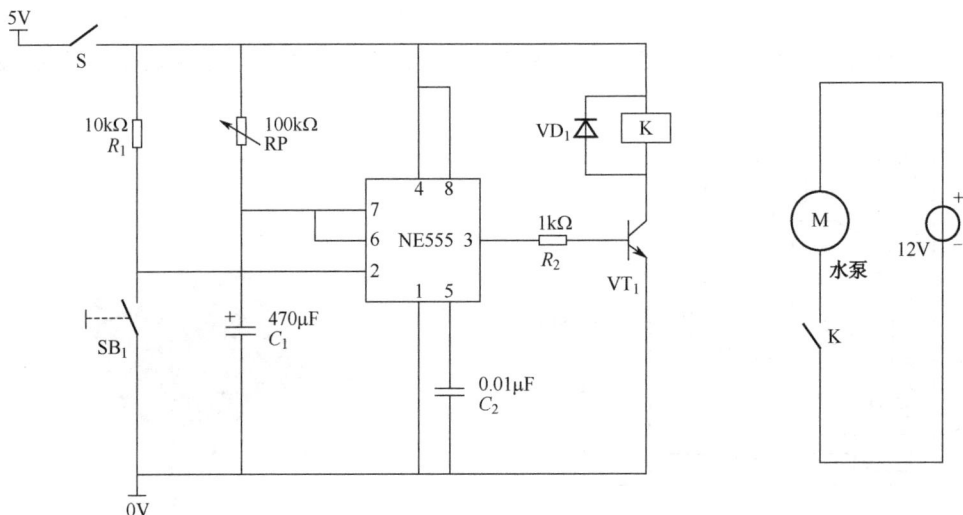

图 7-8　NE555 控制水泵方案 A 电路原理

方案 B：

电路原理如图 7-9 所示，工作过程：当鱼缸的水放掉后闭合开关 S（A，B）断开。NE555 的引脚 2、引脚 6 电位为低。NE555 的引脚 3 输出高电位，VT_1 导通，水泵加水。当液位高于 B 后（A，B）接通，NE555 输出低电平，VT_1 截止关闭水泵。

方案 C：

电路原理如图 7-10 所示，工作过程：当鱼缸的水放掉后闭合开关 S（A，B）断开。NE555 的引脚 4 电位为低。NE555 的引脚 3 输出低电位，VT_1 导通，水泵加水。当液位高于 B 后（A，B）接通，NE555 输出高电平，VT_1 截止关闭水泵。

图 7-9　NE555 控制水泵方案 B 电路原理

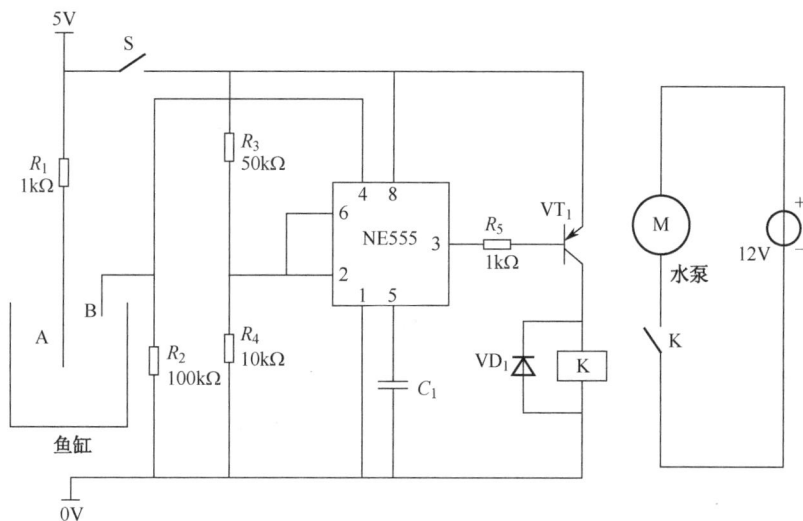

图 7-10　NE555 控制水泵方案 C 电路原理

方案 D：

电路原理如图 7-11 所示，工作过程：当鱼缸的水放掉后闭合开关 S（A，B）断开。U_- 电位小于 U_+。UA741 输出高电位，VT_1 导通，水泵加水。当液位高于 B 后（A，B）接通，UA741 输出低电平，VT_1 截止关闭水泵。

（二）汽车电池电压指示灯电路设计

小明查阅资料发现，如今汽车在生活中非常普遍，但是汽车的电池技术相对落后。电池使用一段时间后容易老化损耗，导致电瓶电压偏低（负载电压低于 9.5V），汽车就无法启动，很多时候需要救援才能脱困，耽误了大量的时间，而车主在这之前也不容易察觉。因此小明打算设计一个电池电压指示灯，当电池电压低于阈值（10.2V）时能提示车主充电或者更换电瓶。

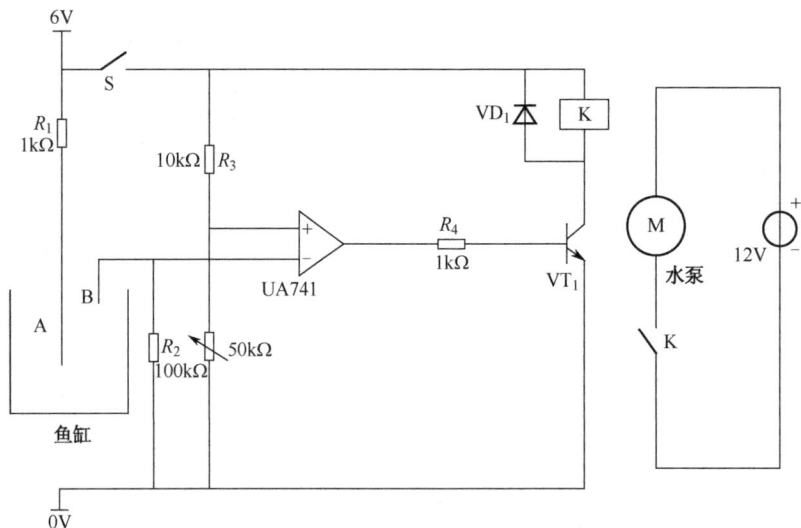

图 7-11　UA741 控制水泵方案 D 电路原理

设计分析：

（1）可选择开环电子控制系统，它的被控量是"指示灯发光"，被控对象是指示灯。

（2）设置输入端采集信号可采用电瓶熔体直接采集电压信号，也可以采用点烟器取电采集电压信号。

（3）控制（处理）部分可以使用电子电路作为控制核心。可采用晶体管，运放或者 NE555 集成电路作为控制电路。

设计方案 A：

电路原理如图 7-12 所示，工作过程：电路在电池电压下降到（10.2V）10kΩ 电位器所设定的电平时，稳压管截至后，VT_1 截止，VT_2 导通，VD 发光，提示用户电池电量低。

设计方案 B：

电路原理如图 7-13 所示，工作过程：该方案以 UA741 运放为控制处理部分，利用三个二极管将 U_+ 的电位维持在 2.1V 左右（与被监控电压无关）。当蓄电池的电压降低到阈值（10.2V）左右时，利用 RP 将 U_- 的电位调到与 U_+ 相等，若电压进一步降低则满足 $U_- < U_+$，输出高电平 VT 导通，VD 发光报警。

图 7-12 电池电压指示控制方案 A 电路原理

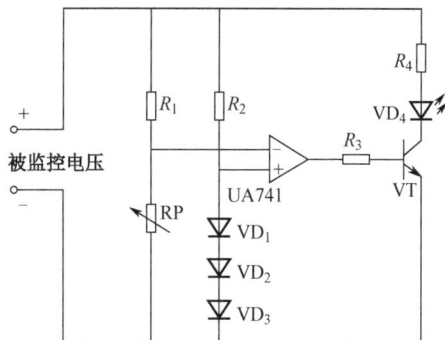

图 7-13 电池电压指示控制方案 B 电路原理

设计方案 C：

电路原理如图 7-14 所示，工作过程：该方案以 NE555 集成电路为主要元器件制作而成。它在蓄电池不足时，能发出红光报警信号。电路由电阻器 $R_1 \sim R_3$、电位器 RP、电容器 C、发光二极管 VD、稳压二极管 VS 和时基集成电路 IC 组成，在蓄电池的端电压高于 10.2V 时，IC 的引脚 3 输出低电平，VD 不亮；当蓄电池的端电压降至 10.2V 以下时，IC 的引脚 3 输出高电平，VD 点亮，指示蓄电池电压不足，应及时充电。调节 RP 的阻值，可改变所要监测的预定电压值。调节 RP 的阻值，使 VD 在蓄电池 GB 的端电压为 10.2V 时熄灭，低于 10V 时点亮即可。

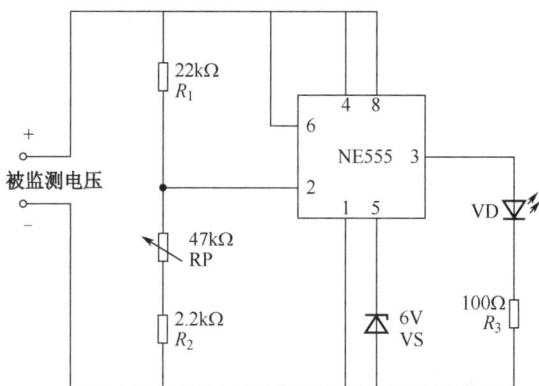

图 7-14 电池电压指示控制方案 C 电路原理

方案改进：汽车蓄电池的电压一般在饱和满电的情况下约为 14.5V，当汽车蓄电池电压高于 11V 时，VD_5 发光；高于 12V 时 VD_4 发光；高于 13V 时 VD_3 发光；高于 14V 时，VD_2 发光。这样就能指示正常电压范围。低电压时，发光二极管 VD_2、VD_3、VD_4、VD_5 全熄灭，应及时充电。汽车的最低启动负载电压约为 9.5V。为此小明打算利用 UA741 改进电路原理如图 7-15 所示。

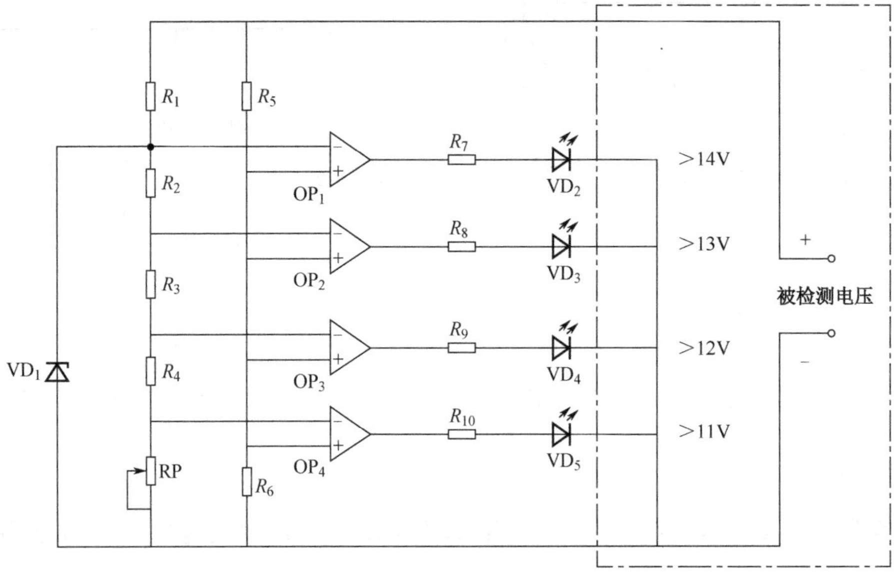

图 7-15　电池电压指示控制方案 C 改进电路原理

（三）汽车电池电压报警电路设计

当汽车发动机静止熄火时只有电池提供用电，随着汽车用电的增加，如听音乐、给手机充电等，电池电压就会慢慢变低，最终会引起汽车无法启动等故障。小明设计了汽车电池电压指示电路，如果设置发光、发声音报警电路则能更好地提醒司机及时发现问题。下面以 JN6201 来设计汽车电池电压发光、发声音报警电路。

JN6201 集成电路内部有微处理器，4 个比较器和多个多谐振荡器，具有 4 个输入端和 4 个输出端。其中 O_1 和 O_2 为音乐输出信号引脚，O_3 和 O_4 为两个反向输出口。

JN6201 实物如图 7-16 所示，其引脚功能如图 7-17 所示。

图 7-16　JN6201 实物

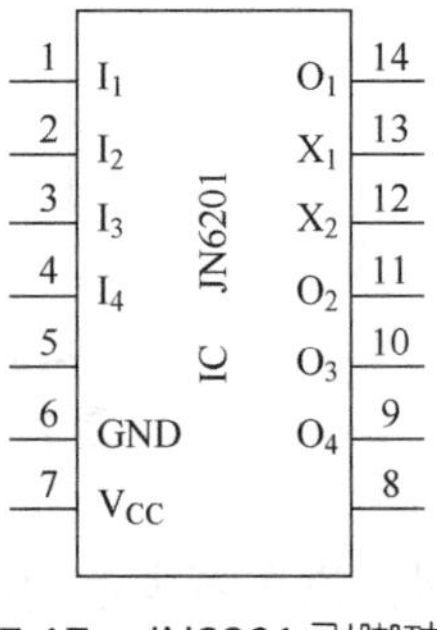

图 7-17　JN6201 引脚功能

音乐部分：输入引脚 1、引脚 2、引脚 3、引脚 4 的电压比较值是 1.2V，而且有四首音乐，任何一个引脚输入电平达到 1.2V，O_1 和 O_2 都会输出音乐信号。

引脚 9 和引脚 10 输出：$O_3 = I_1 + I_2 + I_3 + I_4$，$O_4 = \overline{O_3}$，即若输入的任意引脚有大于 1.2V 的高电平输入时，O_3 输出高电平，O_4 输出低电平。

汽车电压报警电路原理如图 7-18 所示，当汽车电池的电压低于阈值 10.2V 后，比较器输出高电平，JN6201 的引脚 2 输入高电平，O_1 输出对应的音乐信号，O_3 输出高电平，发出声光报警。

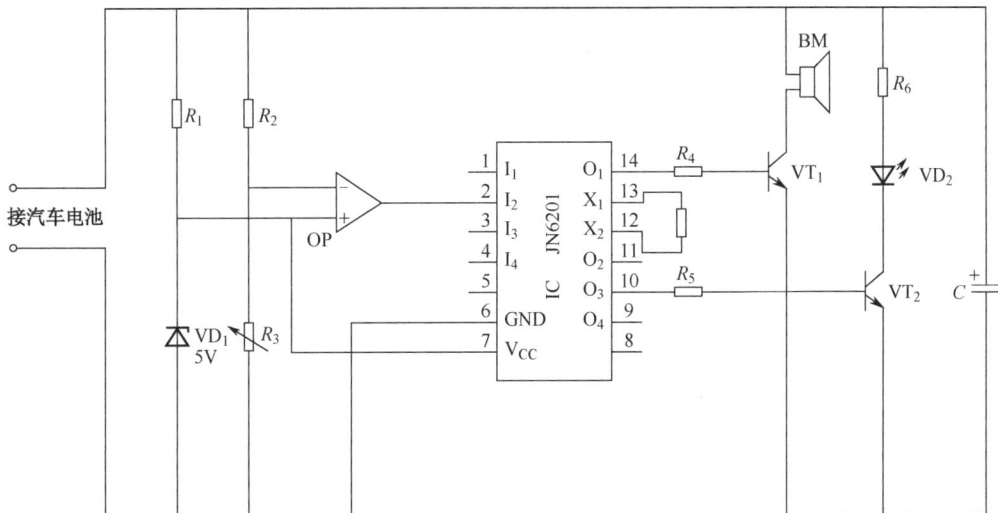

图 7-18　汽车电压报警电路原理

第二节　闭环电子控制系统设计与应用

闭环电子控制系统是在开环电子控制系统的基础上增加反馈环节而构成的，其框图如图 7-19 所示。它具有较高的控制精度，能实现自动控制。冰箱、空调、恒温箱、水位监控设备等大都采用闭环电子控制系统。

一、闭环电子控制系统的工作过程

下面以智能电饭煲的温度控制系统为例分析闭环电子控制系统的工作过程。智能电饭煲主要由电源部分和控制电路组成，主控电路与热敏电阻形成反馈回路。主控电路实现两种功能：一是采集热敏电阻反馈的温度值；二是依据用户选择的工作模式，改变继电器的吸合电流，进而控制电热盘加热。当电热盘温度达到要求后，继电器的开关打开，以切断电热盘的电源，当下降到一定的温度范围后通电加热，闭合继电器，以使电热盘始终保持在适合的温度范围内。智能电饭煲硬件框图如图 7-20 所示。智能电饭煲温度控制系统模型框图如图 7-21 所示。

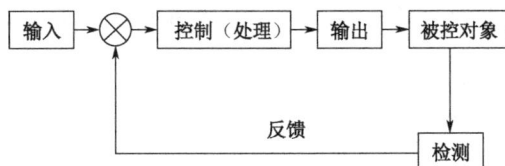

图 7-19　闭环电子控制系统框图

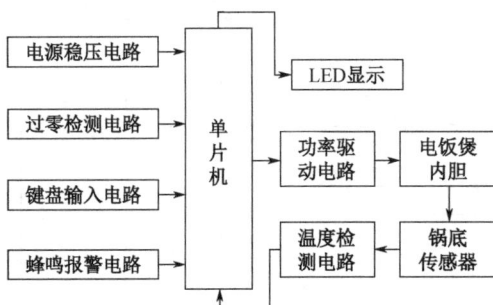

图 7-20　智能电饭煲硬件框图　　　　图 7-21　智能电饭煲温度控制系统模型框图

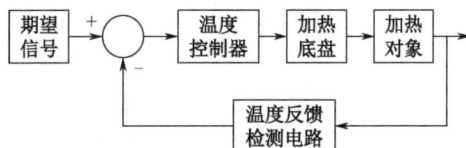

二、闭环电子控制系统的应用

（一）花盆自动浇水控制系统电路设计

小明发现随着社会技术的进步，人们的生活质量越来越高。在家里养盆花可以陶冶情操、丰富生活。但是，在生活中人们总是会有无暇顾及的时候，如工作太忙、出差、旅游等。花草生长问题 80%以上由浇灌问题引起；好不容易种植几个月的花草，因为浇水不及时而长势不好。虽然目前市面上有卖花盆自动浇水器的，但价格十分昂贵，并且大多只能设定一个定时浇水的时间，很难做到给盆花适时适量浇水。也有较经济的盆花缺水报警器，可以提醒人们及时给花盆浇水。可是这种报警器只能报警，而浇水时还是需要手动开启。当家里无人时，即使报警器报警也无人浇水，就起不到应有的作用了。因此，小明想通过设计一种集花盆土壤湿度检测和自动浇水于一体的花盆自动浇水系统。让花在人们无暇照顾时也能得到及时的浇灌。设计要求：

（1）设计一个花盆自动浇水控制系统。

（2）要求湿度低（干燥）时能启动水泵加水，湿度达到上限设定值时能关闭水泵。这可以使花盆中土壤的湿度维持在设定值之内。

设计分析：

根据设计要求，确定花盆土壤湿度为被控量，花盆为被控对象。由于花盆的生长湿度控制严格规定了变化范围，所以必须使用闭环电子控制系统。通过对被控量的检测和反馈，可以实现较高精度的湿度控制。

要制作花盆自动浇水控制系统必须先设计制作一个土壤湿度传感器。花盆中的土壤含有一定的盐分，在湿润状态下具有一定的导电性，而研究表明土壤电阻值的大小与含水量的程度具有线性上升关系。所以可依据此原理制作一个土壤湿度传感器，将土壤中水分的多少转化成电信号的大小。湿度传感器探头如图 7-22 所示。

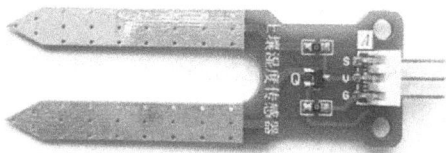

图 7-22　湿度传感器探头

要实现湿度的范围控制必须有保持功能，所以可采用具有相关功能的集成电路：NE555集成电路，RS 触发器。也可以利用继电器的多个触点来实现自锁保持功能。

输出执行部分可采用继电器控制小水泵来实现供水功能，也可利用电磁阀接自来水来实现供水。花盆自动浇水控制系统组成如图 7-23 所示。

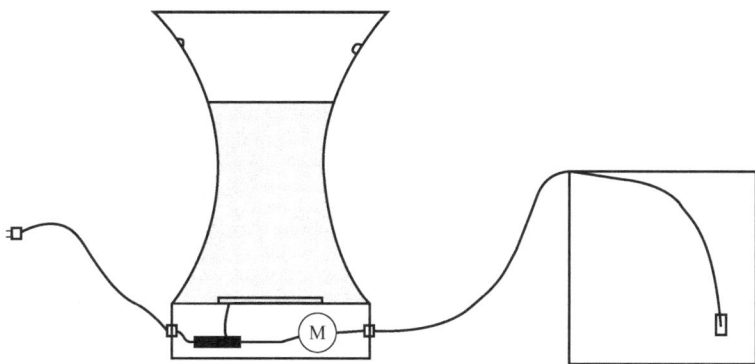

图 7-23　花盆自动浇水控制系统组成

方案 A：

电路原理如图 7-24 所示，工作过程：① 当花盆中土壤的湿度低于下限值时（干燥），VT_2 的集电极电位（引脚 2）小于 $1/3V_{CC}$，NE555 的引脚 3 输出高电位，启动水泵浇水。

② 湿度上升后引脚 2 电位大于 $2/3V_{CC}$，引脚 3 保持高电位输出，继续浇水。③ 当湿度高于上限值（潮湿）时，引脚 2 电位大于 $1/3V_{CC}$，引脚 6 电位大于 $2/3V_{CC}$，引脚 3 输出低电平，水泵停止浇水。

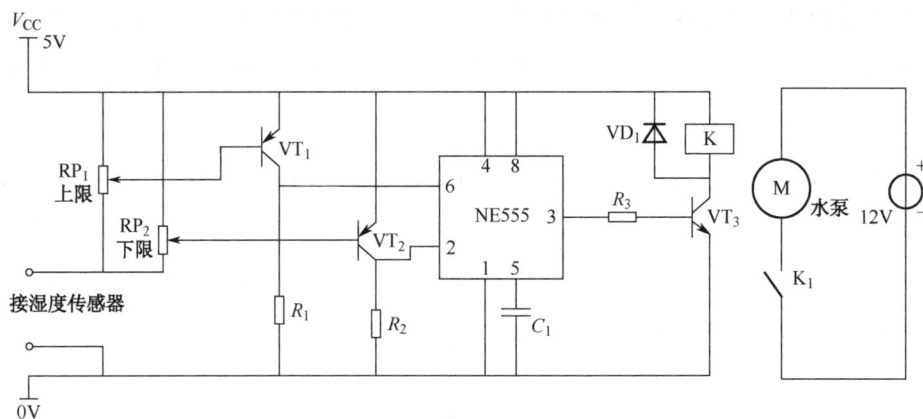

图 7-24　花盆自动浇水控制方案 A 电路原理

方案 B：

电路原理如图 7-25 所示，工作过程：① 当花盆中土壤的湿度低于下限值时（干燥），VT_1 集电极电位降低，LM393 运放 A_1 输出高电位，A_2 输出低电位，RS 触发器处于置 1 状态。Q 为高电平，VT_2 导通，启动水泵浇水。② 湿度上升后 VT_1 集电极电位升高，A_1 输出低电位，A_2 输出低电位，RS 触发器处于保持状态，继续浇水。③ 当湿度高于上限值（潮湿）时，VT_1 集电极电位升高后，A_1 输出低电位，A_2 输出高电位，RS 触发器处于置 0 状态，Q 为低电平，VT_2 截止，水泵关闭停止浇水。

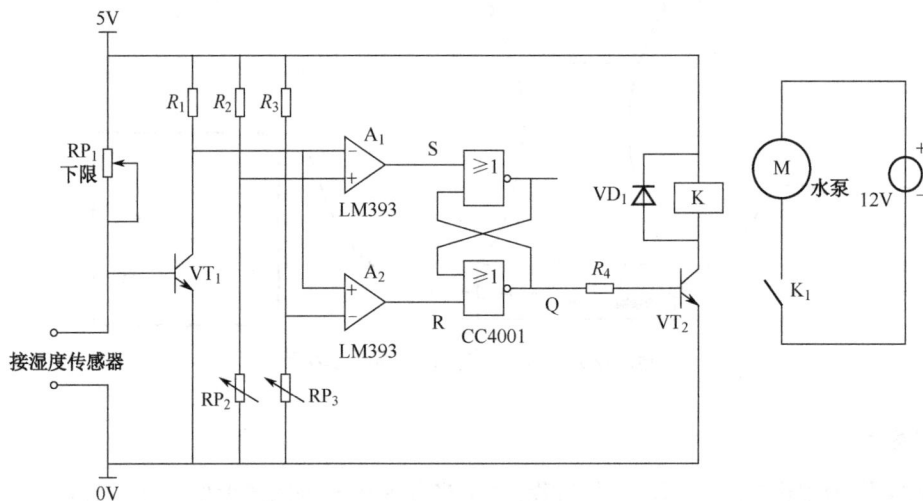

图 7-25　花盆自动浇水控制方案 B 电路原理

LM393 是高增益、宽频带、内部有两个相同功能的比较器，LM393 外观如图 7-26 所示，LM393 内部引脚如图 7-27 所示。

图 7-26　LM393 外观

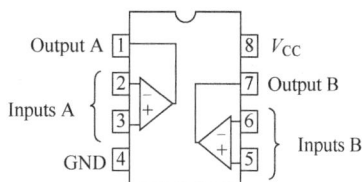

图 7-27　LM393 内部引脚

方案 C：

电路原理如图 7-28 所示，工作过程：① 当花盆中土壤的湿度低于下限值时（干燥），VT_1 集电极电位降低，VT_2 集电极电位升高，LM393 运放输出高电平，VT_3 导通，K_2 闭合水泵浇水，K_1 闭合使得 LM393 的 U_- 电位降低。② 湿度高于下限后由于 U_- 的电位降低，所以 LM393 继续输出高电位，保持浇水状态。③ 当湿度高于上限值（潮湿）后，VT_2 集电极电位继续降低，$U_+ < U_-$，LM393 输出低电平，VT_3 截止，K_2 断开水泵停止浇水，K_1 断开使得 LM393 的 U_- 电位升高，这样保证湿度在未达到下限值之前不启动水泵浇水。

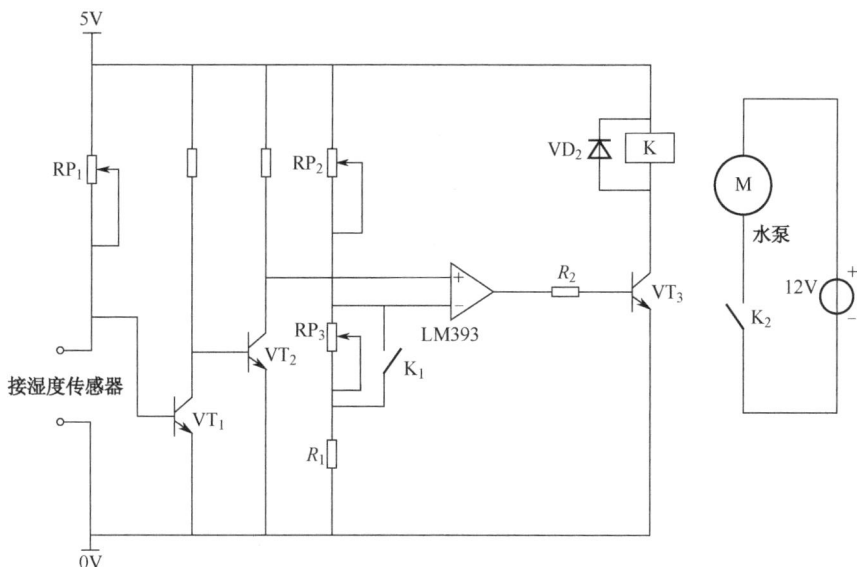

图 7-28　花盆自动浇水控制方案 C 电路原理

方案 D：

电路原理如图 7-29 所示，工作过程：① 当盆花中土壤的湿度低于下限值时（干燥），VT_1 集电极电位降低，VT_2 集电极电位升高，LM393 运放输出高电平，VT_3 导通，K_1 闭合，水泵浇水，VT_4 导通使得 LM393 的 U_- 电位降低。② 湿度高于下限后由于 U_- 的电位降低，所以 LM393 继续输出高电位，保持浇水状态。③ 当湿度高于上限值（潮湿）时，VT_2 集电极电位继续降低，$U_+ < U_-$，LM393 输出低电平，VT_3 截止，K_1 断开水泵停止浇水，VT_4 截止使得 LM393 的 U_- 电位升高，这样保证湿度在未达到下限值之前不启动水泵浇水。

图 7-29　花盆自动浇水控制方案 D 电路原理

方案 E：

电路原理如图 7-30 所示，工作过程：① 花盆中土壤的湿度较低时，OP_1 输出高电平，O_4 输出低电平，VT_1、VT_2 导通，K_1 和 K_2 闭合，水泵浇水。② 浇水后湿度开始上升，OP_1 输出低电平，OP_2 输出高电平，O_4 保持低电平输出，继续浇水。③ 当湿度上升到上限时，OP_2 和 OP_1 都输出低电平，O_4 输出高电平，VT_1、VT_2 截止，水泵停止浇水。

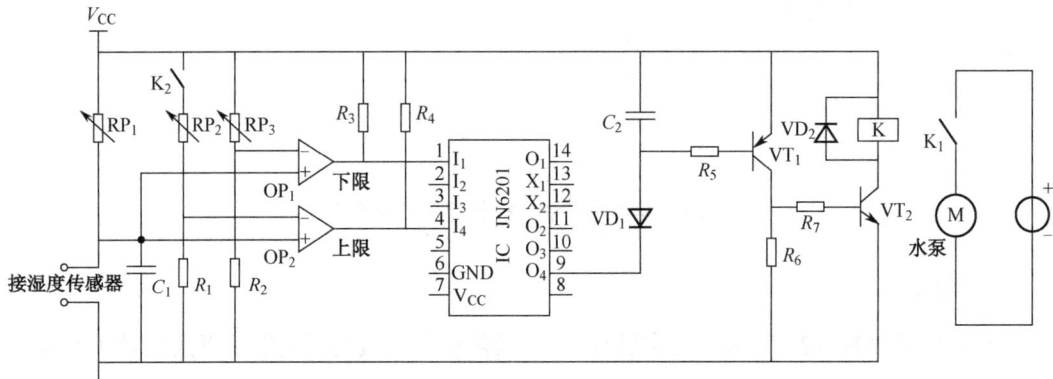

图 7-30　花盆自动浇水控制方案 E 电路原理

（二）鱼缸自动加水控制电路设计

小明家新装修后买了个鱼缸，用于养观赏鱼，但是鱼缸每隔一段时间就要换水，人工换水非常吃力与麻烦。为此小明打算利用已学的电子控制技术设计一个鱼缸自动加水装置。接通电源后当水位低于下限位置后，启动水泵为鱼缸加水，当鱼缸的水加注至上限水位后，关闭水泵停止加水。设计分析：

（1）根据对设计要求的分析，被控量是鱼缸中水位的高度，被控对象是鱼缸中的水。

（2）由于对鱼缸中水位的高度变化有严格要求，不能低于低水位，也不能超过高水位，因此必须对被控量进行检测，并反馈所测的结果。为实现这一控制需要采用闭环电子控制系统。

（3）实现水位控制要求检测实际水位，可采用浮球实现相关功能。

水位开关外部结构如图 7-31 所示，外部采用浮球包裹环状磁铁，内部为干簧管，水位开关内部结构如图 7-32 所示，当水位上升后浮球浮起干簧管闭合。

（4）要实现水位的范围控制必须有保持功能，所以可采用具有相关功能的集成电路：NE555 集成电路，RS 触发器。也可以利用继电器的多个触点来实现自锁保持功能。

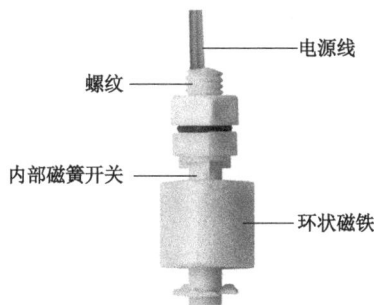

图 7-31　水位开关外部结构

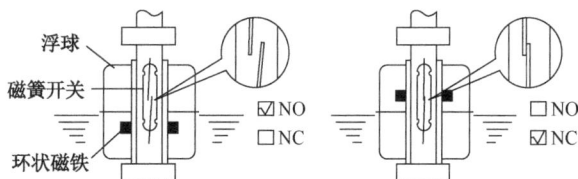

图 7-32　水位开关内部结构

方案 A：

电路原理如图 7-33 所示，工作过程：① 当水位低于下限水位时，两个水位开关均断开，NE555 的引脚 2、引脚 6 均为低电位，引脚 3 输出高电位，水泵加水。② 当水位高于下限水位，低于上限水位时，NE555 输出为保持状态，水泵继续加水。③ 当水位高于上限水位后两个液位开关均闭合，引脚 3 输出低电平，关闭水泵停止加水。

方案 B：

电路原理如图 7-34 所示，工作过程：① 当水位低于下限水位时，两个水位开关均断开，晶体管 VT_1 导通，K_1 闭合，水泵加水。与此同时，VT_2 由于 VT_1 的导通，也工作在导通状态。② 当水位高于下限水位且低于上限水位时，由于 VT_2 和 VT_1 的自锁保持，水泵继续加水。③ 当水位高于上限水位后，高水位开关闭合使得 VT_1 截止，水泵停止加水。同时 VT_2 由于 VT_1 的截止也工作在截止状态，解除自锁保持。

思考：当水位从上限水位下降至下限水位的过程中，VT_1 和 VT_2 工作在什么状态？

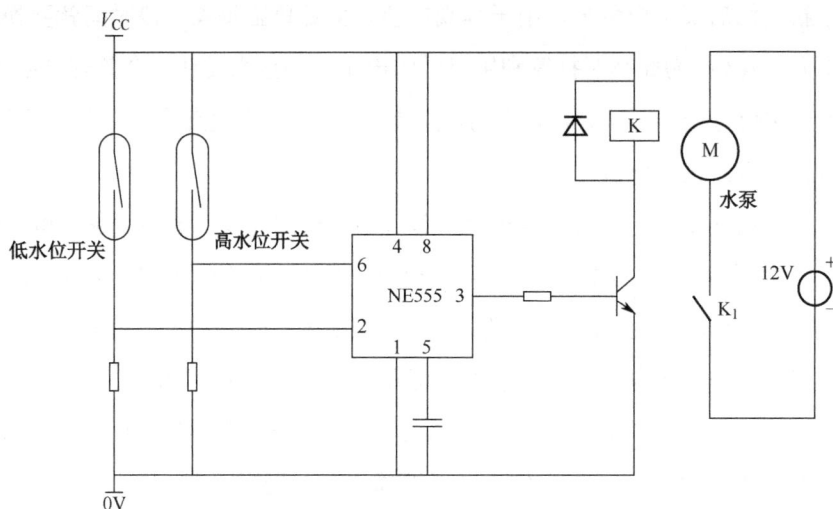

图 7-33　鱼缸自动加水控制方案 A 电路原理

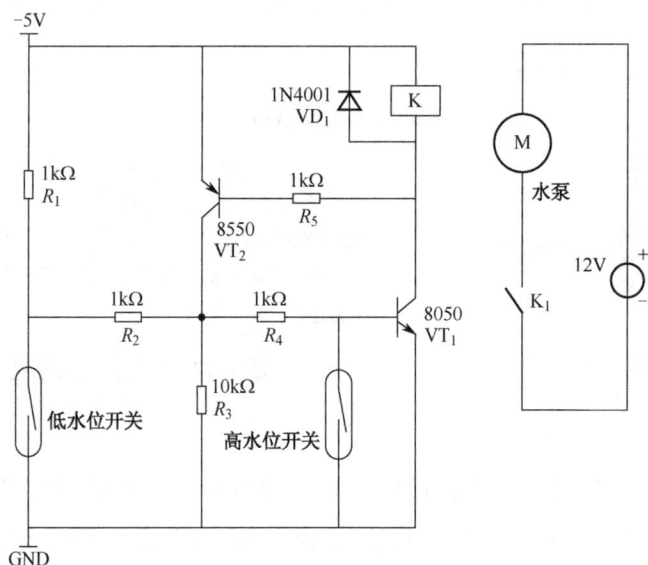

图 7-34　鱼缸自动加水控制方案 B 电路原理

方案 C：

电路原理如图 7-35 所示，工作过程：① 当水位低于下限时水位，两个水位开关均断开，晶体管 VT_1 导通，K_1 闭合，水泵加水。与此同时，K_2 也闭合。② 当水位高于下限水位且低于上限水位时，K_2 的闭合使得 VT_1 能够继续工作在导通状态，水泵继续加水。③ 当水位高于上限水位时，高水位开关闭合使得 VT_1 被强制截止，水泵停止加水。同时 K_2 也断开，解除自锁保持。

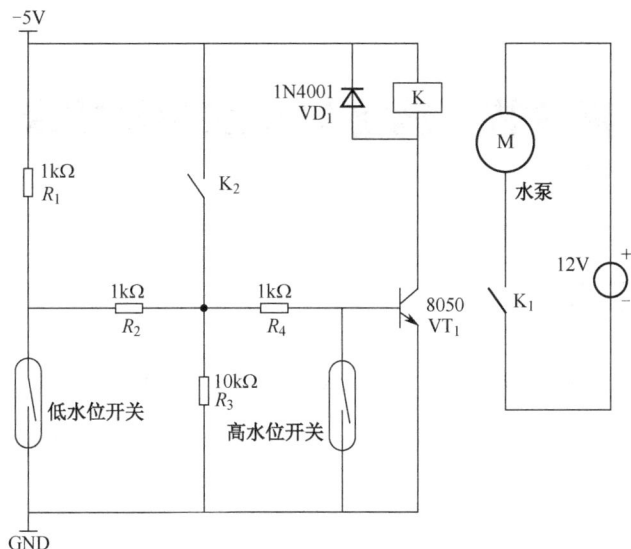

图 7-35 鱼缸自动加水控制方案 C 电路原理

方案 D：

电路原理如图 7-36 所示，工作过程：① 当水位低于水位下限时，I_1 上有高电平输入，O_3 输出高电平，VD_1 缺水指示灯发光，同时 O_4 输出低电平，晶体管 VT_2、VT_3 导通，K_1 和 K_2 闭合，水泵加水。② 当水位上升至 AB 之间时，由于 K_2 闭合使得 I_4 上有高电平输入，因此保持之前的工作状态，水泵继续加水。③ 当水位上升至高水位 B 以上时，I_1 和 I_2 上均输入低电位，则 O_3 输出低电位 VD_1 灭，O_4 输出高电位，晶体管 VT_2 和 VT_3 均截止，K_1 和 K_2 断开，水泵关闭停止加水。

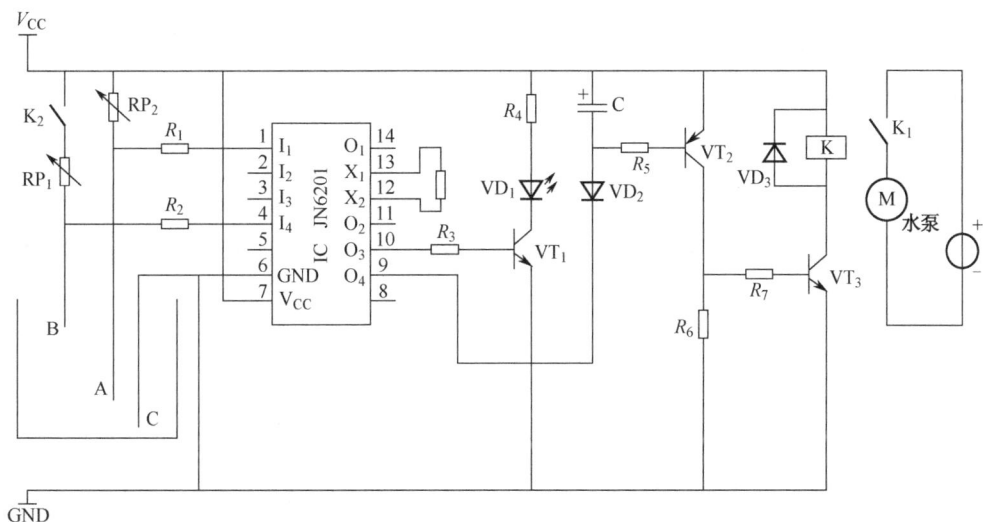

图 7-36 鱼缸自动加水控制方案 D 电路原理

第三节 焊接与调试安装技术

一、焊接技术

焊接技术是利用电烙铁加热焊料和被焊金属，实现金属间牢固连接的一种技术。手工焊接适合于产品试制、电子产品的小批量生产、电子产品的调试与维修，以及某些不适合自动焊接的场合。

（一）常用工具及材料

1. 装接工具

装接常用工具及功能见表 7-3。

表 7-3　装接常用工具及功能

尖 嘴 钳	斜 口 钳	剥 线 钳	镊 子
用于夹小型金属零件或弯曲元器件引线	用于剪切细小的导线及焊后的线头	用于剥有包皮的导线	尖嘴镊子用于夹持较细的导线，以便于装配焊接

2. 焊接工具

常用的手工焊接工具是电烙铁，其作用是加热钎料和被焊金属，使熔融的钎料润湿被焊金属表面并生成合金。

1）电烙铁的结构

常见的电烙铁有直热式、感应式、恒温式，还有吸锡式电烙铁等。根据发热体所在位置又可分为内热式和外热式两类。图 7-37 所示是内热式电烙铁。图 7-38 所示是外热式电烙铁。

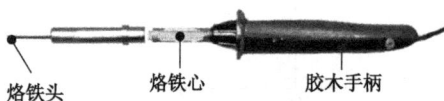

烙铁头　　烙铁心　　胶木手柄

图 7-37　内热式电烙铁

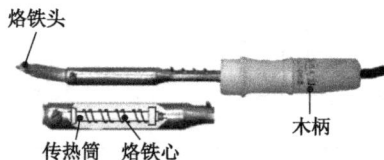

烙铁头

传热筒　烙铁心　　木柄

图 7-38　外热式电烙铁

2）电烙铁的选用

选择烙铁的功率和类型，一般是根据焊件大小与性质而定，见表7-4。

表7-4　电烙铁功率和类型合理选用

焊件及工作性质	选用电烙铁	烙铁头温度（室温 220V 电压）/℃
一般印制电路板，安装导线	20W 内热式，30W 外热式、恒温式	300～400
集成电路	20W 内热式、恒温式、储能式	
焊片，电位器，2～8W 电阻，大电解电容	35～50W 内热式、恒温式　50～75W 外热式	350～450
8W 以上大电阻，$\phi2$ 以上导线等较大元器件	100W 内热式　150～200W 外热式	400～550
汇流排、金属板等	300W 外热式	500～630
维修，调试一般电子产品	20W 内热式、恒温式、感应式、储能式、两用式	

3）电烙铁使用方法

电烙铁的握法分为三种，如图7-39所示。

握笔法　　　　　反握法　　　　　正握法

图 7-39　电烙铁的握法

握笔法适合在操作台上进行印制电路板焊接，反握法适于大功率电烙铁的操作，正握法适于中等功率电烙铁的操作。

新的电烙铁在使用前的处理：接上电源，当烙铁头的温度升至能熔化焊锡时，将松香涂在烙铁头上，然后在烙铁头上均匀地涂上一层焊锡。

普通烙铁头的修整和镀锡：烙铁头经使用一段时间后，会发生表面凹凸不平，这种情况下需要修整。一般将烙铁头拿下来，夹到台钳上用粗锉修整为自己要求的形状，然后用细锉修平，最后用细砂纸打磨，并镀锡保护烙铁头。

烙铁头的残锡清理：高温海绵使用前先在水中充分吃水浸泡，挤干后放置在烙铁架内，用于擦掉烙铁头上的残锡和氧化物。烙铁架如图 7-40 所示。高温海绵如图 7-41 所示。电烙铁通电后一定要立刻蘸上松香，否则表面会生成难镀锡的氧化层。

图 7-40　烙铁架

图 7-41　高温海绵

4）钎料

钎料主要有助焊剂和焊接材料，助焊剂一般使用松香如图 7-42 所示。钎料一般使用手工焊锡丝如图 7-43 所示。

图 7-42　松香

图 7-43　手工焊锡丝

焊锡丝的握法分为两种，如图 7-44 所示。

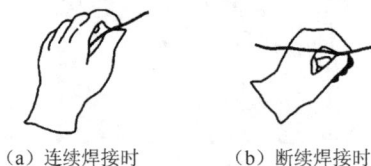

（a）连续焊接时　　　　（b）断续焊接时

图 7-44　焊锡丝的握法

（二）印制电路板与元件安装

检查合格的元件从印制电路板（PCB）安装面（见图 7-45）上，按照图样上标注的方向进行安装。例如，晶体管、二极管、电解电容的插装。然后在印制电路板焊接面（见图 7-46）上焊接。

安装方法：一种是卧式插装，另一种是立式插装。卧式插装：卧式插装是将元件紧贴印制电路板插装，稳定性好、比较牢固、震动不易脱落。立式插装：立式插装的特点是密度较大、占用印制电路板的面积少、拆卸方便。电容、晶体管、DIP 系列集成电路多采用这种方法。如图 7-47 所示，上排元件是卧式插装，下排是立式插装。

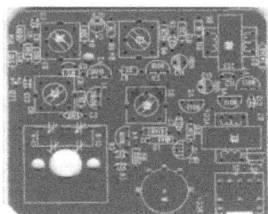

图 7-45 PCB 安装面

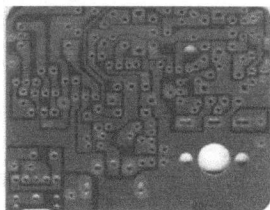

图 7-46 PCB 焊接面

图 7-47 元件插装图

（三）焊接步骤

安装元件后进行焊接，一般按下面五步进行，焊接步骤如图 7-48 所示。焊接时间为 2～3s 最合适。

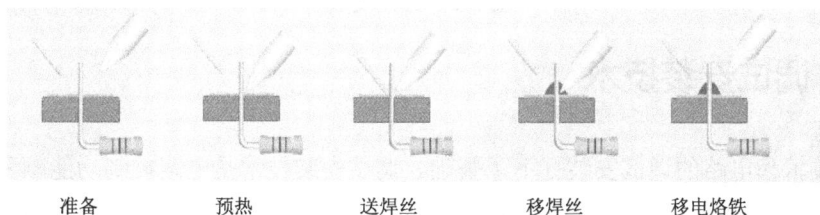

准备　　　　预热　　　　送焊丝　　　　移焊丝　　　　移电烙铁

图 7-48 焊接步骤

焊接完成后需检查焊点，合格的焊点具有如下特点：成内弧形牢固的焊锡将整个上锡位及元件引线包住，且焊点圆润、光滑、有亮泽，合格的焊点如图 7-49 所示。

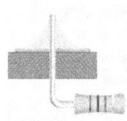

图 7-49 合格的焊点

常见的焊点缺陷如图 7-50 所示。

经过焊点检查，确认元件安装无误后，问题焊点及时处理并补焊，用斜口钳剪掉过长的元件引线。

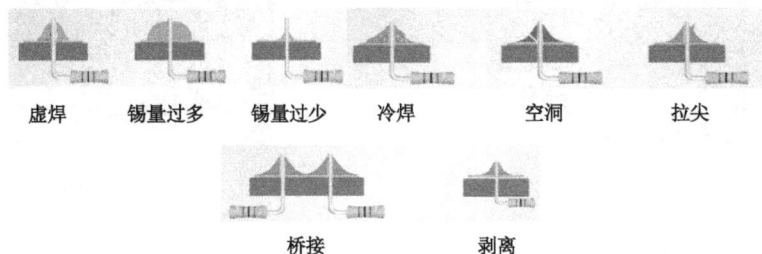

| 虚焊 | 锡量过多 | 锡量过少 | 冷焊 | 空洞 | 拉尖 |

桥接　　　　剥离

图 7-50　常见的焊点缺陷

若发现有错焊应进行拆焊，并重新焊接，步骤为：① 加热焊点。② 吸焊点焊锡。③ 移去电烙铁和吸锡器。④ 用镊子拆去元件。拆焊方法如图 7-51 所示。

图 7-51　拆焊方法

二、调试安装技术

焊接技术为电路的调试安装打下了基础。调试安装技术是电路控制功能顺利实现的重要环节，也是电子控制产品质量的保障环节，现以土壤湿度控制器电路的安装与调试为例，介绍安装调试的具体过程。

（一）电路工作原理

土壤湿度控制电路原理如图 7-52 所示。通过湿度传感器（叉形电路板）检测土壤湿度，土壤湿度传感器在空气中为导通状态，插入土壤后，土壤内水分越多，则湿度传感器两个接线端子上的电阻越低，反之则电阻越大。传感器的信号通过 K_2 探头接口接入控制电路。电阻 R_2 串联在湿度探头上，湿度的变化会反映为电压比较器 U1A 的反向输入端电压的变化，如果低于 U1A 的同向输入端电压，则比较器输出高电平，反之输出低电平。电容 C_2 用于稳定输出端信号，防止检测到湿度在临界状态时，继电器频率动作。自锁开关 K_3 用来控制继电器的动作方式（是在 U1A 的引脚 1 输出高电平吸合继电器，还是在 U1A 的引脚 1 输出低电平吸合继电器）。安装自锁开关时应注意方向，自锁开关的一个侧面上有段凸起的短竖线。这个标记要和 PCB 上安装位置的短线一边一致。可调电阻 R_3 用来调节湿度控制值。继电器输出端 K_4 就可以作为一些大功率电器的电气开关,如水泵、喷淋等机械,从而实现自动控制。发光二极管 VD_1 为控制板电源指示,VD_2 为继电器吸合动作指示。晶体管 VT_1 可等效为非门。

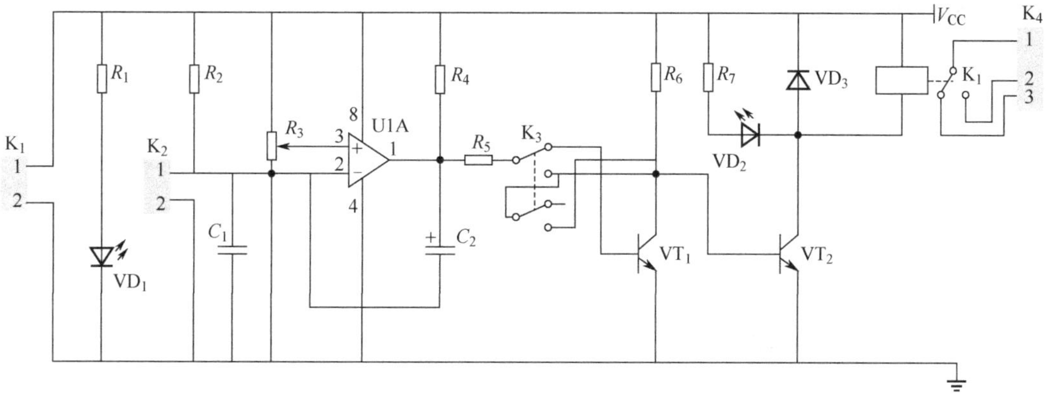

图 7-52　土壤湿度控制电路原理

(二)调试安装

在电子产品开始装配以前,除了要事先做好对于全部元器件的测试筛选以外,还要进行两项准备工作:一是要检查元器件引线的可焊性,若可焊性不好,就必须进行引线的校直、表面清洁及镀锡处理。二是要根据元器件在印制电路板上的安装形式,对元器件的引线进行整形,使之能迅速准确地插入印制电路板的插孔内。为保证引线成形的质量和一致性,整形时应使用专用工具或成形模型。

电路制作中,按照原理图与印制电路板图插好元器件并焊接。元器件安装要求从低到高、从上到下、从左到右,上道工序不能影响下道工序进行,下道工序不能影响上道工序的结果。土壤湿度控制器装配如图 7-53 所示,土壤湿度控制器调试连接图如图 7-54 所示。

(1)电阻插装焊接:卧式电阻紧贴印制电路板插装焊接,立式电阻离开印制电路板 1~2mm 插装焊接。本项目中的电阻皆为卧式,需紧贴安装,同时在安装的过程中电阻色环的方向要遵循从左到右,从上到下。

(2)电容插装焊接:瓷片电容离开印制电路板 4~6mm 插装焊接,电解电容应紧贴印制电路板插装焊接。

(3)二极管插装焊接:卧式二极管紧贴印制电路板插装焊接,发光二极管离开印制电路板 2~3mm。

(4)晶体管插装焊接:立式晶体管离开印制电路板 4~6mm 插装焊接。卧式晶体管则需要截面紧贴印制电路板的表面安装。

（5）其他器件插装焊接：为保证集成电路安全稳妥，应先装管座，焊好管座再装入集成块。电位器可调端不能装错，注意继电器触点接入正确。

（6）通电调试：装好全部元器件后，仔细检查，检查无误后通电调试。调试注意点见图7-53所标文字提醒。

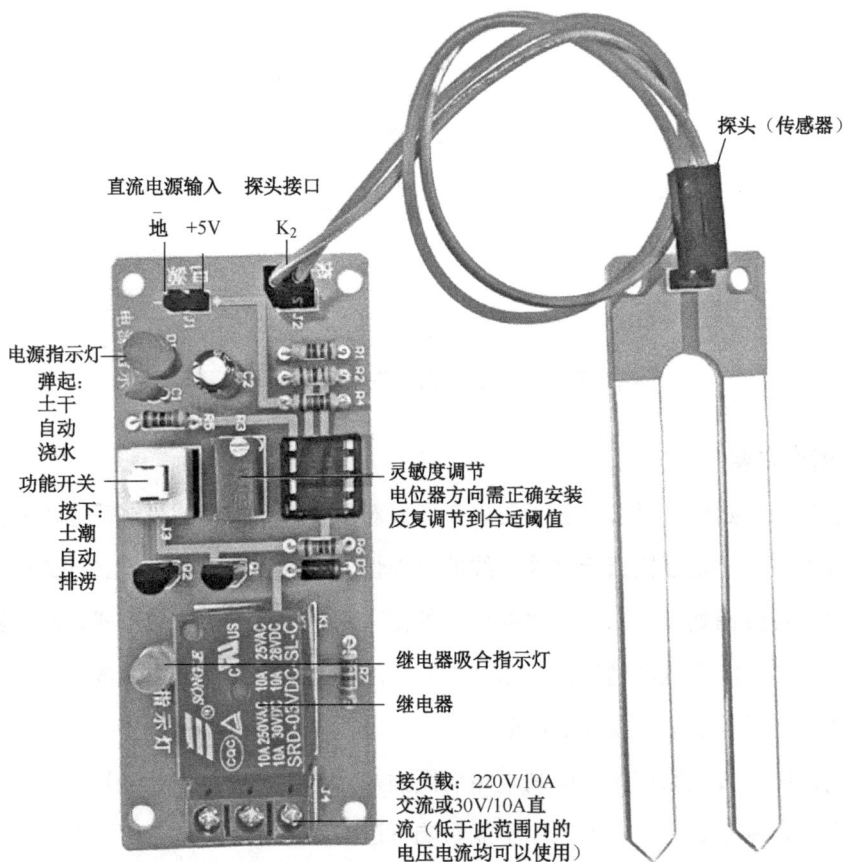

图7-53　土壤湿度控制器装配

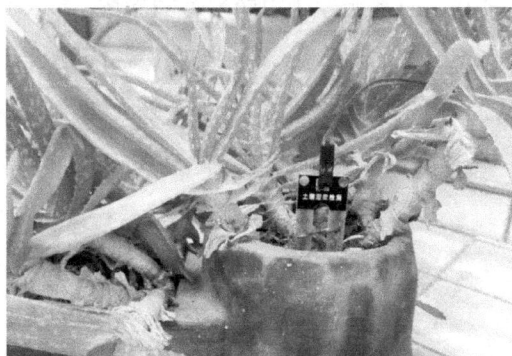

图7-54　土壤湿度控制器调试连接图

本 章 小 结

本章介绍了开环控制系统与闭环控制系统的基本概念与电路设计分析，内容如下。

一、开环电子控制系统设计应用

电子控制系统的输出结果对系统控制没有影响，即没有反馈的电子控制系统称为开环电子控制系统。开环电子控制系统由输入、控制（处理）、输出三部分组成。

二、闭环电子控制系统设计应用

闭环电子控制系统是在开环电子控制系统的基础之上增加反馈环节而构成的。它具有较高的控制精度，能实现自动控制。冰箱、空调、恒温箱、水位监控设备等都采用闭环电子控制系统。

三、焊接与调试安装技术

手工焊接是利用电烙铁加热钎料和被焊金属，实现金属间牢固连接的一种技术。手工焊接适合产品试制、电子产品的小批量生产、电子产品的调试与维修，以及某些不适合自动焊接的场合，是电子产品装配中的一项基本操作技能。

一个高质量的焊点从外观上看，应具有以下特征：形状以焊点的中心为界，左右对称，锡点呈内弧形。钎料量均匀适当，锡点表面要圆满、光滑、无针孔、无松香渍、无毛刺。

元器件安装要求从低到高、从上到下、从左到右，上道工序不能影响下道工序进行，下道工序不能影响上道工序的结果。

习题与测试

第一章　电路基础

第一节　基本电路与基本电量

练　习

1. 电路中，开关的作用是（　　　）。

　　A. 消耗电能　　　　B. 保护电路　　　　C. 供给电能　　　　D. 控制电路

2. 下列不属于控制和保护装置的是（　　　）。

　　A. 熔断器　　　　B. 导线　　　　C. 机械开关　　　　D. 低压断路器

3. 电源和负载之间未接成闭合电路的状态称为（　　　）。

　　A. 通路　　　　B. 短路　　　　C. 断路　　　　D. 回路

4. 熔断器工作时，（　　　）在被保护电路中。

　　A. 串联　　　　　　　　　　　　B. 并联

　　C. 短路　　　　　　　　　　　　D. 可以串联，也可以并联

5. 如下图所示元器件的图形符号是（　　　）。

　　A. ─□─　　　　　　　　　　　　B. ─▱─

　　C. ─┤├─　　　　　　　　　　　　D. ─⌒⌒⌒─

第5题图

6. 下图所示电路中，开关闭合电灯能发光的是（　　）。

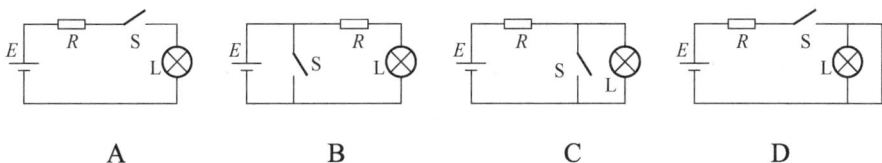

第6题图

7. 电流的数值等于单位时间内通过导体横截面的（　　）。

　　A. 电流　　　　　　B. 电荷量　　　　　C. 电压　　　　　　D. 功率

8. 通过导体的电流是2A，经过1min时间，通过该导体横截面的电荷量是（　　）。

　　A. 2C　　　　　　B. 120C　　　　　C. 0.5C　　　　　D. 30C

9. 小王在调试某电路时，从示波器上观察到了下图所示的电流波形，已知示波器 Y 方向的基准线在中间，则该电流是（　　）。

　　A. 直流电流　　　　　　　　　B. 交流电流

　　C. 稳恒电流　　　　　　　　　D. 脉动直流电流

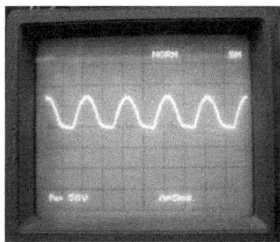

第9题图

10. 电路中两点间的电压高，则（　　）。

　　A. 这两点的电位都高　　　　　B. 这两点的电位差大

　　C. 这两点的电位都大于零　　　D. 无法判断

11. 下图所示电路中，A、B 两点间的电压为（　　）V。

　　A. 0　　　　　B. 6　　　　　C. 3　　　　　D. 9

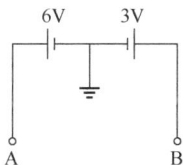

第11题图

12. 设导线电阻值为 R，现分别将电阻对折两次后拉长 n 倍，则对应的电阻值分别为（ ）。

    A. 对折两次时电阻值为 $R/16$、拉长 n 倍时电阻值为 nR

    B. 对折两次时电阻值为 $4R$、拉长 n 倍时电阻值为 R/n

    C. 对折两次时电阻值为 $R/4$、拉长 n 倍时电阻值为 n^2R

    D. 对折两次时电阻值为 $R/16$、拉长 n 倍时电阻值为 n^2R

13. 与金属导体电阻无关的因素是（ ）。

    A. 导体的长度   B. 导体材料的电阻率

    C. 导体两端所加的电压   D. 导体的横截面积

14. 电灯上印有"220V，100W"字样，若接在 110V 电路中，实际功率是（ ）。

    A. 50W   B. 10W   C. 25W   D. 100W

15. 一台直流电动机，运行时消耗的功率为 2000W，每天运行 6h，30 天消耗的电能为（ ）。

    A. 180kW·h   B. 360kW·h   C. 360000kW·h   D. 2000kW·h

第二节　万用表

练　习

1. 用万用表测量电压时，应将万用表（ ）在被测电路中。

    A. 串联   B. 并联

    C. 混联   D. 串联或并联都可以

2. 用万用表测量直流电流时，应将万用表（ ）在被测电路中。

    A. 串联   B. 并联

    C. 混联   D. 串联或并联都可以

3. 万用表不用时应放在（ ）位置。

    A. 电阻挡   B. 直流电流挡   C. 交流电流挡   D. OFF 挡

4. 下图所示为万用表的刻度盘，当万用表选择开关置于"×100"挡时，测出的电阻为（ ）。

    A. 100Ω   B. 1000Ω   C. 10Ω   D. 5200Ω

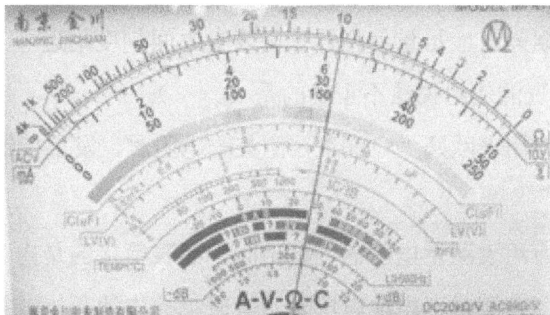

第4题图

5. 某人已确定万用表操作过程无误，在调整欧姆零点后，用"×10"挡测量一个电阻阻值，发现表针偏转角度较小，正确的判断和做法是（　　）。

A. 将红黑表笔测量位置互换

B. 换用"×1"挡，重新调整欧姆零点后测量

C. 该电阻阻值很小，应将电阻连入电路中再进行测量

D. 换用"×100"挡，重新调整欧姆零点后测量

6. 下图所示为用指针式万用表测量电位器的示意图，电位器性能良好，万用表置于欧姆挡。以下说法中正确的是（　　）。

A. 此时测量的是电位器的最小阻值

B. 挡位变换后，均需要进行机械调零

C. 黑表笔与定臂A相接，红表笔与定臂B相接后，转动旋柄，指针偏转

D. 黑表笔与定臂A相接，红表笔与动臂相接后，转动旋柄，发现指针左偏，说明阻值变大

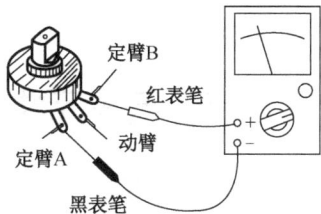

第6题图

7. 下列关于万用表欧姆挡的说法，错误的是（　　）。

A. 表盘刻度是均匀的

B. 红表笔与表内电源的负极相连

C. 测电阻时，首先把红、黑表笔短接后调零，然后再去测量电阻

D. 为了减小误差，应尽量使指针指向表盘中间刻度附近

8. 下列关于万用表的使用说法不正确的是（   ）。

A. 用指针式万用表欧姆"×100"挡测某一电阻时，发现指针偏向左侧说明所选倍率不够大

B. 用指针式万用表测量电阻器的电阻时，黑表笔接的是内部电源的正极

C. 用数字万用表测量干电池电压时，黑表笔接电池正极或接电池负极都可以

D. 用数字万用表"×200"挡测某电阻时，数值显示"100"则被测电阻阻值是 20kΩ

9. 小王用万用表测量一电阻器，其量程选择和指针偏转情况如下图所示，则该电阻器的测量值为（   ）。

A. 36Ω   B. 360Ω   C. 3.6kΩ   D. 36kΩ

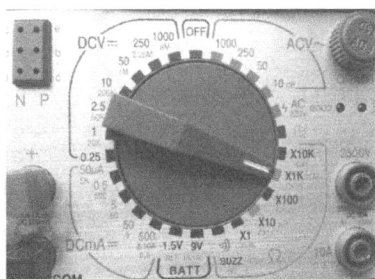
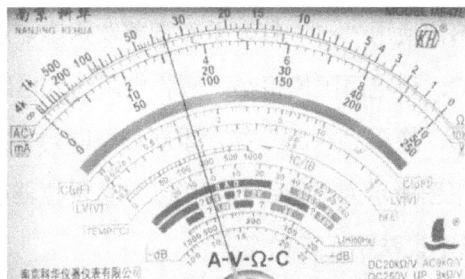

（a）   （b）

第9题图

10. 使用万用表的欧姆挡测导体电阻时，如果两手同时分别接触两表笔的金属杆，会造成测量值（   ）。

A. 比真实值小   B. 比真实值大

C. 与真实值相等   D. 可能比真实值大，也可能比真实值小

第三节　电子元件

练　习

1. 安装万用表电路时，印制电路板上需要安装电阻 R_1 的阻值为 8.1MΩ，该电阻的色环顺序依次为（   ）。

A. 灰、棕、黑、绿、棕   B. 灰、棕、黑、黄、棕

C. 灰、棕、棕、黄、棕   D. 灰、红、黑、黄、棕

2. 下图所示为色环电阻。其标称阻值和允许误差应为（   ）。

A．4.7kΩ，±1%   B．470kΩ，±5%

C．470Ω，±10%   D．47Ω，±1%

3．下图所示的图形符号代表（   ）。

   A．金属膜电阻器   B．绕线电阻器

   C．熔断电阻器   D．碳膜电阻器

第2题图

第3题图

4．下图所示的电阻器是（   ）。

   A．碳膜电阻器   B．金属膜电阻器

   C．绕线电阻器   D．金属氧化膜电阻器

第4题图

5．以下对水泥电阻器特点描述错误的是（   ）。

   A．功率偏小   B．阻值稳定

   C．绝缘性能强   D．阻燃性好

6．电容器外壳上标注"471"，则其标称容量应该是（   ）。

   A．471μF   B．470μF

   C．471pF   D．470pF

7．下图所示电容器，表面标注有"68"字样，则该电容器的标称容量为（   ）。

   A．68F   B．68μF

   C．68pF   D．无法判断

第7题图

8．小美同学需要判别一个电容量为68μF的电解电容器的极性，应选择万用表的（　　　）。

    A．$R\times1\Omega$挡　　　　B．$R\times10\Omega$挡　　　　C．$R\times100\Omega$挡　　　　D．$R\times10k\Omega$挡

9．用指针式万用表检测交流电容器时，以下表述错误的是（　　　）。

    A．如果两次测量中，均有充放电现象，且指针能回到原位，说明电容器的性能是好的

    B．如果两次测量中，均没有充放电现象，且指针停在原位不动，说明电容器内部开路

    C．如果两次测量中，指针均摆在零欧姆处不动，说明电容器内部断路

    D．如果两次测量中，指针不能完全回归原位，而是停在某一阻值处不动，说明电容器漏电

10．一只正常电解电容器的正向漏电电阻与反向漏电电阻相比较（　　　）。

    A．前者大　　　　　　　　　　B．后者大

    C．一样大　　　　　　　　　　D．无法判断

11．在测量电容器的漏电电阻时，指针偏到零刻度后，不再向左回归，则表明该电容器（　　　）。

    A．短路　　　　　　　　　　　B．断路

    C．漏电　　　　　　　　　　　D．正常

12．检测可变电容器的质量，应选择万用表的（　　　）。

    A．$R\times1\Omega$挡　　　　　　　　B．$R\times10\Omega$挡

    C．$R\times100\Omega$挡　　　　　　D．$R\times10k\Omega$挡

13．下图所示电感器中，可调电感器是（　　　）。

    A　　　　　　　　B　　　　　　　　C　　　　　　　　D

第13题图

14．某电感器的外壳上标有"22μH、II、A"等字样，则该电感器的允许误差为（　　　）。

    A．±1%　　　　　B．±2%　　　　　C．±5%　　　　　D．±10%

15．某电感器，色环按顺序排列依次为红、红、红、银，则该电感器的电感量和允许误差分别为（　　　）。

A．2.2μH，±5%   B．2.2mH，±5%

C．2.2μH，±10%   D．2.2mH，±10%

16．电感器用直标法标注最大工作电流时，字母 D 表示电感器的最大工作电流为（   ）。

A．50mA   B．150mA   C．300mA   D．700mA

17．下图所示电感器的图形符号中，铁心电感器的图形符号是（   ）。

A   B   C   D

18．用万用表检测电感器的直流电阻时，量程应选择（   ）。

A．$R \times 10\Omega$ 挡   B．$R \times 10k\Omega$ 挡   C．$R \times 1k\Omega$ 挡   D．直流电压挡

19．用万用表检测电感器的直流电阻时，万用表置于 $R \times 1\Omega$ 挡，读数如下图所示，则该电感器（   ）。

A．正常   B．有短路故障   C．有断路故障   D．无法判断

第 19 题图

20．用万用表测量电感器的直流电阻时，若测得的阻值为零，表明电感器（   ）。

A．正常   B．有短路故障   C．有断路故障   D．无法判断

21．下图所示电路，在测量（   ）。

A．电感器的实际电感量   B．电感器的直流电阻

C．变压器的输出电压   D．电路中的电流

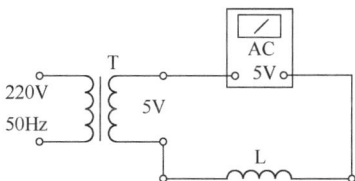

第 21 题图

第四节　二极管

练　习

1. 下图所示二极管的图形符号中，光敏二极管的图形符号是（　　）。

A　　　　　　　B　　　　　　　C　　　　　　　D

第1题图

2. 下图所示显示器，起显示作用的器件是（　　）。

　　A．稳压二极管　　　　　　　　　　　　B．发光二极管

　　C．整流二极管　　　　　　　　　　　　D．光敏二极管

第2题图

3. 在纯净半导体中掺入微量5价元素形成的是（　　）半导体。

　　A．P型　　　　　　　B．N型　　　　　　　C．PN型　　　　　　　D．本征

4. 比较适合用在计算机、脉冲或开关电路的是（　　）二极管。

　　A．整流　　　　　　　B．检波　　　　　　　C．开关　　　　　　　D．变容

5. 下列器件中，（　　）不属于特殊二极管。

　　A．稳压二极管　　B．开关二极管　　C．发光二极管　　D．变容二极管

6. 以下特性中，属于半导体材料的性质有（　　）。

　　A．掺杂性　　　　　　B．热敏性　　　　　　C．光敏性　　　　　　D．以上都是

7. 面接触型二极管比较适用于（　　）。

　　A．大电流开关　　B．大电流整流　　C．小信号检波　　D．稳压

8. 用于各种光控及遥控发射电路中的二极管是（　　）。

　　A．发光二极管　　　　　　　　　　　　B．红外发光二极管

　　C．闪烁发光二极管　　　　　　　　　　D．光敏二极管

9. 主要用在自动控制中，作为光电检测元器件的二极管是（　　）二极管。

　　A．发光　　　　　　　B．稳压　　　　　　　C．光敏　　　　　　　D．变容

10. 用指针式万用表欧姆挡测量小功率晶体二极管性能好坏时，应选择（　　）挡。

    A．$R×100Ω$ 或 $R×1kΩ$ B．$R×1Ω$

    C．$R×10Ω$ D．$R×100Ω$

11. 用万用表测量小功率二极管极性时，应选用（　　）。

    A．直流电压挡，量程 5V   B．直流电流挡，量程 100mA

    C．交流电压挡，量程 10V   D．电阻挡，量程 $R×100Ω$

12. 用指针式万用表电阻挡测二极管正反向电阻时，如果用两手紧捏表笔和二极管的引脚，会使（　　）。

    A．测得二极管的正反向电阻值都变大，从而引起测量误差

    B．测得二极管的正反向电阻值都变小，从而引起测量误差

    C．测得二极管的正向电阻较小，反向电阻较大，从而判断质量是好的

    D．测得二极管的正向电阻较大，反向电阻较小，从而判断质量是好的

13. 若测得某晶体二极管的正、反向电阻都很小或为零时，则该二极管（　　）。

    A．正常   B．内部开路   C．已被击穿   D．无法确定

14. 用万用表检测二极管质量时，量程选择开关拨在 $R×100Ω$ 挡，当正、反向电阻的读数如下图所示时，则该二极管（　　）。

    A．正常   B．内部短路   C．内部开路   D．无法确定

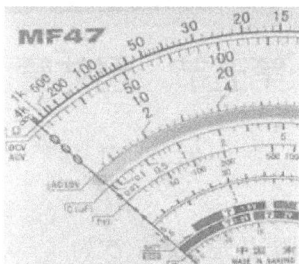

第 14 题图

15. 稳压二极管的稳压功能是利用（　　）。

    A．PN 结的单向导电性   B．PN 结的正向导电特性

    C．PN 结的反向截止特性   D．PN 结的反向击穿特性

16. 由理想二极管组成的电路如下图所示，则二极管的状态是（　　）。

    A．导通   B．截止

    C．放大   D．饱和

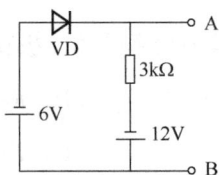

第 16 题图

17. 如下图所示，用数字万用表检测普通二极管和发光二极管，下列叙述错误的是（　　）。

A. 图（a）表示普通二极管正向偏置所测电压值

B. 图（b）表示发光二极管反向偏置所显示的状态

C. 图（a）红表笔接电源正极，黑表笔接电源负极，图（b）则相反

D. 选择欧姆挡也可以测量二极管的性能

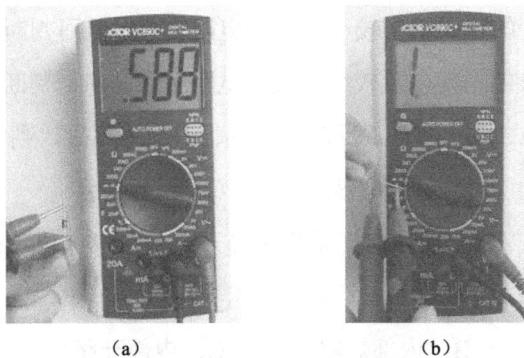

（a）　　　　　　　　　（b）

第 17 题图

第五节　晶体管

练　习

1. 下图所示的晶体管，其引脚从左到右依次为（　　）。

A. e、b、c　　　　　　　　　B. e、c、b

C. b、e、c　　　　　　　　　D. c、b、e

第 1 题图

2．某放大电路中的大功率晶体管在通电瞬间被击穿，但表面无升温，这说明该晶体管的击穿是属于（　　）。

    A．电压击穿   B．电流击穿

    C．反向击穿   D．热击穿

3．关于晶体管 S9014，下列说法正确的是（　　）。

    A．硅材料、PNP 型   B．锗材料、PNP 型

    C．锗材料、NPN 型   D．硅材料、NPN 型

4．用指针式万用表检测晶体管质量时，测得晶体管任意两极间的电阻均为零，则说明该晶体管（　　）。

    A．发射结正常，集电结击穿   B．两个 PN 结均短路

    C．发射结击穿，集电结正常   D．两个 PN 结均烧毁

5．用指针式万用表检测晶体管质量时，测得晶体管任意两极间的电阻如下图所示，则说明该晶体管（　　）。

    A．发射结正常，集电结击穿   B．两个 PN 结均短路

    C．发射结击穿，集电结正常   D．两个 PN 结均烧毁

第 5 题图

6．用指针式万用表 $R \times 1k\Omega$ 挡，测量晶体管，先将黑表笔放在基极上（基极已确定），然后用红表笔分别测量另外两脚，结果两次阻值均较小，则该管是（　　）。

    A．PNP 管   B．大功率管

    C．NPN 管   D．小功率管

7．用指针式万用表检测晶体管的类型和引脚时，量程应选择（　　）。

    A．$R \times 10k\Omega$ 挡   B．$R \times 10\Omega$ 挡

    C．$R \times 1k\Omega$ 挡或 $R \times 100\Omega$ 挡   D．$R \times 1\Omega$ 挡

8．测得一只晶体管的 b 极与 e 极、b 极和 c 极的电阻值正常，而 e、c 极之间的正向、

反向电阻值都为无穷大，此结果表明该晶体管的 e、c 极之间（　　）。

    A．开路　　　　　　B．正常　　　　　　C．击穿短路　　　　D．无法判定

9．处于放大状态的晶体管，三个极的对地电位分别是-6V、-3V、-2.3V，则该晶体管为（　　）。

    A．PNP 型硅管　　B．NPN 型硅管　　C．PNP 型锗管　　D．NPN 型锗管

10．型号为 S9014 的晶体管正常工作时，用电流表测得其基极电流为 100μA，集电极电流为 6mA，则发射极电流为（　　）。

    A．6.1mA　　　　B．5.9mA　　　　C．106μA　　　　D．6100mA

11．基本放大电路中晶体管的三个电极电流关系是（　　）。

    A．$I_E=I_C+I_B$　　B．$I_C=I_E+I_B$　　C．$I_B=I_C-I_E$　　D．$I_B=I_C+I_E$

12．处于放大状态的晶体管，电位分别是 $V_E=2V$，$V_B=2.7V$，$V_C=8V$，则该管是（　　）。

    A．NPN 型锗管　　B．PNP 型硅管　　C．NPN 型硅管　　D．PNP 型锗管

13．当晶体管的发射结正偏，集电结反偏时，晶体管处于（　　）。

    A．截止状态　　　B．开关状态　　　C．饱和状态　　　　D．放大状态

14．关于晶体管的输出特性曲线，下列说法正确的是（　　）。

    A．I_C 一定时，I_B 与 U_{CE} 之间的关系　　　B．I_B 一定时，I_C 与 U_{CE} 之间的关系

    C．U_{CE} 一定时，I_B 与 I_C 之间的关系　　　D．I_C 一定时，I_B 与 U_{BE} 之间的关系

15．当晶体管处于饱和状态时，它的集电极电流将（　　）。

    A．随基极电流的增加而增加

    B．随基极电流的增加而减小

    C．与基极电流变化无关，只决定于 U_{CE}

    D．随发射极电流的增加而增加

16．基本放大电路中 R_C 变大时，集电极电流 I_C 将（　　）。

    A．变大　　　　　B．变小　　　　　C．不变　　　　　　D．无法确定

17．下列是 NPN 型晶体管的各电极之间的电压关系，其中满足饱和状态的是（　　）。

    A．$U_{BE}>0$，$U_{BE}>U_{CE}$　　　　　　B．$U_{BE}>0$，$U_{BE}<U_{CE}$

    C．$U_{BE}=0$，$U_{BE}<U_{CE}$　　　　　　D．$U_{BE}<0$，$U_{BE}>U_{CE}$

本 章 测 试

1. 下图所示的电阻和其最大阻值为（　　）。

   A．固定电阻 102Ω   B．固定电阻 1kΩ

   C．可调电阻 102Ω   D．电位器 1kΩ

2. 下图所示的四色环电阻及色环颜色，其中金色表示允许误差为±5%，色环颜色对应的数字如下图所示，该电阻表示的阻值为（　　）。

   A．470Ω   B．4.7kΩ   C．270kΩ   D．27kΩ

第1题图

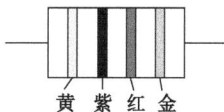

黄 紫 红 金

第2题图

3. 若两个电阻器上分别标有 2k8 和 R37，则两个电阻器的阻值分别为 （　　）。

   A．2.8Ω 37Ω   B．2800Ω 37Ω

   C．2.8Ω 0.37Ω   D．2800Ω 0.37Ω

4. 下图所示为四种常用的电路符号，其中表示电解电容器的电路符号是（　　）。

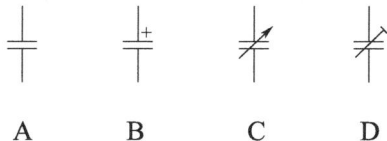

   A   B   C   D

第4题图

5. 下图所示有 a、b、c 三个瓷介电容器，将它们按电容量从大到小排序，下列顺序中正确的是（　　）。

   A．a>b>c   B．b>a>c   C．c>b>a   D．c>a>b

6. 下图所示为是一只电容器，以下说法错误的是（　　）。

   A．这是一只电解电容器，有正负极性

   B．这只电容器的工作电压为 400V

   C．这只电容器的电容量为 68μF

   D．这只电容器的短引脚为负极

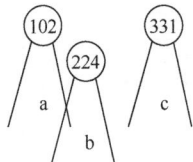

第5题图 第6题图

7. 电感线圈的作用不包括（ ）。

　　A．存储电荷　　　B．存储磁能　　　C．通直流　　　D．阻交流

8. 手机来电闪光贴，轻薄小巧且不带电源。将其贴在手机上，手机来电时会发出闪烁的灯光。在这个过程中，将电磁波转换成电能的电子元器件是（ ）。

　　A．电容　　　　B．电感　　　　C．电阻　　　　D．晶体管

9. 如下图所示，电阻右侧带箭头的电子元器件及其工作状态分别是（ ）。

　　A．光敏传感器接收信号　　　　B．光敏传感器释放信号

　　C．发光二极管导通　　　　　　D．发光二极管截止

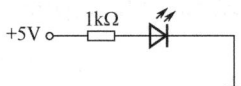

第9题图

10. 以下图判断二极管正负电极（选项D中左边金属片小），不合理的是（ ）。

　　A．左引脚是负极　　　　　　　B．左引脚是正极

　　C．长引脚是正极　　　　　　　D．左引脚是负极

第10题图

11. 二极管的正极电势是-10V，负极电势是-9.3V，则该二极管处于（ ）。

　　A．正偏　　　　B．零偏　　　　C．反偏　　　　D．断路

12. 下列关于二极管的说法中正确的是（ ）。

　　A．二极管由两个半导体PN结、两条电极引线和管壳组成

　　B．用万用表欧姆挡检测二极管时，把红表笔接二极管负极，黑表笔接二极管正极，所测电阻较小，则二极管一定是好的

　　C．普通二极管、发光二极管和光敏二极管在电路中的符号和作用都相同

D. 二极管的单向导电性是指正向导通时电阻较小，反向截止时电阻较大

13. 如下图所示，用万用表测量二极管的正向电阻时，其接线与指针偏转均合理的是（   ）。

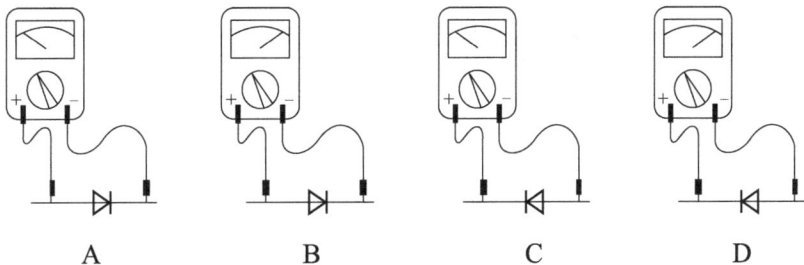

A   B   C   D

第 13 题图

14. 如下图所示电路，二极管 VD_1、VD_2、VD_3 的工作状态为（   ）。

A. VD_1 导通，VD_2、VD_3 截止　　　　B. VD_1、VD_2 截止，VD_3 导通

C. VD_1 截止，VD_2、VD_3 导通　　　　D. VD_1、VD_2、VD_3 都导通

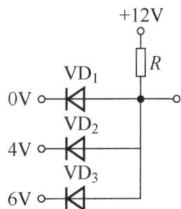

第 14 题图

15. 下图所示为万用表对二极管进行极性检测示意图。以下说法合理的是（   ）。

A. A 为二极管的正极、B 为二极管的负极

B. 图甲为正向导通，图乙为反向截止

C. 万用表转换开关应置在直流电流最高量程挡

D. 正向电阻小，反向电阻大，说明二极管正向击穿，反向断路

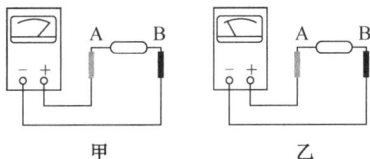

第 15 题图

16. 下图所示的两个电路中，晶体管为硅管。下列关于 LED 发光时，M、N 点电位分析正确的是（   ）。

A. M 点约为 0.7V，N 点约为 0.7V

B. M 点约为 0.7V，N 点约为 3V

C. M 点约为 2.7V，N 点约为 3V

D. M 点约为 2.7V，N 点约为 0.7V

第 16 题图

17. 下图所示为采用湿敏电阻设计的湿度报警电路。该湿敏电阻具有湿度越高，电阻越小的特性。下列说法正确的是（　　）。

A. VT_1 为 PNP 型晶体管

B. R_4 主要用于调整报警的湿度高低

C. 湿度低时报警

D. 晶体管报警时 VT_1、VT_2 都处于导通状态

第 17 题图

18. 如下图所示，请判断甲、乙两电路图中的晶体管是否可能工作在放大状态（　　）。

A. 甲、乙都可能　　　　　　　　B. 甲可能、乙不可能

C. 甲、乙都不可能　　　　　　　D. 甲不可能、乙可能

第 18 题图

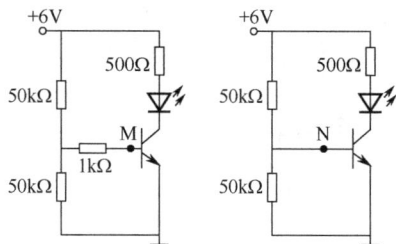

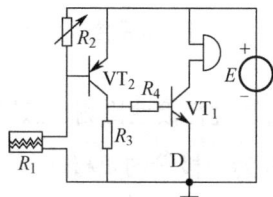

19．测得某型号晶体管工作在放大状态时三个极的电流，下图所示中正确的是（ ）。

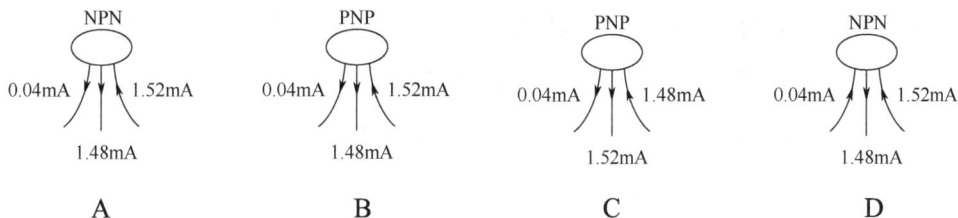

第19题图

20．下图中用指针式万用表的"×1k"挡测晶体管，从图（a）～（d）共测试了4次，测试时表笔的跨接及指针的偏转情况如下图所示。根据测试结果，以下判断正确的是（ ）。

A．引脚1是基极，是PNP型晶体管

B．引脚1是基极，是NPN型晶体管

C．引脚2是基极，是NPN型晶体管

D．引脚2是基极，是PNP型晶体管

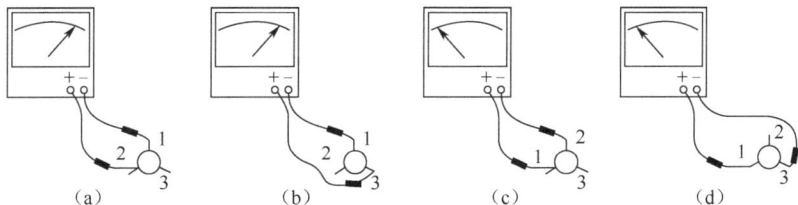

第20题图

21．下图中将万用表调至欧姆挡，将红黑表笔以下列四种方式接于晶体管集电极c与发射极e之间，指针的偏转情况与其他三项不同的是（ ）。

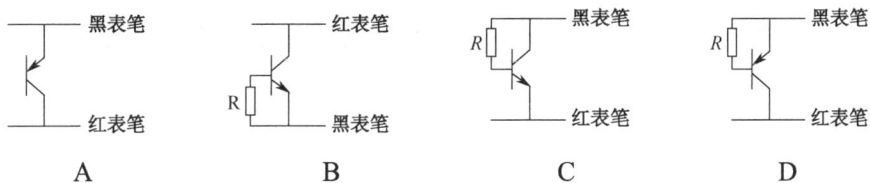

第21题图

22．以下关于万用表的操作，说法错误的是（ ）。

A．使用万用表测量电流时，需将万用表串联在被测电路中，红表笔接电源正极，黑表笔接电源负极

B．将指针式万用表调至"×1k"挡，两支表笔分别接二极管的两个电极，然后调

换表笔位置再测一次，两次都偏转较大，说明二极管被击穿了

C. 将指针式万用表调至"×1k"挡，黑表笔接晶体管的 b 极，红表笔接 c 极，指针不动，说明集电结不通，晶体管已损坏

D. 使用万用表测量电阻时，需先将转换开关调至欧姆挡，然后将两支表笔短接，进行调零，即调节指针于表盘右端的"0"刻度线上

23. 下图所示为万用表检测晶体管的示意图。其中图（a）是红表笔接 B，黑表笔接 A 与 C 时，指针在左侧；图（b）是黑表笔接 B，红表笔分别接 A 与 C 时，指针在右侧。从这两个现象说明（　　）。

    A．B 是基极，NPN 型　　　　　　　　B．B 是集电极，PNP 型

    C．B 是集电极，NPN 型　　　　　　　　D．B 是发射极，PNP 型

第 23 题图

第二章　电子控制技术与系统

第一节　电子控制系统的组成与工作过程

略。

第二节　开环与闭环控制系统

练　习

1. 仿照例子，结合生活经验，填写下表。

名　称	被控对象	被控量	是否属于电子控制系统	理　由
普通电熨斗	熨斗底板	温度	否	控制温度的是一个双金属片
智能电冰箱	冷藏室	温度	是	核心是一个集成电路
普通电饭锅				
智能电饭煲				
空调				

2. 根据开环电子控制系统和闭环电子控制系统的区别进行分析、判断，在你认为正确的表格中打"√"。

控制系统名称	开环电子控制	闭环电子控制
电子表		
电取暖系统		
空调		
程序控制洗衣机		
可调亮度台灯		
智能洗衣机		
电热水器		

本 章 测 试

1. 小明要为听觉障碍者的住所设计一个门铃控制系统，当有人来访时"门铃"能提醒听觉障碍者。设计时，他将指示灯确定为被控对象，下列构思不可行的是（　　）。

　　A. 该控制系统的控制手段可选用自动控制

　　B. 执行器可选用电子开关

　　C. 声音传感器可作为检测部件

　　D. 该控制系统的控制方式可定为闭环控制

2. 小明设计了简易自动升旗控制系统，根据歌的时间设定好电子定时器的定时时间，放国歌时，人工启动电子定时器。电动机转动并带动滑轮运动，使国旗匀速上升。定时器计时停止时，电动机停止转动，国旗正好升至杆顶。下列关于该自动升旗控制系统的说法不正确的是（　　）。

　　A. 该控制系统的控制方式属于开环控制系统

　　B. 风的阻力变化属于该控制系统的干扰因素

　　C. 输入量是定时器设定的时间

　　D. 被控对象是电动机

3. 人们见到的交通红绿灯依靠电子定时装置实现翻转，而智能化的红绿灯电子控制系统能根据交通流量自动调整红绿灯翻转时间。下列说法错误的是（　　）。

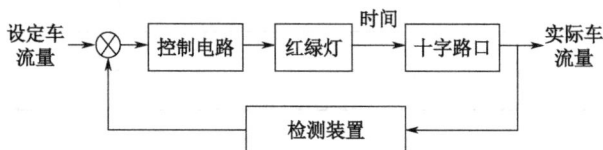

第 3 题图

A．智能红绿灯的控制精度高

B．定时红绿灯是开环电子控制系统

C．智能红绿灯是闭环电子控制系统

D．凡是智能的控制系统一定是闭环控制系统

4. 下图所示为一款高铁站自动取票机，用户点击屏幕上"互联网取票"菜单命令并将身份证置于读取器位置后，计算机（单片机）接收到信息，打印车票并驱动相关电动机及机械装置，将车票从取票口送出。关于自动取票机的控制，下列说法正确的是（　　）。

A．该控制系统是闭环控制　　　　　B．被控对象是车票

C．输出量是电动机的驱动　　　　　D．执行器是计算机（单片机）

5. 下图所示为一款医用注射泵，工作时，单片机系统发出控制脉冲使步进电动机旋转，而步进电动机带动丝杆将旋转运动变成直线运动，推动注射器的活塞进行注射输液，实现高精度、平稳无脉动的液体传输。注射速度可由操作人员通过键盘操作进行设定。注射泵启动后，CPU 借助于 D/A 转换提供电动机驱动电压。电动机旋转检测电路为一组光电耦合电路，通过电动机的旋转产生脉冲信号，这一脉冲信号反馈到 CPU，CPU 根据这一反馈控制电动机电压，以便获得设定的转速。下列分析中，不正确的是（　　）。

A．该控制是自动控制　　　　　B．控制器是 CPU

C．被控对象是患者　　　　　　D．检测装置为光电耦合电路

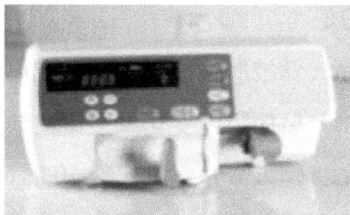

第 4 题图　　　　　　　　　　　　　　第 5 题图

6. 下图所示为一款自动伸缩式遮阳篷的示意图，当传感器检测到雨水、阳光时，将感应信号发送给控制器，启动电动机展开遮阳篷。关于该控制系统，下列说法中不正确的是（　　）。

A．输入部分是雨水、阳光信号　　　　B．控制（处理）部分是控制器

C．输出部分是电动机　　　　　　　　D．被控对象是遮阳篷

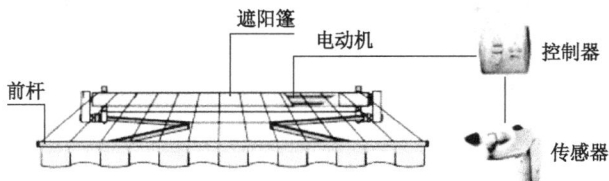

第6题图

7. 水气联动阀是燃气热水器连接水路和气路的一个重要部件。它由水压控制系统与阀门系统组成，采用二级联动控制。热水器进水管内安装磁钢，打开水阀，水压达到设计值时，磁钢转过感应点，干簧管闭合。当控制电路接收到干簧管闭合信号后，给电磁铁通电，使燃气阀门打开。下列说法中不正确的是（　　）。

A．水气联动阀中的水压控制系统是开环控制

B．磁钢是水压控制系统中的执行器

C．干簧管是阀门的输入量检测装置

D．燃气阀门是水压控制系统的被控对象

8. 下图所示为体育馆升旗控制系统示意图。图中控制计算机输出音频信号，音乐奏起时输出控制信号给继电器，继电器工作，电动机带动卷扬机转动，旗杆向上升。当音乐结束，控制信号消失，旗杆刚好升到顶部停住。关于该控制系统，下列说法中正确的是（　　）。

A．该控制系统的被控对象是卷扬机

B．该控制系统的控制量是旗杆的升降

C．电动机电源电压的波动是该控制系统的干扰因素

D．该系统的设计模拟了人的功能和行为，是黑箱方法的应用

9. 下图所示为一款节能扶梯，当传感器检测到乘客后，控制电路控制电动机，使扶梯从慢行状态逐渐加速到正常运行速度；当乘客离开后自动延时 2～3s，扶梯再减速到慢行状态。下列关于节能扶梯控制系统的分析，正确的是（　　）。

A．控制方式属于闭环控制

B．控制量是扶梯慢行速度与正常速度的差值

C．输入量为传感器接收的信息

D．输出量是自动延时的时间

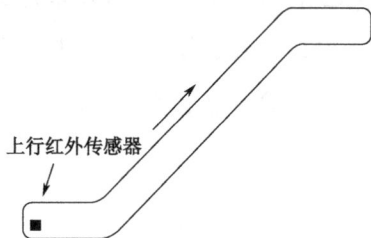

上行红外传感器

第8题图　　　　　　　　　　第9题图

10．下列关于控制系统的说法中，正确的是（　　）。

　　A．控制量指的是控制系统要控制的被控量

　　B．自动控制系统必定是用电子设备来控制的系统

　　C．反馈指的是将检测到的输入量与控制系统预设的量进行比较的过程

　　D．开环控制系统一般适用于控制精度要求不高而系统本身的元器件又比较稳定的场合

11．下图所示为喷漆室的空调送风控制系统原理图，当压力传感器检测到风机出风口处的压力低于设定值时，PLC控制风机电机提高转速，使风机出口处的压力升高到设定值。下列关于该控制系统的分析中正确的是（　　）。

　　A．该控制系统是开环控制系统

　　B．输入量是压力传感器检测到的压力

　　C．输出量是风机出口处的压力

　　D．执行器是压力传感器

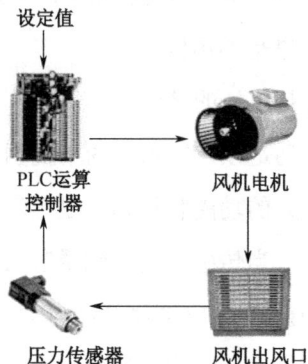

第11题图

下图所示为液体原料定量控制系统。其工作过程是：流量计检测到流出的液体原料流量值，把信号反馈给控制器，与设定的流量值进行比较，达到设定的流量值时，控制器控

制桶泵关闭。请回答第 12～13 题。

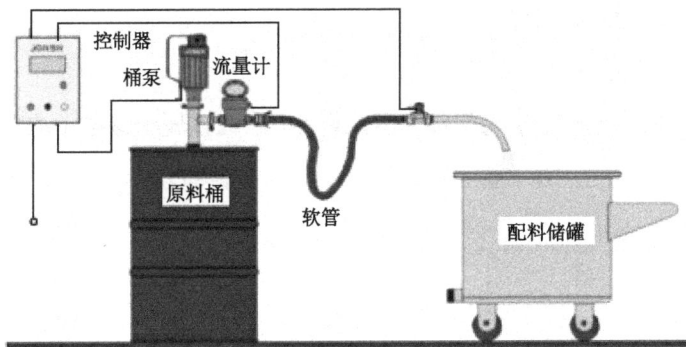

第 12、13 题图

12. 关于该定量控制系统，以下说法正确的是（　　）。

    A. 因为有检测装置，所以该控制系统是闭环控制

    B. 该控制系统的被控对象是桶泵

    C. 该控制系统的控制量是设定的流量值

    D. 该控制系统的被控量是液体原料的流量值

13. 在桶泵停止运行后，由于软管中原料的惯性会继续流动，导致误差。为了提高计量精度，以下对该系统进行优化的措施中最合适的是（　　）。

    A. 减小软管的直径

    B. 缩短软管的长度

    C. 提高流量计的计量精度

    D. 在软管出口端加电磁阀与桶泵同步控制

14. 外出旅游时家中植物无人浇灌，小明想设计一个精度较高的植物盆栽土壤湿度控制系统。当土壤干燥时，系统能自动浇水直至符合湿度要求。关于该系统的设计，下列构思最合理的是（　　）。

    A. 该控制系统可选用开环控制方式

    B. 该控制系统控制手段可选用定时的机械控制

    C. 检测元件可选用湿度传感器

    D. 检测装置可放置在花盆边缘的土壤表面

15. 下图所示电路为光控路灯的模型，当光线较弱时，发光二极管自动点亮，当光线较强时，发光二极管不发光。下列说法不正确的是（　　）。

    A. 输入部分是光敏传感器

B．控制部分是晶体管组成的电子电路

C．输出部分是晶体管

D．输出部分是发光二极管

16．下图所示是某光控电子鸟的部分组成电路，它应该属于该电子控制系统的（　　）。

A．输入部分　　　B．输出部分　　　C．控制部分　　　D．处理部分

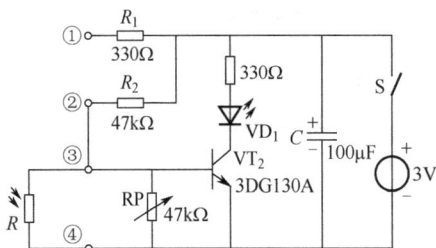

第15题图

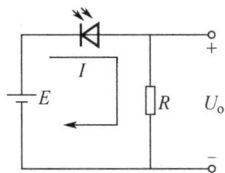

第16题图

第三章　传感器

第一节　常见传感器

略。

第二节　传感器的应用

练　习

1．人体感官的功能分别与你知道的哪些传感器相对应？请填写下表。

感 觉 类 型	传　感　器	感 觉 器 官	信 息 内 容
视觉			光、图像、色彩
听觉			
触觉	位移、压力		
	热		
嗅觉			

2. 根据生活经验，结合控制目的，填写下表。

自动控制内容	使用传感器名称	传感器工作原理
电饭煲保温控制电路		
自动门控制电路		
自动干手器		
窗户打开防盗报警器		
扶梯有人自动开启电路		
天黑自动亮灯电路		
自动测量体温仪		
汽车倒车防撞报警仪		
流水线产品自动计数器		
醉酒驾车测试仪		

本 章 测 试

1. 下列传感器结构图、电路符号及表述有误的是（　　）。

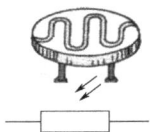　　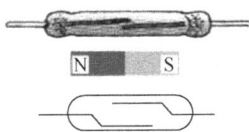　　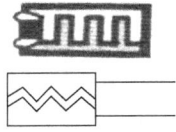　　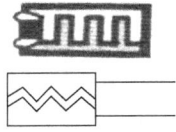

A．光敏传感器　　　B．磁敏传感器　　　C．热敏传感器　　　D．湿敏传感器

2. 传感器是将非电量转换为与之有确定对应关系电量输出的装置。下列传感器中非电量连续变化而电量不连续变化的是（　　）。

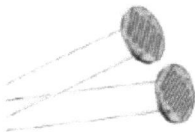　　　　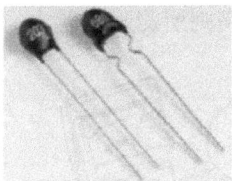　　　　　　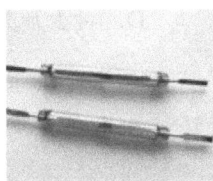

　　　A　　　　　　　　B　　　　　　　　C　　　　　　　　D

3. 下列关于传感器的说法中正确的是（　　）。

　　A．传感器一般用于将模拟信号转化成数字信号

　　B．大多数传感器能将非电信号转化成电信号

　　C．自动控制系统中的检测装置都属于传感器

　　D．传感器的性能好坏均可用万用表进行检测

4. 小通设计了如下图所示的一款小音箱，带有音乐播放控制系统。如果把手伸进它的口中，就会播放几首歌曲，然后自行停止。在选用该控制系统的传感器时，以下最合适的是（　　）。

 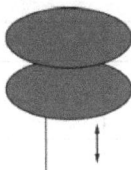   

第4题图　　　　　A　　　　　B　　　　　C　　　　　D

5. 有一款超声波身高体重测量仪，人站上去几秒钟后就可以在液晶屏幕上显示身高和体重，测量身高和体重分别用到的传感器是下图中的（　　　）。

 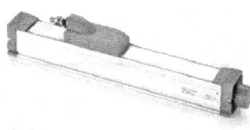

①　　　　②　　　　③　　　　　　④

第5题图

    A．①②　　　　B．②③　　　　C．③④　　　　D．①④

6. 如下图所示，用万用表对光敏电阻的阻值进行测量，判断光敏电阻质量的好坏。若该光敏电阻质量正常，以下操作方法和现象都合理的是（　　　）。

    A．断开开关，选择欧姆挡，照度越高则所测阻值越大

    B．断开开关，选择欧姆挡，照度越高则所测阻值越小

    C．合上开关，选择欧姆挡，照度越高则所测阻值越小

    D．合上开关，选择欧姆挡，照度越高则所测阻值越大

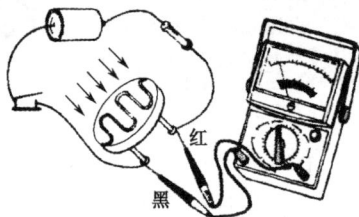

第6题图

7. 下图所示为用晶体管控制发光二极管的电路，根据 VT 基极的输入情况控制 VD 发光或不发光。现要将该电路用于下雨提示，当湿敏传感器 MS 检测到雨水时，接通电路，使 VT 发光。以下元器件与电路的连接中正确的是（　　　）。

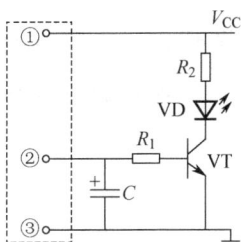

第7题图

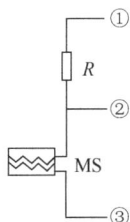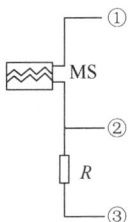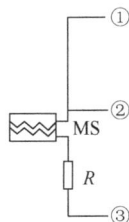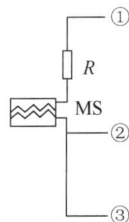

A   B   C   D

8. 小明同学学了《电子控制技术》后，打算用晶体管和光敏电阻等设计制作一个光控电路，实现当光线暗时发光二极管点亮，以下能满足设计要求的电路是（　　）。

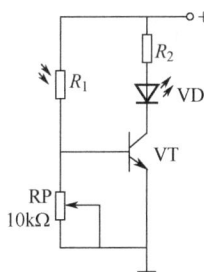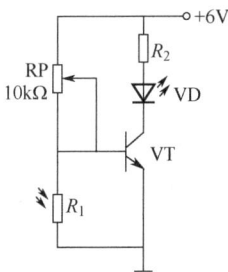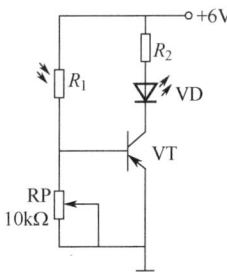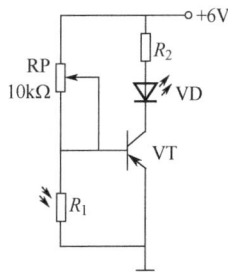

A   B   C   D

观察下图，完成第9～10题。

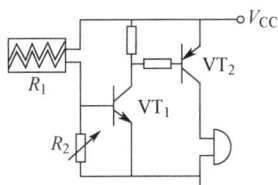

第9、10题图

9. 上图所示为某粮库的报警电路，下列分析正确的是（　　）。

 A. 湿度增大时，湿敏电阻 R_1 的阻值将逐渐增大

 B. 该电路实现的功能是：湿度较高时，VT_1 截止，VT_2 导通，蜂鸣器鸣叫报警

 C. 若增大 R_2 阻值，则湿度较低时，蜂鸣器就开始发声

D．调试过程中，蜂鸣器始终不响，则可能晶体管 VT_1 的发射极和集电极短路

10．发现报警电路中 VT_2 坏了，现在只能用 NPN 型晶体管替代，下列电路正确的是（　　）。

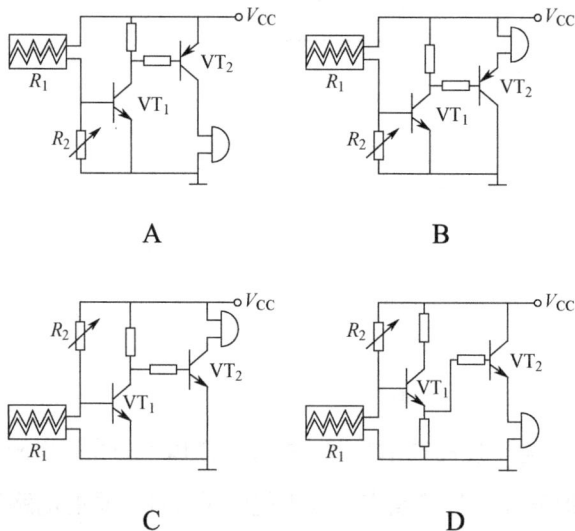

A　　　　　　　　　　B

C　　　　　　　　　　D

11．下图所示的磁控电路，当 S 闭合电路正常工作时，下列分析错误的是（　　）。

A．当磁铁靠近干簧管时，电容 C 进行充电

B．当磁铁靠近干簧管时，发光二极管 VD_1 熄灭

C．当磁铁远离干簧管时，晶体管 VT_3 处于导通状态

D．当磁铁远离干簧管时，BM 会发出声音

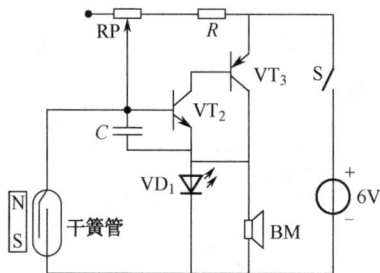

第 11 题图

12．下图所示为小明设计的花盆湿度显示电路。可根据二极管 VD_1、VD_2 的亮度判断花盆湿度。若在某一湿度下，小明测得 A、B、C 点的对地电压分别为 3.6V、2.7V、4.8V，晶体管 VT_1、VT_2 均为硅管。下列对 VT_1、VT_2 工作状态分析正确的是（　　）。

A．VT_1、VT_2 均饱和　　　　　　　　B．VT_1、VT_2 均放大

C．VT_1 饱和，VT_2 放大　　　　　　　D．VT_2 饱和，VT_1 放大

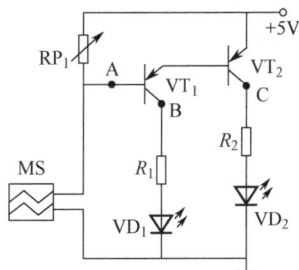

第 12 题图

第四章　模拟电路基础

第一节　模拟信号和基本放大电路

练　习

1. 工作在放大状态的 NPN 型晶体管,其发射结电压 U_{BE} 和集电结电压 U_{BC} 应为(　　)。

　　A. $U_{BE}>0$,$U_{BC}<0$　　　　　　　B. $U_{BE}>0$,$U_{BC}>0$

　　C. $U_{BE}<0$,$U_{BC}<0$　　　　　　　D. $U_{BE}<0$,$U_{BC}>0$

2. 用示波器观察可知,在 NPN 型晶体管组成的基本放大电路中,输入交流信号与输出信号相位(　　)。

　　A. 相反　　　　　B. 相差 90°　　　　C. 相同　　　　　D. 无法确定

3. 给某 NPN 型晶体管组成的共发射极组态偏置电路输入一个正弦信号,经示波器观察其输出波形如下图所示,这种现象属于(　　)。

　　A. 饱和失真　　　B. 截止失真　　　　C. 正常现象　　　D. 交越失真

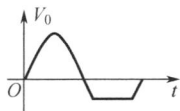

第 3 题图

4. 用直流表测得放大电路中某晶体管电极 1、2、3 的电位分别为 8V、2.7V、3V,则(　　)。

　　A. 1 为 C　2 为 E　3 为 B　　　　　B. 1 为 C　2 为 B　3 为 E

C．1为E　　2为C　　3为B　　　　D．1为B　　2为C　　3为E

5．工作在放大区的某晶体管，基极电流从 20μA 增大到 40μA，集电极电流从 1mA 变为 2mA，则它的电流放大倍数为（　　）。

A．10　　　　　B．50　　　　　C．20　　　　　D．100

6．某维修人员在修理过程中，需要更换一只晶体管，手头有一只 3DG6D 型的晶体管。它的技术参数如下：P_{CM}=100mW，I_{CM}=20mA，$U_{(BR)CEO}$=30V，如果他将此晶体管装接在 I_C=15mA，U_{CE}=20V 的电路中，则该管（　　）。

A．工作正常　　　　　　　　　B．被击穿

C．功耗过大造成过热甚至烧坏　　　D．已知条件不够，无法确定

7．下图所示为小明设计的电路。当温度低于设定值时 VD₄ 发光。已知晶体管工作在开关状态，RT 为热敏电阻。下列分析中不正确的是（　　）。

A．RT 应选用负温度系数的热敏电阻

B．S 闭合时，VT_3 导通后，VT_2 导通

C．闭合 S 后，温度下降到设定值以下时 VD₄ 发光，然后温度升高到设定值以上时 VD₄ 熄灭

D．S 断开，当 VT_1 截止时，VT_3 截止

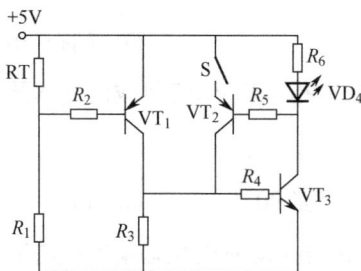

第 7 题图

8．小明在通用技术实践课上用面包板和电子元器件搭建如下图所示的自动控制电路，关于该电路分析，正确的是（　　）。

A．光照强时，继电器吸合，VD₃ 发光

B．RP 滑片向下移，则光线更强时继电器才能吸合

C．若将 VD₃ 反接，则继电器始终不能吸合

D．若将 VD₄ 正接，则继电器能正常工作

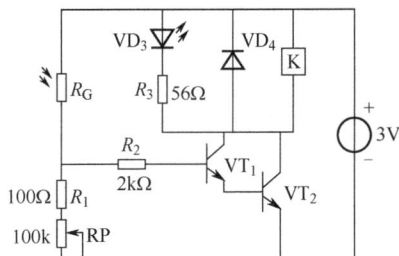

第 8 题图

9. 下图所示为预防近视测光指示器的电路。根据规定阅读写字时，环境光照度不低于 100 lx 的标准照度，该电路可通过光敏电阻 RG 检测到的环境光线照度来控制指示灯 VD_1 及 VD_2 的亮灭状态。若电路中 VT_1、VT_2 工作于开关状态，当外界光照强度发生变化时，试分析一下 VD_1、VD_2 的状态。

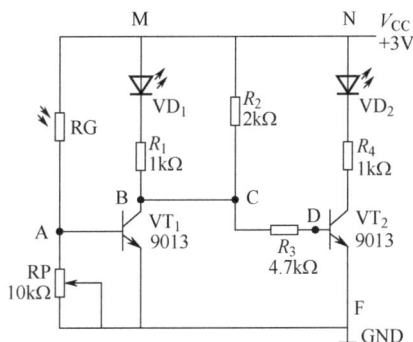

第 9 题图

第二节　反馈电路

练　习

1. 试分析如下图所示电路中的反馈。

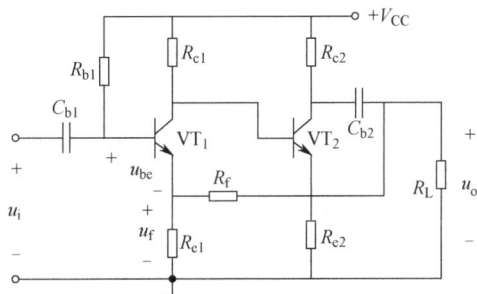

第 1 题图

观察图，完成第 2~3 题。

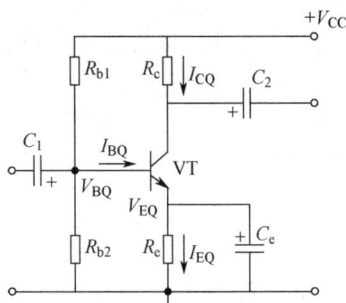

第 2、3 题图

2. 在分压式偏置放大电路中，当晶体管的 β 值增大时，电路中的静态工作点变化正确的是（   ）。

    A. U_{BEQ} 增大   B. I_{BQ} 减小

    C. I_{EQ} 增大   D. I_{BQ} 增大

3. 在分压式偏置放大电路中，晶体管的电流放大倍数 $\beta = 100$，现将其更换成 $\beta = 50$ 的同类型晶体管，则（   ）。

    A. I_C 基本保持不变   B. I_C 增大为原来的 2 倍

    C. I_C 减小为原来的一半   D. 以上答案都不对

4. 下图所示电路，若 VT$_1$、VT$_2$ 都处于放大状态，当将 RP$_3$ 调小时，关于该电路的分析正确的是（   ）。

    A. 流过 VD$_1$ 的电流变大，流过 VD$_2$ 的电流变小

    B. 流过 VD$_1$ 的电流变小，流过 VD$_2$ 的电流变小

    C. 流过 VD$_1$ 的电流变大，流过 VD$_2$ 的电流变大

    D. 流过 VD$_1$ 的电流不变，流过 VD$_2$ 的电流变小

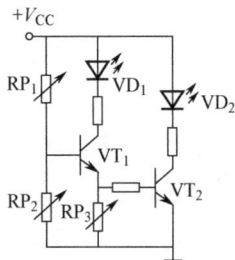

第 4 题图

第三节 集成运算放大器和电压比较器

练 习

1. 如下图所示，输出电压 U_o 为（ ）。

A. 5V B. 1V C. −1V D. −5V

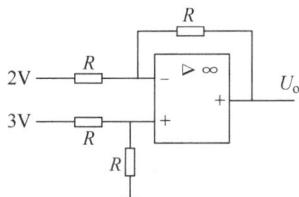

第 1 题图

2. 小明设计了如下图所示的温度报警电路。当检测到的温度高于设定值后，VD_3 随温度升高逐渐变亮，如果温度继续上升到一定值后，VD_4、VD_5 开始变亮，最后蜂鸣器 BM 发出报警声。根据电路图和功能要求完成下列任务：

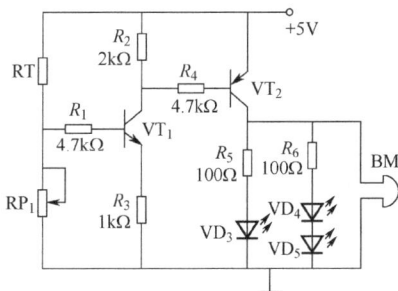

第 2 题图（a）

（1）RT 应选择____（A．正温度系数热敏电阻；B．负温度系数热敏电阻；C．可调电阻；D．定值电阻）。

（2）从 VD_3 变亮到 VD_4、VD_5 变亮的过程中，VT_1 集电极 c 和发射极 e 之间的电压____（A．降低；B．升高；C．保持不变）。

（3）小明搭建了测试电路，测试中，先固定 RP_1，然后改变温度，发现发光二极管 VD_3、VD_4、VD_5 温度高时不亮，温度低时反而亮。造成该现象不可能的原因是____（A．VT_1 误用了 PNP 型；B．RT 与 RP_1 位置接反了；C．RP_1 阻值偏小）。

（4）小明在调试电路时，不小心损坏了晶体管 VT_1，准备用电压比较器代替晶体管 VT_1 来实现温度过高报警，请你帮助小明在电路图虚线框中将电压比较器连接好；

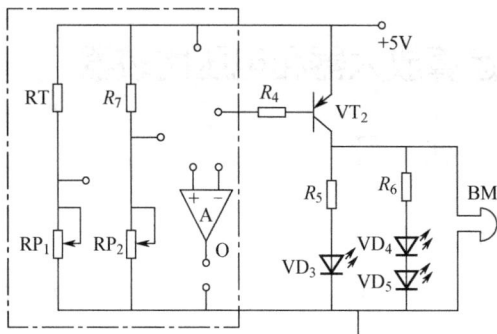

电压比较器特征	
输入	输出
$U_+>U_-$	高电平
$U_+<U_-$	低电平

第2题图（b）　　　　　　第2题表

（5）修改后的电路相比原电路_____（A．功能完全一样；B．VD_3、VD_4、VD_5同时亮灭；C．RP_1和RP_2能分别设定报警温度的上限和下限）。

3．小明所在学校规定夏天室内温度达到 30℃及以上时，才允许宿舍管理员开启空调的电源。小明根据所学的电子控制技术知识，设计了如下图所示的30℃高温报警电路，提醒管理员及时开启空调的电源。其中 RT 是负温度系数的热敏电阻。

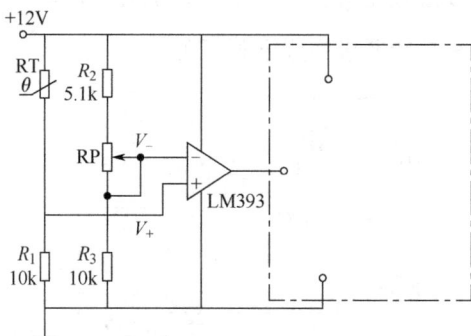

第3题图

小明调试电路时发现无论如何调节、试验，发光二极管都不会发光报警。小明在检查后发现电路连接和元器件都完好无误，于是又重新查阅电压比较器的资料，原来该款电压比较器的输出端口属于如图所示集电极开路输出。当$V_+>V_-$时，内部的晶体管截止；当$V_+<V_-$时，内部的晶体管饱和导通。请你帮助小明更正电压比较器输出后的电路，并在线框内画出（只画一个电阻和一个发光二极管）。

本 章 测 试

1．下图所示的对称电路，晶体管 VT_3、VT_4工作在放大状态。下列分析中不正确的是（　　）。

A．流过 VD_1、VD_2 的电流相同

B．增大 R_3 阻值后，流过 VD_1、VD_2 的电流变小

C．增大 R_1 阻值后，流过 VD_1 的电流变小，流过 VD_2 的电流变大

D．减小 R_1 阻值后，流过 VD_1 的电流变大，流过 VD_2 的电流不变

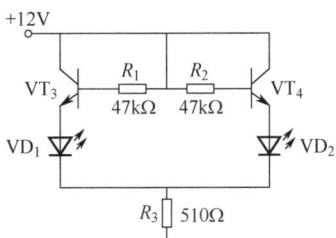

第 1 题图

2．下图所示为晶体管构成的对称电路，晶体管处于放大状态。下列说法不正确的是（　　）。

A．电阻 R_5 上没有电流流过

B．增大 R_1 阻值后，有从左向右的电流流过电阻 R_5

C．增大 R_1 阻值后，若再减小 R_2 阻值，流过 R_5 的电流增大

D．减小 R_4 阻值后，流过 R_3 电流增大；减小 R_4 阻值后，再去掉 R_5，流过 R_3 电流不变

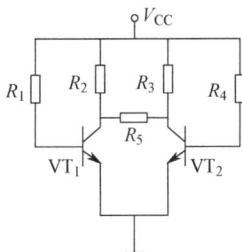

第 2 题图

3．小明学习晶体管时，做了下图所示电路实验。将 U_i 从零逐渐调大，发现只有当 $U_i \geqslant 3V$ 时，电压表读数才基本恒定。那么当 $U_i=3V$ 时，将 E_1 提高到 18V，则此时晶体管的状态和电压表的读数（　　）。

A．放大、基本不变　　　　　　B．放大、增加

C．饱和、基本不变　　　　　　D．饱和、增加

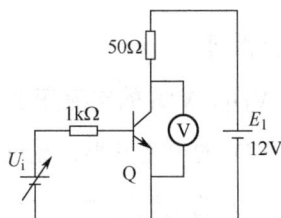

第 3 题图

4．小明在电子控制技术实践课上，将下图（a）所示的模拟光控路灯电路改进成下图（b）所示电路。与改进前相比，下列分析和判断正确的是（　　）。

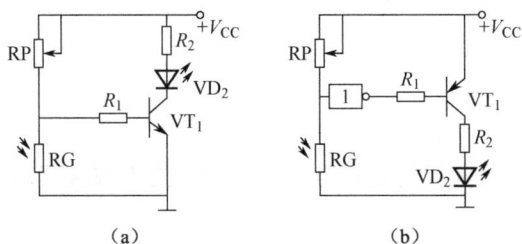

（a）　　　　　　　　　（b）

第 4 题图

A．加入了非门，"路灯"白天亮晚上不亮

B．晶体管是 PNP 型，"路灯"将变得更亮

C．电路中增加了集成块，"路灯"将变暗

D．加入了门电路，"路灯"亮灭的转换没有渐变过程

5．下图所示是小明制作的两种模拟光控路灯电路，经调试两种电路均可在相应的条件下点亮 VD_2，除 R_1 调整后参数不等外，其他对应参数均相等。与图（a）相比，下列关于图（b）的分析和判断正确的是（　　）。

A．因为 VD_2 接在发射极，所以"路灯"的最大亮度更大

B．因为 RG 与 R_1 的位置互换，所以 V_2 变为白天点亮晚上不亮

C．因为不是共发射极接法，所以"路灯"的最大亮度要小

D．因为对应参数相等，所以两"路灯"最大亮度肯定是一样的

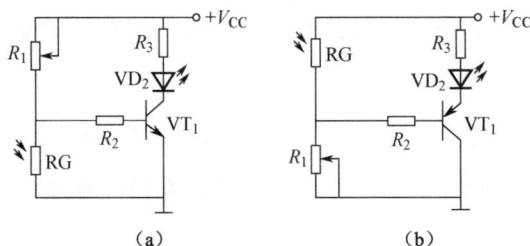

（a）　　　　　　　　　（b）

第 5 题图

6. 下图所示为小明在电子控制技术实践课上设计的光控灯电路，当光线强时，发光二极管亮。以下关于该电路的分析和判断中正确的是（　　　）。

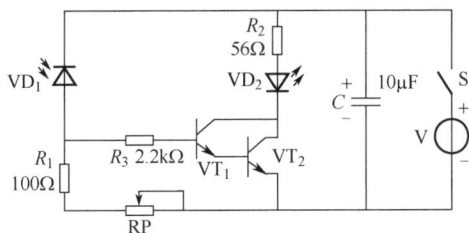

第6题图

A. 将电路中的开关断开，用黑表笔接光敏二极管正极，红表笔接负极，光照弱时，测得电阻值很大，光照强时，测得电阻值很小

B. 电路中的电容为电解电容，容量为 $10\mu F$，该电容上标有 106 三位数字

C. 电路中的两个晶体管等效为一个 PNP 型晶体管

D. 将 RP 调小，则需要更强的光线才能触发灯亮

7. 下图所示为两个高温报警控制电路，当温度高于设定温度值时，发光二极管 VD 发光报警，电路中对应位置的电子元器件参数相同，晶体管为小功率晶体管。下列关于这两个电路的分析，说法中正确的是（　　　）。

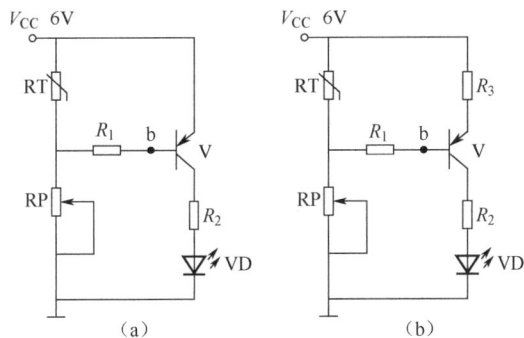

第7题图

A. 当温度升高时，图（a）、图（b）中 b 点电位均降低

B. 当 VD 熄灭时，晶体管一定处于截止状态

C. 图（a）、图（b）中 VD 发光的最大亮度相同

D. 图（a）的设定报警温度值要低于图（b）

8. 在下图所示电路中，LM393 是电压比较器，当 $V_+>V_-$ 时，引脚 1 输出高电平，当 $V_+<V_-$ 时，引脚 1 输出低电平，RT 是负温度系数热敏电阻，M 是散热风扇。下列选项中关

于该电路分析不正确的是　（　　　）。

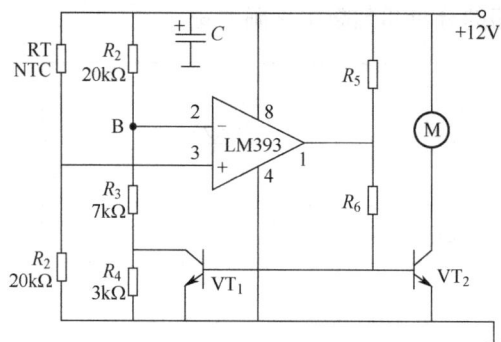

第8题图

A．温度上升，未达到上限温度时，B 点电位约为 4V

B．温度上升，高于上限温度时，M 工作

C．温度下降，低于上限温度未到下限温度时，M 不工作

D．温度下降，未达到下限温度时，B 点电位小于 4V

第五章　数字电路

第一节　数字信号与逻辑门

练　习

1. 下列信号中不属于数字信号的是（　　　）。

　　A．老师点名统计到课人数　　　　B．数字电压表显示的电压

　　C．往水塘中心扔石头形成水纹　　D．计步器统计的跑步步数

2. 下列信号中属于模拟信号的是（　　　）。

　　A．手机短信息信号　　B．车速信号　　C．算盘珠信号　　D．"狼烟"信号

3. 下列对数字信号"1"和"0"的说法不正确的是（　　）。

    A. 表示电位的高和低　　　　　　　　B. 表示信号的有和无

    C. 表示灯的亮和灭　　　　　　　　　D. "1"要比"0"大

4. 下列不属于数字信号的特点的是（　　）。

    A. 容易处理　　　　　　　　　　　　B. 处理精度高

    C. 便于记录保存　　　　　　　　　　D. 容易受外界信号的干扰

5. 以下表达式中符合逻辑运算法则的是（　　）。

    A. $C \cdot C = C + C$　　B. $1+1=10$　　　C. $0<1$　　　　D. $A+1=1$

6. 要使"与非"运算的结果为 0，则下列输入正确的是（　　）。

    A. 全部输入为 0　　　　　　　　　　B. 全部输入为 1

    C. 任一输入为 0　　　　　　　　　　D. 仅一输入为 1

7. 要使"或非"运算的结果为 0，则下列输入说法正确的是（　　）。

    A. 全部输入为 0　　　　　　　　　　B. 全部输入为 1

    C. 任一输入为 0　　　　　　　　　　D. 任一输入为 1

8. 下列和 $A+BC$ 逻辑运算结果等同的是（　　）。

    A. $A+B$　　　　　　　　　　　　　B. $A+C$

    C. $(A+B)(A+C)$　　　　　　　　　D. $B+C$

9. 下图所示电路是下列哪种门电路（　　）。

    A. 与门　　　　　B. 或门　　　　　C. 与非门　　　　D. 或非门

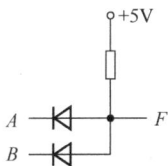

第 9 题图

10. 已知逻辑函数 Y 的真值表如下图所示，试写出 Y 的逻辑函数式。

A	B	C	Y
0	0	0	1
0	0	1	1
0	1	0	1
0	1	1	0
1	0	0	0
1	0	1	0
1	1	0	0
1	1	1	1

11．用与非门实现下列逻辑函数，并画出逻辑图。

（1）$Y=AB+BC$ 　　　　　　　　　　　　（2）$Y=\overline{B(A+C)}$

第二节　基本触发器

练　习

1．基本 RS 触发器在触发脉冲消失后，输出状态将（　　）。

　　A．随之消失　　　B．发生翻转　　　C．恢复原态　　　D．保持现态

2．由与非门组成的基本触发器不允许输入的变量组合为（　　）。

　　A．00　　　　　　B．01　　　　　　C．11　　　　　　D．10

3．由或非门组成的基本触发器不允许输入的变量组合为（　　）。

　　A．00　　　　　　B．01　　　　　　C．11　　　　　　D．10

4．若基本触发器在我们观察时刻"输入为 $\overline{R}=1$，$\overline{S}=1$，输出为 $Q=1$，$\overline{Q}=0$"则在我们观察时刻之前的输入是（　　）。

　　A．$\overline{R}=1$，$\overline{S}=0$　　　　　　　　B．$\overline{R}=0$，$\overline{S}=1$

　　C．$\overline{R}=0$，$\overline{S}=0$　　　　　　　　D．不确定

5．下图所示电路的分析中，正确的是（　　）。

　　A．S 断开时 VD 不发光，S 闭合时 VD 发光

　　B．S 断开时 VD 发光，S 闭合时 VD 不发光

　　C．不管 S 是闭合还是断开，VD 都发光

　　D．因为电路的初始状态未知，所以不能确定 VD 是否发光

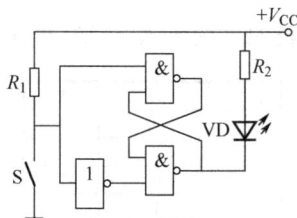

第 5 题图

6. 如下图所示电路，当转换开关 S 从初始位置 A 转到 O，再从 O 转到 B，则当转换开关分别处于 "A" "O" "B" 三个位置时，发光二极管 VD 的状态是（　　）。

　　A. 亮，灭，亮　　　　　　　　　　B. 亮，亮，灭

　　C. 灭，灭，亮　　　　　　　　　　D. 灭，亮，灭

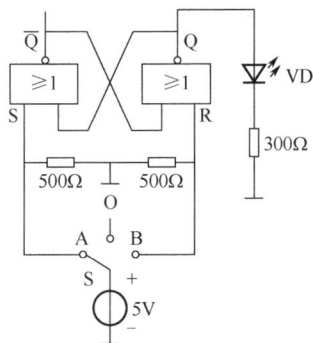

第 6 题图

7. 如下图所示电路，当水杯中的水位在 a、b 两个探头之间时 VD_1 和 VD_2 的状态分别是（　　）。

　　A. VD_1 亮，VD_2 亮　　　　　　　B. VD_1 不亮，VD_2 亮

　　C. VD_1 亮，VD_2 不亮　　　　　　D. 条件不足，无法判断

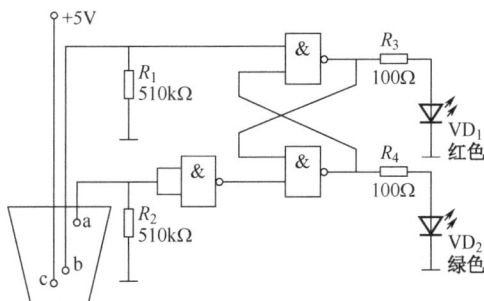

第 7 题图

第三节　数字集成电路

练　习

1. 数字集成电路有多种类型，最常用的有 TTL 和 CMOS 两种。它们各有优缺点，适用于不用的场合中。下列不是 TTL 电路优点的是（　　）。

　　A. 速度快　　　　　　　　　　　　B. 允许负载流过的电流较大

C．抗静电能力强　　　　　　　　D．功耗大

2．如下图所示的电路，下列分析中不正确的是（　　）。

A．S_1接地、S_2接电源，VD 发光　　　B．S_1接地、S_2接地，VD 不发光

C．S_1接电源、S_2接地，VD 发光　　　D．S_1接电源、S_2接电源，VD 发光

3．如下图所示电路，VT 工作于开关状态。当输入 $X=0$、$Y=1$ 时，以下发光二极管状态中正确的是（　　）。

A．VD_1不发光，VD_2不发光　　　B．VD_1不发光，VD_2发光

C．VD_1发光，VD_2不发光　　　　D．VD_1发光，VD_2发光

第 2 题图　　　　　　　　　　　　第 3 题图

4．下图所示为小明设计的蔬菜大棚自动报警电路原理图，RT 是负温度系数热敏电阻。当光线暗并且温度低于设定值时，蜂鸣器发声报警。图中虚线框处应选用的逻辑门是（　　）。

A　　　　　　　B　　　　　　　C　　　　　　　D

第 4 题图

5．下图所示电路通过输入端 A、B 控制发光二极管的亮灭，当发光二极管 VD_1 发光，VD_2 不发光时的输入情况是（　　）。

A．$A=0$，$B=0$　　　　　　　　B．$A=0$，$B=1$

C. $A=1$，$B=0$　　　　　　　　D. $A=1$，$B=1$

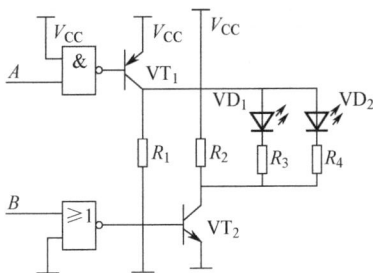

第 5 题图

本 章 测 试

1. 下图所示为楼道照明灯的控制电路。用 A 和 B 分别表示 2 个单刀双掷开关的状态，"1" 表示开关向上，"0" 表示开关向下。用 L 表示灯的状态，"1" 表示灯亮，"0" 表示灯不亮。关于该电路的逻辑关系，下列真值表中正确的是（　　）。

A	B	L
0	0	1
0	1	0
1	0	0
1	1	1

A

A	B	L
0	0	0
0	1	0
1	0	1
1	1	1

B

A	B	L
0	0	0
0	1	1
1	0	1
1	1	0

C

A	B	L
0	0	0
0	1	1
1	0	1
1	1	1

D

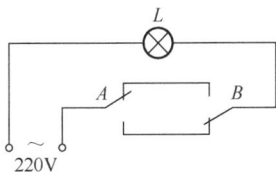

第 1 题图

2. 在以下四种电路中，实现的逻辑功能与其他三种不同的是（　　）。

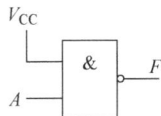
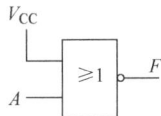
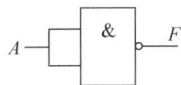
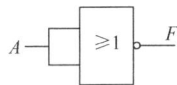

A　　　　　　　　B　　　　　　　　C　　　　　　　　D

3. 下图所示为一种两位二进制译码器的逻辑电路图，XY 表示输入，$F_1F_2F_3F_4$ 表示输出。当 X 为 1、Y 为 0 时，$F_1F_2F_3F_4$ 为（　　）。

A. 0000　　　　　　　　　　　　B. 0100

C. 0010　　　　　　　　　　　　D. 0001

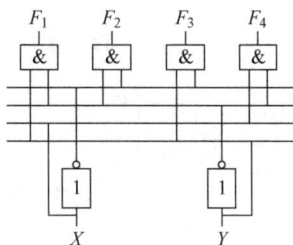

第 3 题图

4. 分析下图所示的逻辑电路，在以下逻辑关系表述中，正确的是（　　）。

A. A、B 电平相同时，Y 输出低电平，反之则 Y 输出高电平

B. A、B 电平相同时，Y 输出高电平，反之则 Y 输出低电平

C. 只要 A 是高电平，Y 就输出高电平

D. 只要 B 是高电平，Y 就输出高电平

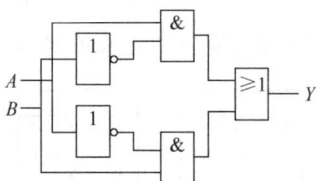

第 4 题图

5. 下图所示电路，分析正确的是（　　）。

A. VD_2 始终不发光

B. S 断开时，VD_1 不发光，VD_2 发光

C. S 断开时，VD_1 发光，VD_2 不发光

D. S 闭合时，VD_1 发光，VD_2 发光

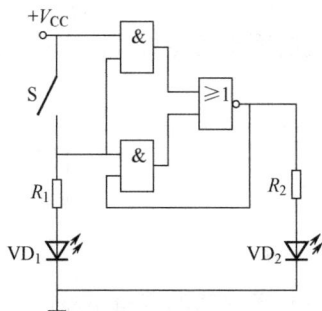

第 5 题图

6. 在下图所示电路图中，当加湿器储水箱中的水位在最高位（Max）与最低位（Min）之间时，指示灯 VD$_1$ 灭、VD$_2$ 亮；当加湿器储水箱中的水位高于最高位（Max）或者低于最低位（Min）时，指示灯 VD$_1$ 亮、VD$_2$ 灭。为了实现该功能，虚线框中的逻辑电路应为（　　）。

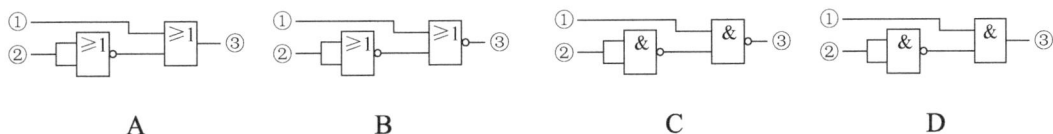

A　　　　　　　　B　　　　　　　　C　　　　　　　　D

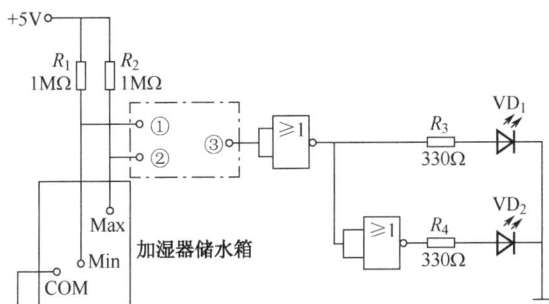

第6题图

7. 如下图所示电路，先闭合开关 S$_1$，再闭合开关 S$_3$ 后，发光二极管 VD$_1$、VD$_2$ 状态正确的是（　　）。

A．VD$_1$ 灭，VD$_2$ 灭　　　　　　　　B．VD$_1$ 灭，VD$_2$ 亮

C．VD$_1$ 亮，VD$_2$ 灭　　　　　　　　D．VD$_1$ 亮，VD$_2$ 亮

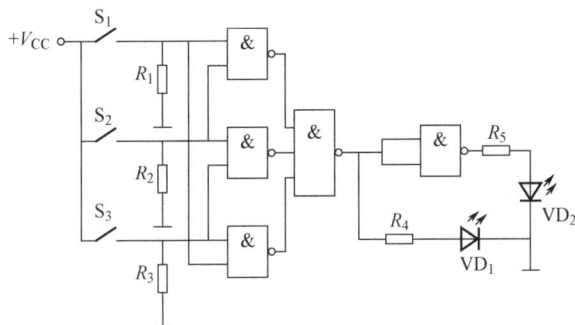

第7题图

8. 某热水器温度控制原理：当温度低时，热敏电阻 RT 的阻值很大。当温度高时，热敏电阻 RT 的阻值就很小。只有当热水器中有水，且水温低于设定值，发热器才会开启并加热，否则便会关掉。其中热水器的设定温度可根据使用需要进行调节。以下控制电路中符合设计要求的是（　　）。

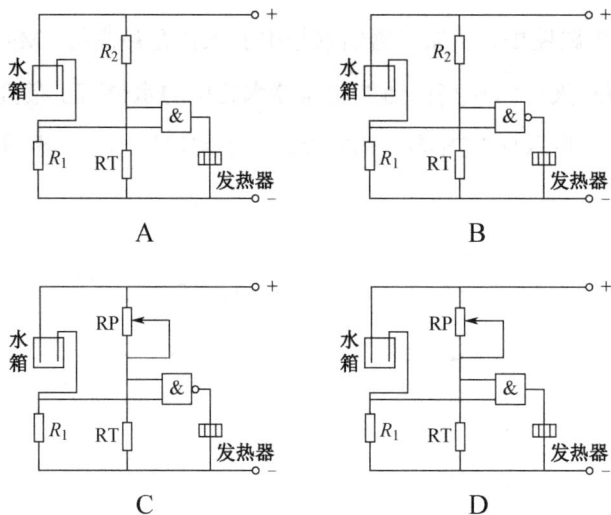

A

B

C

D

9. 下图所示组合逻辑电路中输出端 Y 与输入端 AB 之间的逻辑关系是（　　　）。

    A．$Y=\overline{\overline{A+B}\ AB}$ B．$Y=\overline{(A+B)AB}$

    C．$Y=(A+B)\ \overline{AB}$ D．$Y=(A+B)\ AB$

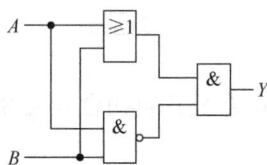

第 9 题图

10. 在下图所示电路中，初始时 S_1、S_2 都处于断开状态，下列分析中正确的是（　　　）。

    A．初始状态，VD_1、VD_2 不发光

    B．S_2 闭合后，S_1 对 VD_1、VD_2 不起作用

    C．S_1 闭合、S_2 断开后，VD_1 发光，VD_2 不发光

    D．S_1、S_2 都闭合后，VD_1、VD_2 发光

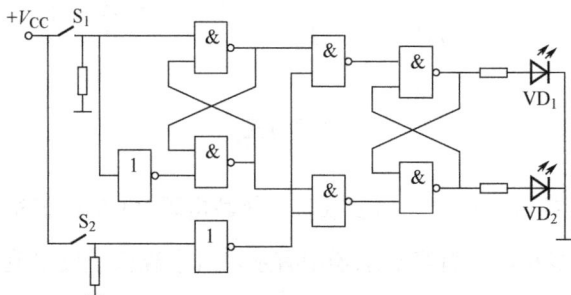

第 10 题图

11. 下图所示为某热敏电阻在不同温度下电阻值的变化曲线。现需要设计一个水箱水温提醒器，用该热敏电阻作为传感器，当水温达到 100℃时，蜂鸣器发出提醒声。以下符合上述设计要求的电路是（电路图中 RT 为热敏电阻）（　　）。

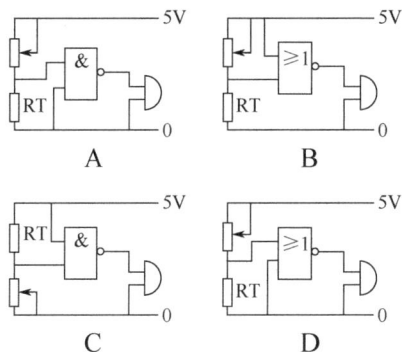 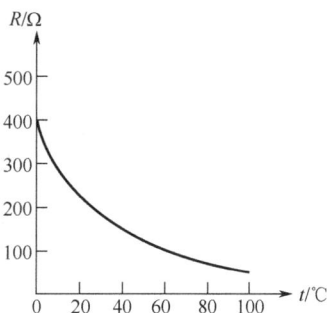

第 11 题图

12. 数字电路中有一类具有记忆功能的单元电路。下列电路中，若输入端 A 的初始值均为低电平，当输入一个高电平脉冲信号后，输出端 F 能输出并保持高电平的电路是（　　）。

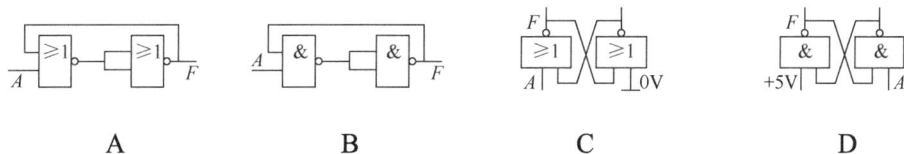

A　　　　　　　B　　　　　　　C　　　　　　　D

13. 下列关于下图所示电路的分析中，正确的是（　　）。

　A．$S=1$，$R=0$ 时，VD_2 不发光

　B．$S=0$，$R=1$ 时，VD_2 发光

　C．$S=0$，$R=0$ 时，VD_2 保持原状态

　D．$S=0$，$R=0$ 时，VD_2 状态无法判断

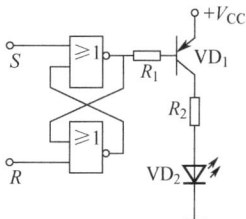

第 13 题图

14. 如下图所示电路，SB 为点动开关，初始状态 VD$_2$ 不发光。以下关于该电路说法正确的是（ ）。

    A. 该电路为光控路灯电路，光线暗时 VD$_2$ 发光，反之不发光

    B. 光线亮时，VD$_1$ 截止，VD$_2$ 不发光

    C. 光线暗时，VD$_1$ 导通，VD$_2$ 发光

    D. 光线暗时，VD$_2$ 发光，光线亮时，VD$_2$ 仍保持发光状态

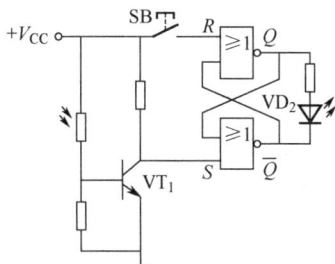

第 14 题图

15. 小明根据自己所学知识设计了下图所示电路，根据该电路以下说法正确的是（ ）。

    A. 当晚上光线暗时 VD$_1$ 和 VD$_2$ 都亮

    B. 当白天光线强时 VD$_1$ 和 VD$_2$ 都灭

    C. 当晚上光线暗时 VD$_1$ 灭，VD$_2$ 亮

    D. 当晚上光线暗时 VD$_1$ 亮，VD$_2$ 灭

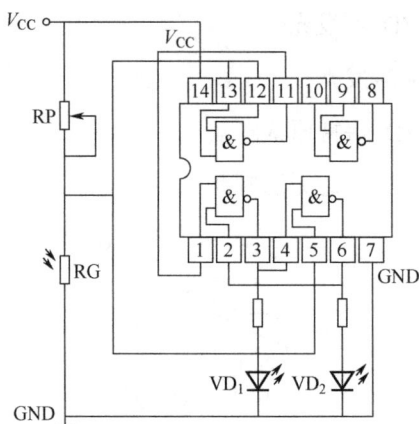

第 15 题图

16. 下图所示为温控电路，可将温度保持在 70～80℃，其中 RT$_1$ 和 RT$_2$ 均为负温度系数热敏电阻。组装时若仅有与非门芯片，则虚线框内的替代方案可行的是（ ）。

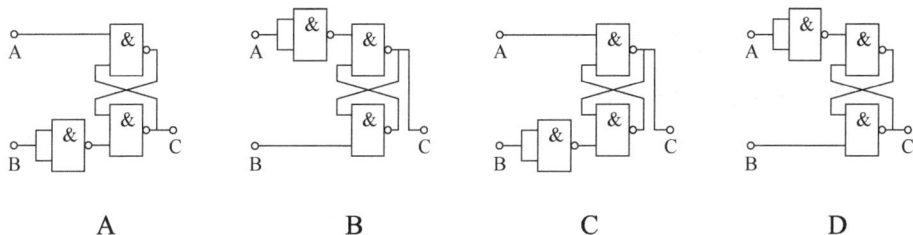

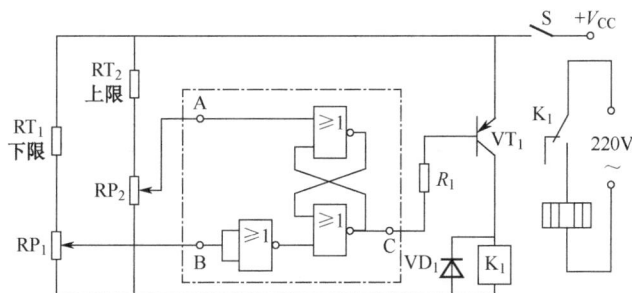

第16题图

17. 下图所示为举重比赛裁判表决器的电路示意图。举重比赛设有 1 名主裁判和 2 名副裁判，开关 A 由主裁判控制，开关 B 和开关 C 分别由副裁判控制。规则规定。当两个或两个以上裁判（其中要求必有 1 个为主裁判）判定成功（闭合电键）时，表示成功的指示灯才亮。根据上述描述，请回答以下问题：

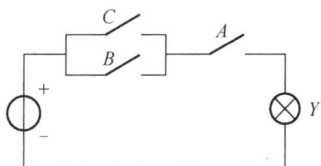

第17题图

（1）设 Y 为指示灯，1 表示灯亮，0 表示灯不亮。电键闭合为 1，电键打开为 0。请填写下列的真值表；

解：

A	B	C	Y
0	0	0	
0	0	1	
0	1	0	
0	1	1	
1	0	0	
1	0	1	
1	1	0	
1	1	1	

（2）根据真值表写出逻辑表达式；

　　　根据逻辑表达式画出逻辑电路。

第六章　电子控制系统的执行部件

第一节　继电器的作用和类型

练　习

1. 用电磁继电器控制电路的主要目的是（　　）。

　　A. 节约用电　　　　　　　　　B. 保护用电器

　　C. 避免危险　　　　　　　　　D. 操作简单

2. 如下图所示，电磁继电器能通过低压控制电路间接地控制高压工作电路。下列说法中，正确的是（　　）。

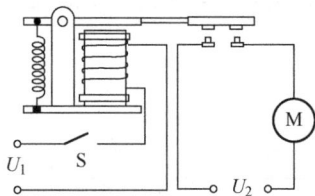

第 2 题图

　　A. 连有电动机的电路是低压控制电路

　　B. 电磁继电器实际上是一个由电磁铁控制电路通断的开关

　　C. 利用电磁继电器主要是为了节约用电

D．利用电磁继电器主要是为了操作方便

3．在电子控制系统中，传感器相当于人的眼睛，控制部分相当于人的大脑，执行部件相当于人的手脚。以下电子元器件中，常用于电子控制系统中执行部件的是（　　）。

A．光敏电阻 　　　　　　　　　B．送话器

C．IC 卡 　　　　　　　　　　　D．电磁继电器

4．下列装置中，没有用到电磁继电器的是（　　）。

A．电冰箱 　　　　B．全自动洗衣机 　　　C．微波炉 　　　　D．电灯

5．在下图所示的光控路灯电路中，既是控制部分的电子电路，又是被控对象的执行部件的电子元器件是（　　）。

A．光敏电阻 RG 　　B．发光管 VD$_1$ 　　C．晶体管 VT$_2$ 　　D．电容 C

6．在下图所示的自动控制电路中，当控制电路的开关 S 闭合时，工作电路的情况是（　　）。

A．灯亮，电铃不响 　　　　　　　B．灯亮，电铃响

C．灯不亮，电铃不响 　　　　　　D．灯不亮，电铃响

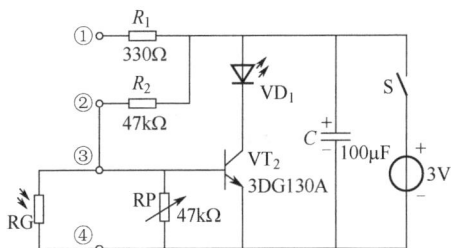

第 5 题图

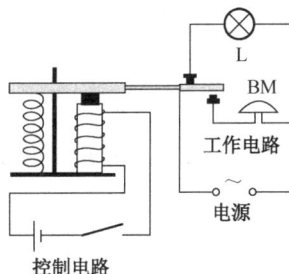

第 6 题图

7．下图所示为一种温度自动报警器原理图，在水银温度计的顶端封入一段金属丝，当温度升高至什么温度时，何种电器工作（　　）。

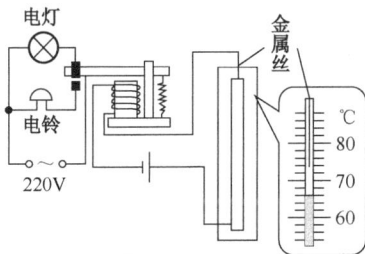

第 7 题图

A．74℃时，电灯亮报警 　　　　　B．72℃时，电铃报警

C. 66℃时，电铃报警　　　　　　　　D. 74℃时，电铃报警

8. 日常生活中，如果仔细观察一些家用电器如电冰箱、空调、自动洗衣机等的工作过程，你会发现，它们不时会发出"咔嗒"的声音，随之而来，这些电器也会转变成另外一种工作方式。请考虑：

（1）这些电器都在什么时间发出这些声音？

（2）发出"咔嗒"声的原因是什么？

9. 根据你的经历和体验，比较下图所示继电器和单刀单掷开关、拨动开关、按钮之间的差异？

第9题图

第二节　直流电磁继电器的构造、规格和工作原理

练　习

1. 下面电磁继电器的图形符号中，表示常闭触点的是（　　　）。

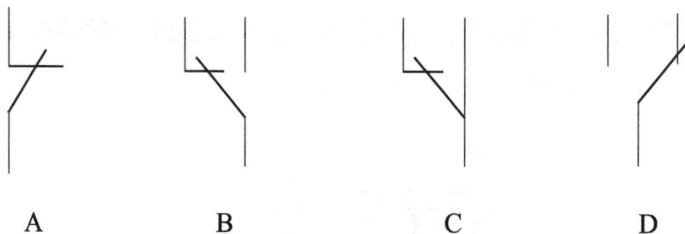

　　　A　　　　　　　　B　　　　　　　　C　　　　　　　　D

2. 有关电磁继电器的说法，正确的是（　　　）。

　　A. 电磁继电器中的电磁铁的铁心是一个永磁体，衔铁是由软磁性材料制成的

　　B. 电磁继电器中的电磁铁的铁心是由软磁性材料制成的

　　C. 使用直流电磁继电器时，电磁铁可以通入直流电，也可以通入交流电

　　D. 使用直流电磁继电器时，电磁铁能通入直流电，而且电流的方向不能改变

3．小明在使用电磁继电器时，看到说明书上写着"线圈额定直流电压 6V，被控制电压 220V，电流 1A"，这表明（ ）。

    A．额定工作电压为 220V，负荷工作电压为 6V，负荷工作电流超过 1A

    B．额定工作电压为 6V，负荷工作电压为 220V，负荷工作电流超过 1A

    C．额定工作电压为 220V，负荷工作电压为 6V，负荷工作电流不超过 1A

    D．额定工作电压为 6V，负荷工作电压为 220V，负荷工作电流不超过 1A

4．下图所示是一种防汛报警器的原理图。S_1 是触点开关，b 是一个漏斗形的圆筒，里面有一个浮子 a。当汛期来临，浮子 a 上浮将触点开关 S_1 接通时，电路中红、绿灯的工作情况是（ ）。

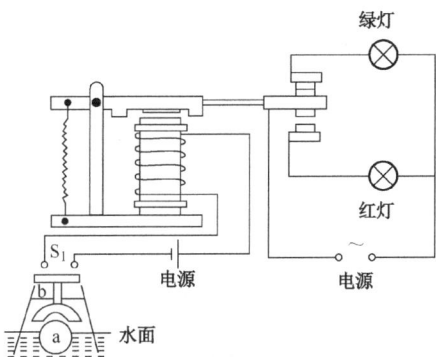

第 4 题图

    A．两灯同时亮   B．两灯都不亮   C．绿灯亮   D．红灯亮

5．小明想设计一个游泳池的自动水位控制系统，选用了一款 1kW 的水泵。在选用继电器控制水泵工作时，应选择的继电器是（ ）。

    A．线圈额定直流电压 6V，工作参数 AC 1A 250V

    B．线圈额定直流电压 12V，工作参数 DC 10A 30V

    C．线圈额定直流电压 6V，工作参数 AC 10A 250V

    D．线圈额定直流电压 12V，工作参数 DC 1A 30V

6．下图所示为小明利用电磁铁原理设计制作的水位自动报警装置。水位感应器 A 和 B 都是碳棒，碳棒 B 放置在水底，当水位到达 A 所在位置时，控制电路接通，电磁铁产生磁性，吸下衔铁，此时工作电路中的蜂鸣器发出报警声。此控制系统难以对较深水位进行报警，是因为（ ）。

    A．电磁铁的磁性太弱   B．水的导电性能不强

    C．工作电路电压太低   D．蜂鸣器的音质不佳

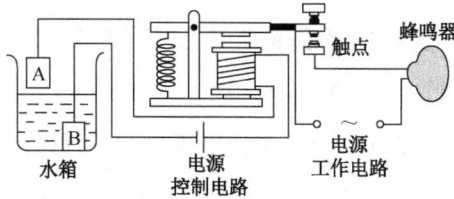

第6题图

7. 下图所示为拍摄机动车闯红灯的工作原理示意图。光控开关接收到红灯发出的光会自动闭合，压力开关受到机动车的压力会闭合，摄像系统在电路接通时可自动拍摄违章车辆。下列说法中，正确的是（   ）。

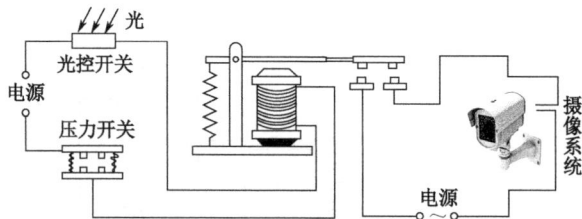

第7题图

A．只要光控开关接收到红光，摄像系统就会自动拍摄

B．机动车只要驶过埋有压力开关的路口，摄像系统就会自动拍摄

C．只有光控开关和压力开关都闭合时，摄像系统才会自动拍摄

D．若将光控开关和压力开关并联，也能起到相同的作用

8. 下图所示为晶体管驱动继电器控制电灯电路，电灯的额定电压为 220V，额定功率为 400W。设计该电路时，选用下列直流电磁继电器适合的是（   ）。

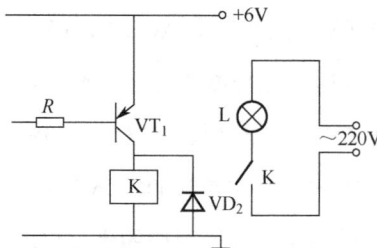

第8题图

COLL:DC 3V	COLL:DC 6V	COLL:DC 6V	COLL:DC 6V
AC 1A 250V	AC 3A 250V	AC 1A 250V	AC 3A 125V
DC 1A 40V	DC 3A 40V	DC 1A 40V	DC 3A 30V
A	B	C	D

9. 下图所示为汽车启动装置原理图，对于这一装置及其工作特点，下列说法中不正确的是（　　）。

　　A. 旋转钥匙能使电磁铁所在电路工作

　　B. 电磁铁的工作电压比电动机的工作电压低

　　C. 电磁铁通电时，上端是 S 极，下端是 N 极

　　D. 电磁铁通电时，吸引上方的衔铁，使触点 A 向右与 B 接触

10. 下图所示为一种水位自动报警器的原理图。当水位到达金属块 A 时，控制电路接通，这时电磁铁通电而吸引衔铁，灯泡_____发光（选填"L_1"或"L_2"）。

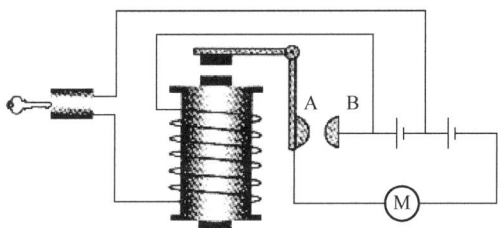

第 9 题图

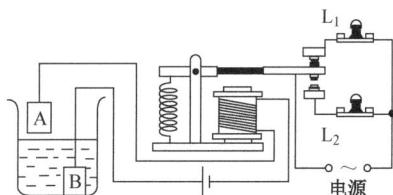

第 10 题图

11. 自动报警器的工作原理如下图所示，在水银温度计的上方封入一段金属丝，当温度达到金属丝下端所指示的温度时，红色报警灯亮，平时绿灯亮。请根据以上要求，用笔画线代替导线，完成工作电路部分的连接。

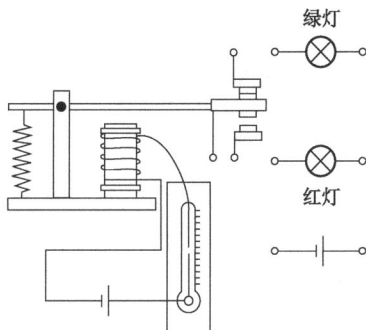

第 11 题图

12. 观察下列直流电磁继电器的结构特点并读出主要参数。

第 12 题图

本 章 测 试

1. 下图所示为某电磁继电器接线图，其中是常闭触点的是（　　）。

A. ①②　　　　B. ③④　　　　C. ③⑤　　　　D. ⑦⑨

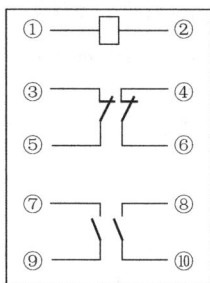

第1题图

2. 下列功能中，电磁继电器不能完成的是（　　）。

A. 控制电路中电流的连续变化

B. 控制电路中电流的有无

C. 利用低电压、弱电流控制高电压、强电流

D. 远距离自动控制与操作

3. 下图所示为一个继电器的正面视图和底部视图，已知引脚1、引脚2连接的是继电器的动触点，用万用表电阻挡测得引脚3、引脚4电阻为100Ω，引脚1和引脚5之间电阻为0Ω，引脚2和引脚6之间电阻为∞，据此推断，下列说法错误的是（　　）。

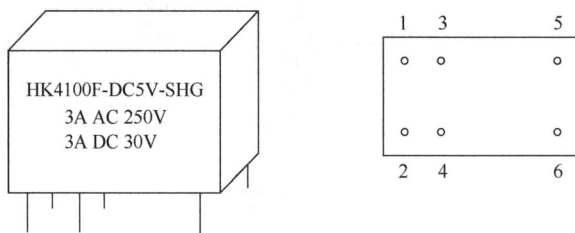

HK4100F-DC5V-SHG
3A AC 250V
3A DC 30V

第3题图

A. 引脚3、引脚4应接控制电路输出部分，电压应小于5V

B. 引脚1、引脚5之间是常闭触点

C. 利用引脚2、引脚6控制220V交流电器时，电流不能大于3A

D. 引脚2、引脚6之间是常开触点

4．下图所示为光控灯电路，当环境光线暗时，灯泡自动亮起，为了实现上述功能，E、F 间应该选用的开关（触点）为（　　　）。

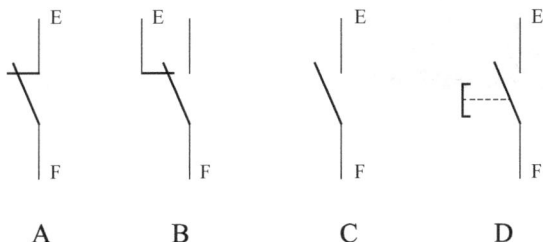

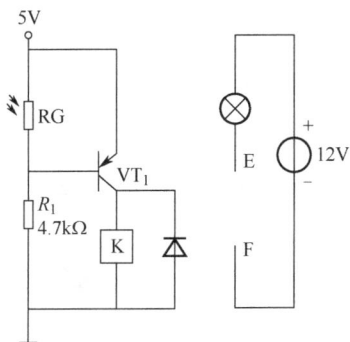

第 4 题图

5．下图所示为某一功能电路图。关于该电路功能，下列说法正确的是（　　　）。

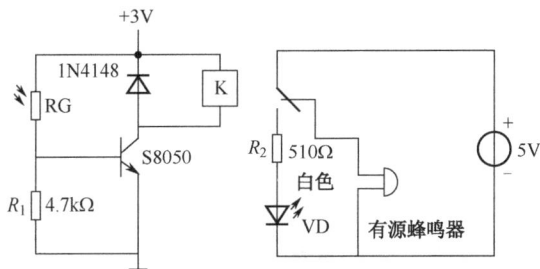

第 5 题图

A．继电器线圈未通电时，蜂鸣器不会发出声音

B．图中所示继电器的额定电压为直流 5V

C．安装二极管 1N4148，是为了保护晶体管 S8050

D．继电器线圈通电后，VD 灯不会亮

6．下图（a）所示为某品牌继电器正面的参数标识，用该继电器设计如下图（b）所示的光控电路，则①和②处的电压设计合理的是（　　　）。

（a）

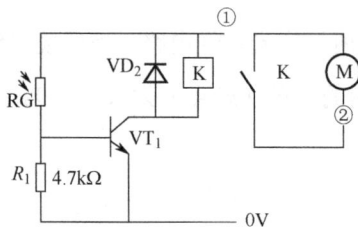

（b）

第 6 题图

A. ①处直流 12V，②处交流 110V

B. ①处直流 12V，②处交流 250V

C. ①处直流 9V，②处交流 110V

D. ①处直流 9V，②处交流 250V

7. 观察下图所示的直流电磁继电器，读出主要参数，下列描述中正确的是（　　）。

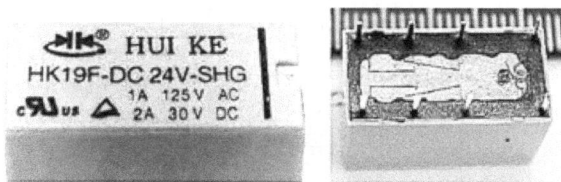

第 7 题图

A. 线圈额定工作电压是交流 24V

B. 该继电器有 8 只引脚、内有一个线圈、一组转换触点

C. 直流 30V 电压下所允许流经触点的最大电流为 2A

D. 工作在交流 125V 电压下所允许流经线圈的最大电流为 1A

下图所示电路，M 是电动机。请完成第 8~9 题。

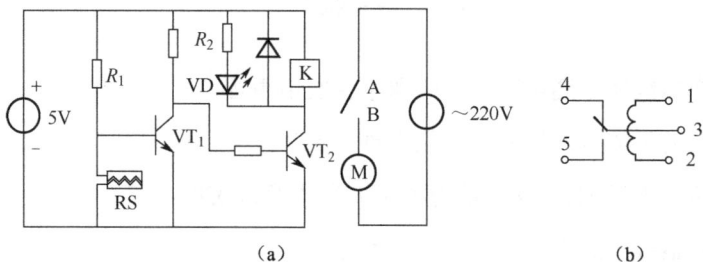

（a）　　　　　　　　　　　　（b）

第 8、9 题图

8. 图（a）中的 A 和 B 两点对应图（b）中的（　　）。

A. 1 和 2　　　　B. 4 和 5　　　　C. 3 和 5　　　　D. 3 和 4

9. 该电路图实现的功能可能是（　　　）。

A．温度升高，自动将衣物晒到窗外　　　B．光线充足，自动将衣物晒到窗外

C．下雨时，自动将衣物收回室内　　　D．有人靠近时，自动开门

10. 下图所示为楼上楼下两个地方控制一盏灯的开关电路，这种开关可以用电磁继电器的（　　　）。

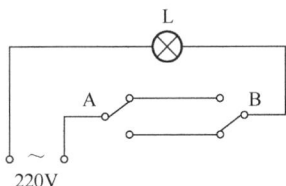

第 10 题图

A．常开触点代替　B．常闭触点代替　　C．转换触点代替　　D．以上都可以

11. 下图所示为小明设计的水箱水温自动控制电路，要求水箱的水温能够控制在 40～50℃。图中 RT_1 与 RT_2 是相同的热敏电阻，控制电路部分由三个或非门组成，通过 VC 的输出信号来控制电热器的工作状态。请分析该电路，完成以下各题：

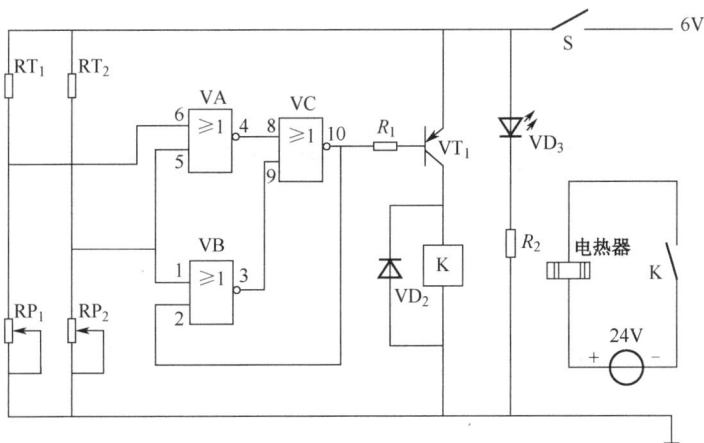

第 11 题图（a）

（1）电路调试正常工作后，若要调高上限温度至 55℃，则_____（A．调大 RP_1；B．调小 RP_1；C．调大 RP_2；D．调小 RP_2）。

（2）电路调试正常工作后，电路中 RP_1 与 RP_2 的大小关系为_____（A．$RP_1>RP_2$；B．$RP_1<RP_2$；C．$RP_1=RP_2$）。

（3）小明在搭接电路的过程中不小心将或非门 VB 的引脚 2 输入端接至接地端，如下图所示，则电路会出现的情况是_____（A．电路仍正常工作；B．电路控制的温度会维持

在上限温度附近；C. 电路中的继电器始终吸合）。

（4）调试电路时，发现当 VC 的引脚 10 输出低电平时电热器不发热，以下原因不可能的是____（A. R_1 的阻值过大；B. 继电器的触点接触不良；C. 继电器的线圈断路；D. VD_2 断路）。

（5）该控制电路使用一段时间之后，晶体管 VT_1 损坏了。小明手头只有 NPN 型晶体管，若要实现原电路的功能，请在下图虚线框中将电路补充完整。

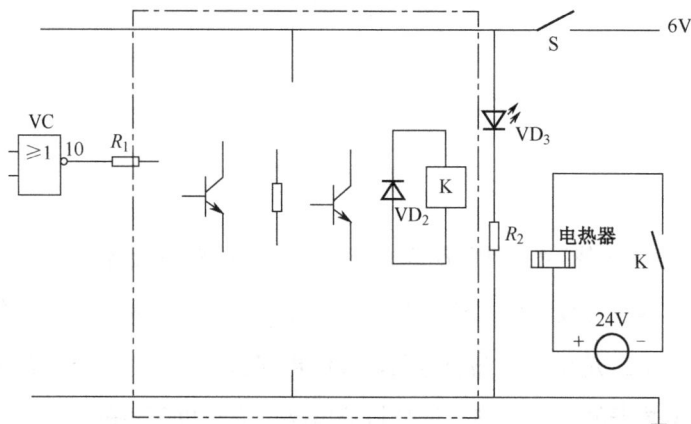

第 11 题图（b）

第七章　控制电路应用

第一节　开环电子系统设计与应用

练　习

1. 下图所示为某温度控制电路，RT 为负温度系数热敏电阻。已知电路中 $V_{CC}=5V$，电热丝的额定参数为"220V，400W"，工作一段时间后，发现温度下降到一定程度时，无论如何调节 RP，电热丝均不工作，出现该问题不可能的原因是（　　）。

  A. RP 短路   B. RT 短路   C. VT_2 断路   D. R_1 虚焊

2. 下图所示为由光敏电阻、电位器、发光二极管、晶体管及电阻等组成的光控灯电路模型，下列针对该电路的分析，合理的是（　　）。

A．晶体管 VT_2 属于 PNP 型晶体管

B．当外界光线足够暗时，晶体管 VT_2 处于饱和状态

C．外界光线变强时，光敏电阻 RG 的阻值变大

D．要实现外界光线足够暗时 VD 发光，可交换 RG 与 RP 的位置

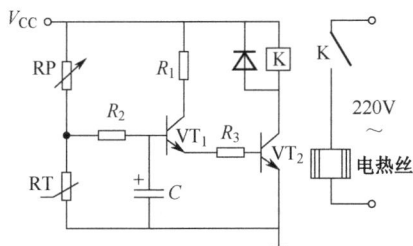

第 1 题图

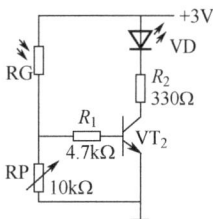

第 2 题图

3．下图所示为小明设计的温度报警装置部分电路，其中 IC 是运算放大器，输入输出逻辑关系见图中表格，RT 是负温度系数热敏电阻。当温度达到或超过 40℃时，要求该报警装置发出声、光报警信号。在测试中发现温度超过 40℃还没有报警，现要对电路重新调试，调试步骤如下：① 将 RT 放入盛有冷水的烧杯，插入温度计，加入热水使水温等于 40℃；② （   ），直至报警装置发出声、光报警信号为止。

A．减小 R_3　　　B．增大 R_3　　　C．减小 RT　　　D．增大 RT

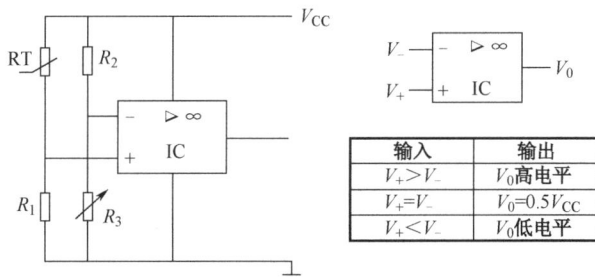

输入	输出
$V_+>V_-$	V_0高电平
$V_+=V_-$	$V_0=0.5V_{CC}$
$V_+<V_-$	V_0低电平

第 3 题图

4．小明设计了下图所示的夜间警示电路。白天灯泡不亮，晚上环境光线暗时，灯会一闪一闪，对飞行物起警示作用，根据电路，回答下面两题。

（1）想让灯泡在晚上环境光线更暗时才开始闪亮，下列调试方案中合理的是（   ）。

A．调大 RP　　　B．调小 RP　　　C．调大 C_1　　　D．将 RG 和 RP 对调

（2）发现灯光闪烁过快，为适当减慢其闪烁速度，下列调试方案中合理的是（   ）。

A．调大 RP　　　B．调小 R_1　　　C．调大 C_1　　　D．调大 C_2

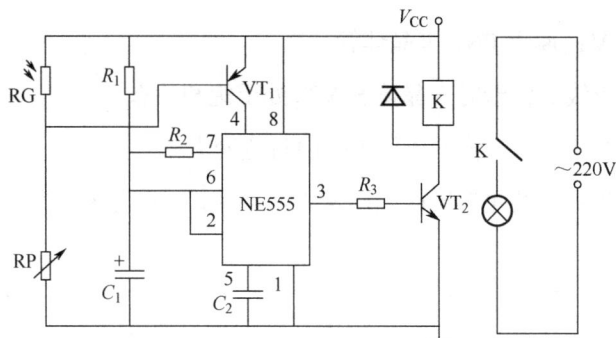

第4题图

5．下图所示为小明设计的温度自动控制电路，能将温度控制在设定值附近。温控器由 IC_1 电压比较器、IC_2 NE555 和继电器等组成，其中 VD_1 可作为电源指示灯，导通压降约为 1.8V，分析电路完成下列各题。

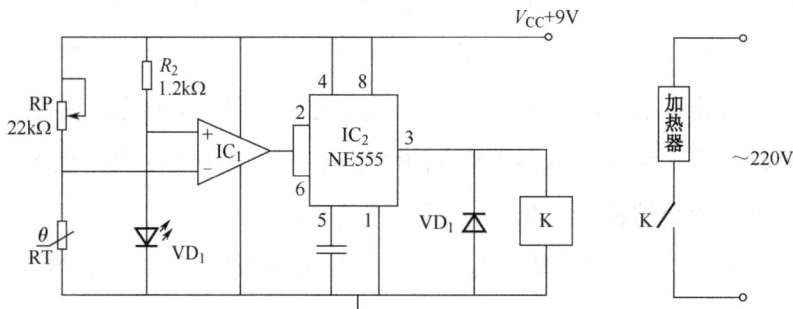

第5题图（a）

（1）电路中 RT 为_____热敏电阻（A．正温度系数；B．负温度系数）。

（2）电路在使用一段时间后 VD_1 坏了，小明准备用两个硅材料的二极管（导通压降均为 0.7V）来代替 VD_1，电路如下图所示。电路经过改造后，控制的温度将_____原设定温度（A．高于；B．低于）。为了使控制温度接近原设定温度，RP 的滑动触头应该_____（A．往上调；B．往下调）。

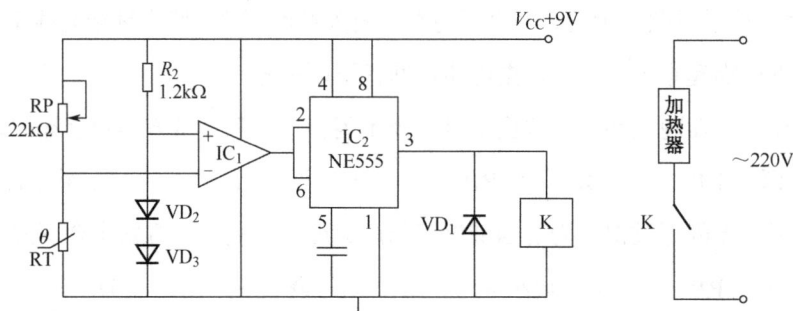

第5题图（b）

第二节 闭环电子系统设计与应用

练 习

1. 下图所示是一个温度高于设定值红色 VD₁ 亮，温度低于设定值绿色 VD₂ 亮的报警系统。NE555 集成电路引脚 6 电位升至电源电压的 2/3 时，引脚 3 输出低电平；引脚 2 电位降至电源电压的 1/3 时，引脚 3 输出高电平。为了实现该功能，线框内热敏传感器与可调电阻合理的布局是（   ）。

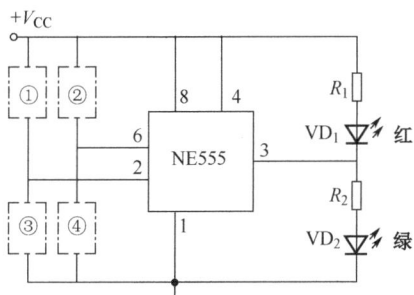

第 1 题图

A. ①可调电阻 ②可调电阻 ③ NTC ④PTC

B. ①可调电阻 ②可调电阻 ③PTC ④NTC

C. ①PTC ②PTC ③可调电阻 ④ 可调电阻

D. ①NTC ②NTC ③可调电阻 ④可调电阻

2. 在下图所示温控电路中，RT 是负温度系数的热敏电阻。运算放大器的输入输出关系见下表。现在若要调高上限温度应（   ）。

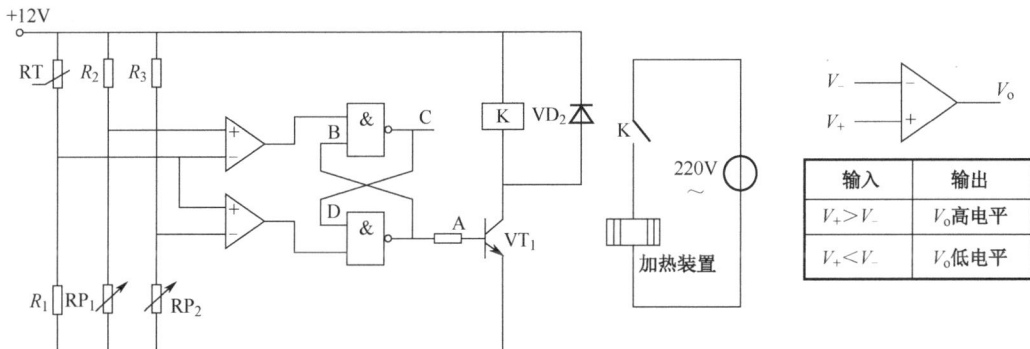

输入	输出
$V_+ > V_-$	V_o 高电平
$V_+ < V_-$	V_o 低电平

第 2 题图

A．增大 RP$_1$ B．增大 RP$_2$ C．减小 RP$_1$ D．减小 RP$_2$

3．下图所示为水箱水温控制电路。其中 RT 为正温度系数热敏电阻；IC 是电压比较器，当输入电位 $V_+ > V_-$ 时，输出高电平；当输入电位 $V_+ < V_-$ 时，输出低电平。当温度低于 25℃时，加热器开始加热；当温度达到 35℃时，停止加热。若想改变水温控制范围为 28～32℃。下列调节措施中快速、合理的是（   ）。

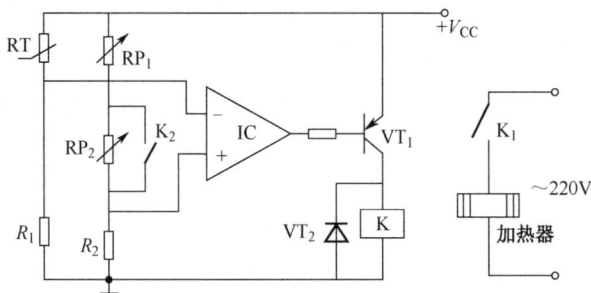

第 3 题图

A．先调大 RP$_2$、再调小 RP$_1$ B．先调小 RP$_1$、再调大 RP$_2$

C．先调大 RP$_1$、再调小 RP$_2$ D．先调小 RP$_2$、再调大 RP$_1$

4．下图所示为一个花房湿度报警电路。芯片 CF741 的特性：$U_+ > U_-$ 时，U_o 为高电平；$U_+ < U_-$ 时，U_o 为低电平。芯片 NE555 的特性：引脚 2 电位低于 V_{CC} 的 1/3 时，引脚 3 输出高电平；引脚 6 电位高于 V_{CC} 的 2/3 时，引脚 3 输出低电平。以下说法正确的是（   ）。

A．该电路的功能是当花房湿度小于设定值时，蜂鸣器就会发出警报声

B．继电器 K$_2$ 触点闭合时的作用是使 NE555 集成电路引脚 3 保持高电平输出

C．电路测试时，发现蜂鸣器始终不响，造成该现象的原因可能是二极管 VD$_2$ 正负极接反了

D．如果要报警器在湿度更小时就能报警，可以通过适当上移 RP$_3$ 滑动端来实现

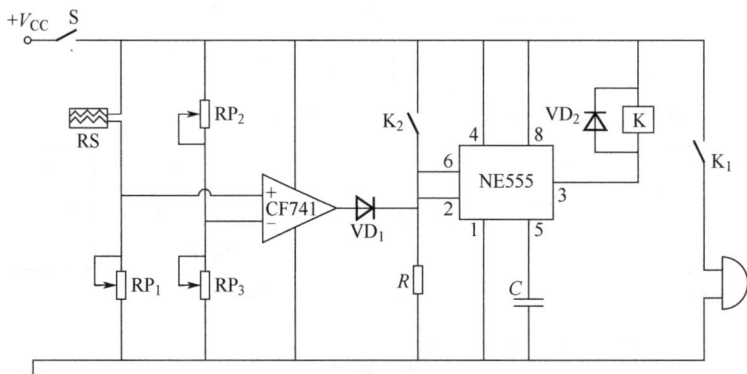

第 4 题图

5. 下图所示为某玄关门控灯电路。白天开门，电灯不亮；晚上开门电灯点亮，关门后延迟一段时间自动熄灭。干簧管在门开时断开，门关时闭合。下列分析中不正确的是（   ）。

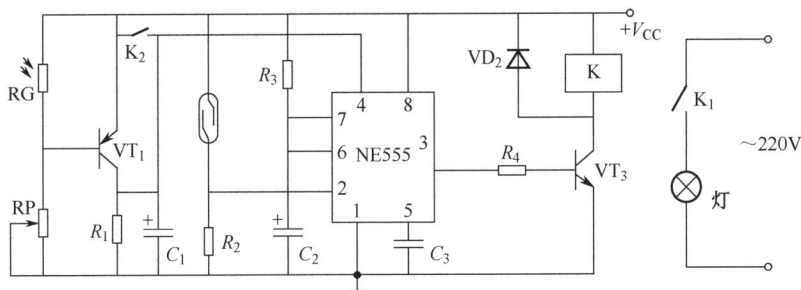

第 5 题图

    A．R_4 过大，可能引起灯始终不亮

    B．K_2 虚焊，可能引起晚上开门灯光闪烁

    C．C_2 虚焊，晚上开门灯亮，关门即灭

    D．R_2 与干簧管位置接反，晚上关门灯亮，开门即灭

6. 下图所示为小明设计的温度自动控制电路，能将温度控制在设定值附近。温控器由 IC_1 电压比较器、IC_2 和继电器等组成，其中二极管导通压降约为 0.7V。

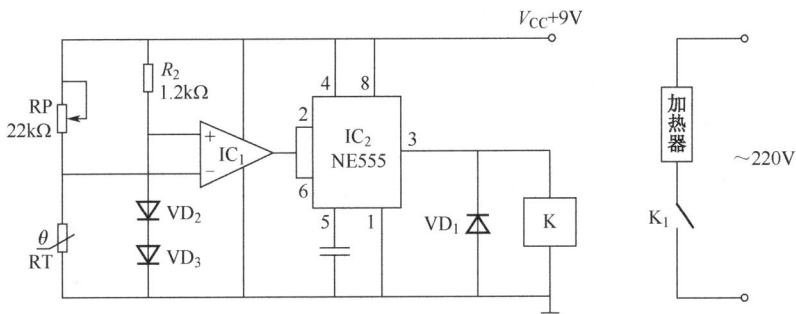

第 6 题图（a）

由于原电路只能实行单点温度控制，造成继电器吸合过于频繁，小明想设计一个能将温度控制在一定范围内的电路，并准备利用继电器的另一个闲置触点来实现这个功能。请在线框中选择合适的连接点连线，完成电路设计。

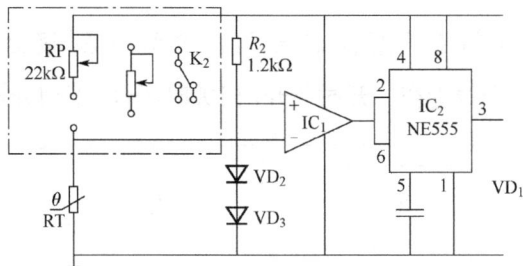

第6题图（b）

7. 小明设计了如下图所示的过载保护实验电路。调整负载电阻 R_L 的阻值，当流过 R_L 的电流超过允许值时自动断开负载电源，并保持在断开状态。请根据电路图及其描述完成以下任务。

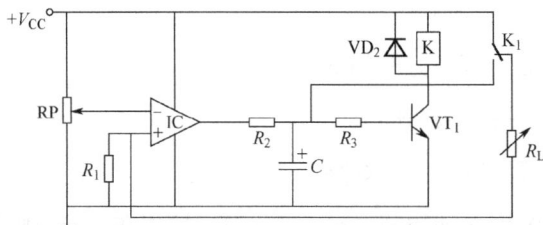

第7题图（a）

（1）要增大流过 R_L 的电流允许值，以下调整可行的是_____、_____（A. RP 的滑动触点向上移；B. RP 的滑动触点向下移；C. 减小 R_1 的阻值；D. 增大 R_1 的阻值；E. 减小 R_2 的阻值）。

（2）小明准备搭建测试电路，请你帮他完成比较器的连接；

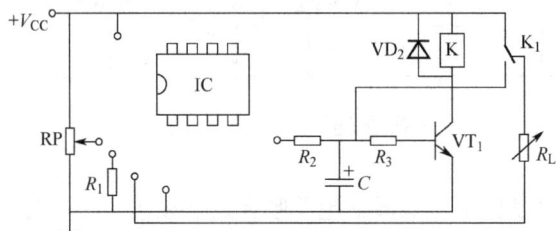

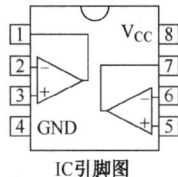

第7题图（b）

（3）小明搭建电路后进行测试，发现电流超过允许值时，继电器不能保持在吸合状态，出现反复吸合释放，不能稳定地将负载电源断开。故障的原因可能是_____（A. K 的常开触点和常闭触点接反；B. R_3 阻值过小；C. K 的常开触点和 R_3 之间断路）。

（4）小明调整了部分电路，改用一个晶体管和一个电阻来维持过载后负载电源的断开状态。请你帮助小明设计该部分电路，并在线框内画出。

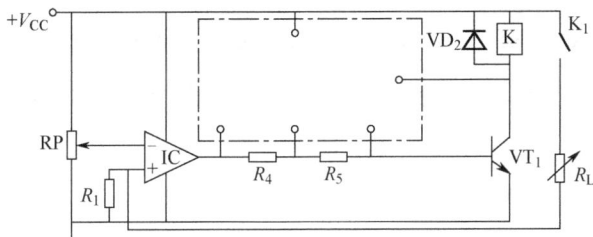

第7题图（c）

8. 下图所示为小明设计的水箱水位报警电路，当水淹没 a、b 两个金属探头后，蜂鸣器声报警。该电路的主控芯片采用 JN6201 音乐集成芯片。有关 JN6201 的部分资料如下：① 芯片电源电压为 3V；② 当 I_1、I_2、I_3 和 I_4 中任一端输入高电平，O_1、O_2 都会输出音频信号，O_3 输出频率较低的周期性脉冲信号，O_4 输出低电平；③ 当 I_1、I_2、I_3 和 I_4 输入同时为低电平，O_1、O_2、O_3 输出都是低电平，O_4 输出高电平。请完成以下任务：

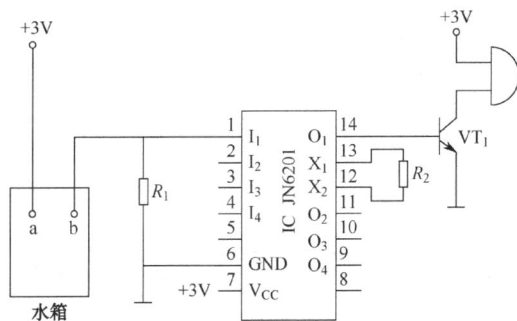

第8题图（a）

（1）小明想在原电路的基础上增加闪光报警，当水淹没 a、b 两个金属探头后，发光二极管闪烁，否则发光二极管熄灭。要求发光二极管和电阻都接在晶体管的集电极上。请在线框内选择合适的端子连接发光二极管和电阻。

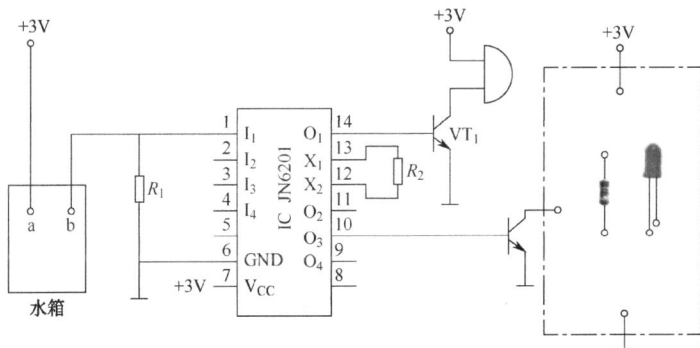

第8题图（b）

（2）小明想用 JN6201 设计一个如下图所示水箱水位的控制系统，当水位低于金属探头 b 时，水泵抽水；当水位到达金属探头 a 时，水泵停止抽水。请在图中线框内选择合适的端子连接。

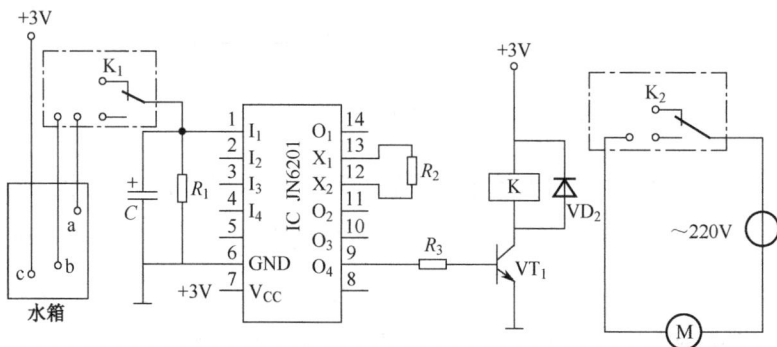

第 8 题图（c）

（3）小明对第（2）小题的水箱水位控制电路进行调试，将水位传感器放入无水的容器中，接通电源，听见继电器吸合的声音，但是水泵不抽水，最有可能的原因是____（A. VD_2 装反了；B. 水位探头 a、b 与转换触点 K_1 的常开、常闭触点接反了；C. 转换触点 K_2 的常开、常闭触点接反了）。

第三节　焊接与调试安装技术

练　习

1. 将下图所示的某个元器件引脚焊接到电路板上，以下焊点最合理的是（　　）。

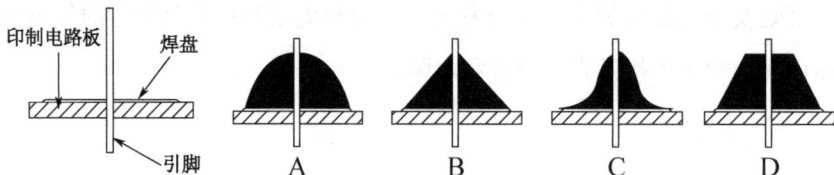

第 1 题图

2. 下列关于锡焊集成电路说法不正确的是（　　）。

　　A. 电烙铁短时间不使用，应给烙铁头加少量锡

　　B. 加热过度、重复焊接次数过多是造成虚焊的原因

　　C. 焊接时，当烙铁头上有氧化的焊锡或锡渣，应擦掉

　　D. 为了提高焊接效率，可选用功率为 75W 的外热式电烙铁

3. 下列在有关印制电路板上元器件的焊接要求，说法不适当的是（   ）。

A. 焊件表面应是清洁的，油垢、锈斑都会影响焊接

B. 对黄铜等表面易生成氧化膜的材料，可以借助助焊剂先对焊件表面进行镀锡浸润后，再行焊接

C. 要有适当的加热温度，使钎料具有一定的流动性才能焊牢，但温度也不可过高，过高时容易形成氧化膜而影响焊接

D. 焊接时一次不成功不要紧，可以多次长时间反复烫焊，焊锡用量多一点也无妨

4. 关于焊接，下列说法不正确的是（   ）。

A. 焊锡借助于助焊剂的作用，经过加热熔化成液态，进入被焊金属的缝隙，在焊接物的表面，形成金属合金使两种金属体牢固地连接在一起

B. 烙铁头发黑，可用刀片之类的金属器件刮除处理，再加上足量的锡保护

C. 钎料是用于填加到焊缝、堆焊层和钎缝中的金属合金材料的总称，包括焊丝、焊条、钎料等

D. 助焊剂在焊接工艺中能帮助和促进焊接过程，同时具有保护作用、阻止氧化反应的化学物质

5. 在电子控制实践课上，小明在焊接时，发现烙铁头部发黑无法上锡，下列最适合用于处理这个问题的材料是 （   ）。

A. 高温海绵   B. 酒精   C. 纸巾   D. 松香

第 5 题图

6. 在电子控制技术实践课上，同学们用电烙铁进行焊接操作如下图所示，小明发现有下列方法，其中正确的是（   ）。

A. 先用电烙铁加热元件引脚，再加焊锡，熔化的焊锡沿着引脚流到焊盘上形成焊点

B. 先将焊锡移到焊盘上方，再用电烙铁加热焊锡，让熔化的焊锡滴到焊盘上形成焊点

C. 先将焊锡熔化在电烙铁上，再用电烙铁在焊盘上来回涂抹，把焊锡均匀地涂在引脚四周

D. 先用电烙铁同时加热焊盘和元件引脚，再将焊锡送入使其熔化，在引脚和焊盘间形成焊点

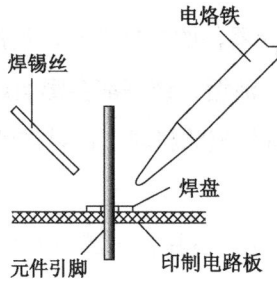

第6题图

7. 下图所示的电路板插件，插接正确的是（   ）。

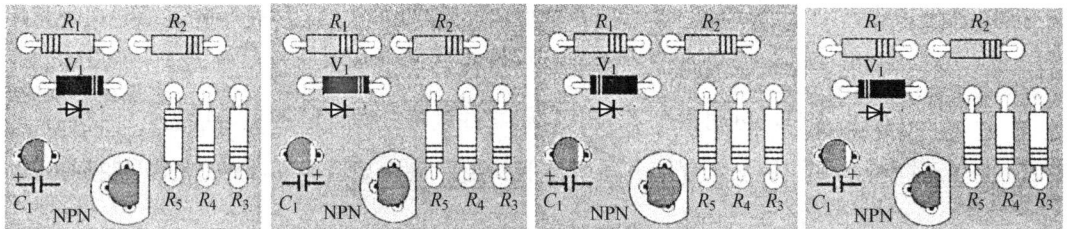

A   B   C   D

第7题图

本 章 测 试

1. 根据下图所示电路，当引脚 2 电压高于引脚 1 电压时，以下说法正确的是（   ）。

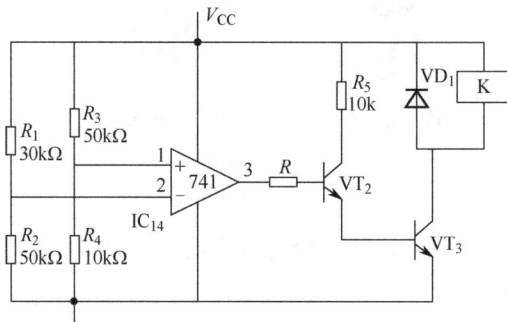

第1题图

A. VT_2、VT_3 处于导通状态   B. 引脚 3 为高电平

C. VD_1 处于截止状态   D. K 上有电流流过

2. 在下图所示电路中 CF741 为电压比较器，RT 为负温度系数的热敏电阻。当前蜂鸣器发声，发光二极管 VD_2 不亮。

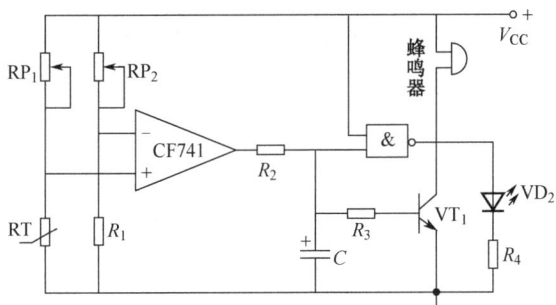

第2题图

（1）如果用电吹风出热口对着 RT 吹风，蜂鸣器与发光二极管 VD$_2$ 可能发生的工作状态是（   ）。

    A．蜂鸣器响，VD$_2$ 不亮　　　　　　　B．蜂鸣器不响，VD$_2$ 亮

    C．蜂鸣器不响，VD$_2$ 不亮　　　　　　D．蜂鸣器响，VD$_2$ 亮

（2）在使用过程中发现 VD$_2$ 能随温度变化正常亮灭，而蜂鸣器始终不响的故障，下列分析中不可能的原因是（   ）。

    A．晶体管 VT$_1$ 虚焊　　　　　　　　　B．R_3 阻值过大

    C．电容 C 烧断或严重漏电　　　　　　D．蜂鸣器自身故障

3．下图所示为小明设计的升旗控制系统。当按下按键开关 SB$_1$ 时，电动机启动。在测试电路时发现，旗帜从初始位置开始上升，还没有升到顶端电动机就停止了，合理的调节措施有（   ）。

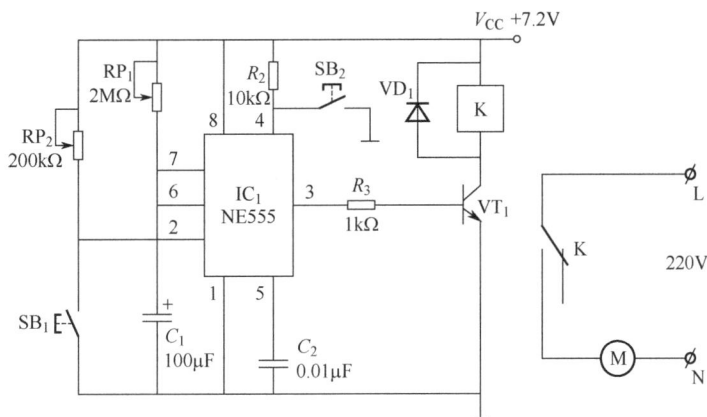

第3题图

    A．减小 RP$_1$　　　　B．增大 RP$_1$　　　　C．减小 RP$_2$　　　　D．增大 RP$_2$

4．下图所示为小明设计的水位控制系统，当水位低于 b 点时水泵 M 抽水，水位达到

a 点时停止抽水。调试中发现有溢水而仍未停止抽水的现象，下列关于故障原因分析合理的是（　　）。

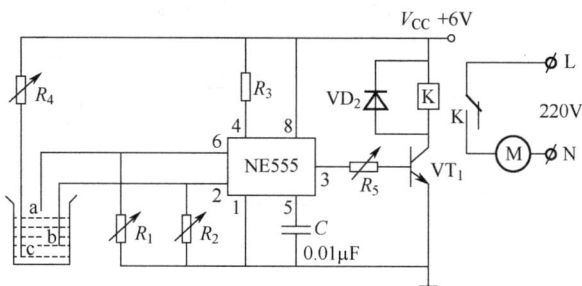

第 4 题图

A．R_5 接触不良   B．R_4 接触不良

C．R_2 接触不良   D．R_1 接触不良

5．下图所示为小王设计的电路，SB_1 和 SB_2 为按钮。以下说法正确的是（　　）。

  A．SB_1 按下后松开，发光二极管 VD_3 灭

  B．SB_1 按下后松开，发光二极管 VD_3 亮

  C．SB_2 按下后松开，发光二极管 VD_3 亮

  D．SB_2 按下，发光二极管 VD_3 亮

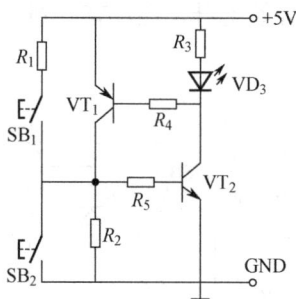

第 5 题图

6．小明设计了下图所示的断线报警自锁电路，线路 L 断路时报警电铃会报警，关于断线报警自锁电路，下列说法正确的是（　　）。

  A．线路 L 没断时，晶体管 VT_1 截止，晶体管 VT_2 截止

  B．线路 L 断线时，晶体管 VT_2 导通，晶体管 VT_2 导通

  C．线路 L 没断时，K_1 闭合，K_2 断开

  D．线路 L 断线时，报警电铃报警，再把线路 L 连通，报警电铃继续报警

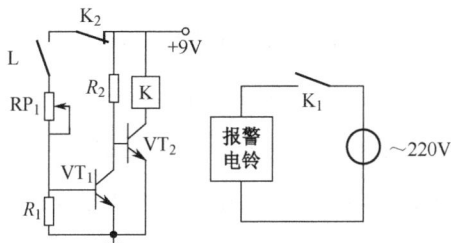

第6题图

7. 下图所示为温度指示电路，适当选取电阻阻值可使温度升高到 40℃以上时，警示灯亮。以下说法正确的是（　　）。

　　A. 温度降到40℃以下，VD_2 亮

　　B. RT 为正温度系数热敏电阻

　　C. 增大 R_6，VD_1 亮灯温度升高

　　D. 减小 R_2，VD_2 亮灯温度升高

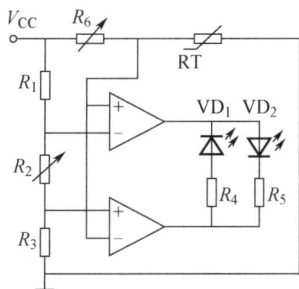

第7题图

8. 在下图所示电路中，LM393 是电压比较器，当 $V_+ > V_-$时，引脚 1 输出高电平，当 $V_+ < V_-$时，引脚 1 输出低电平，RT 是负温度系数热敏电阻，M 是散热风扇。下列选项中关于该电路分析不正确的是（　　）。

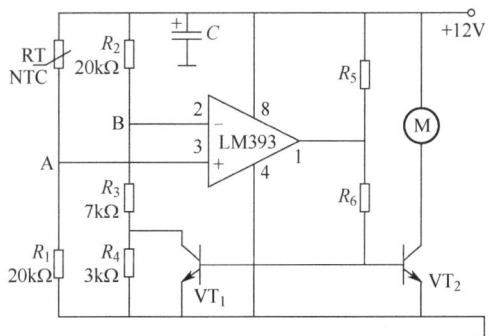

第8题图

A. 温度上升，未达到上限温度时，B 点电位约为 4V

B. 温度上升，温度高于上限温度时，M 工作

C. 温度下降，温度低于上限温度未到下限温度时，M 不工作

D. 温度下降，未达到下限温度时，B 点电位小于 4V

9. 在电子焊接实验课中，小明完成下图所示的焊接实验，电路调试成功。以下选项中，其实验的电路原理图正确的是（　　）。

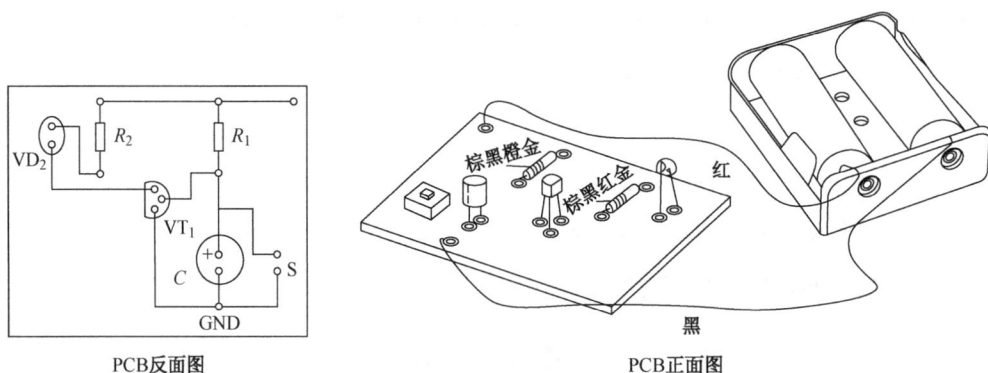

PCB反面图　　　　　　　　　　　　　　　　PCB正面图

第 9 题图

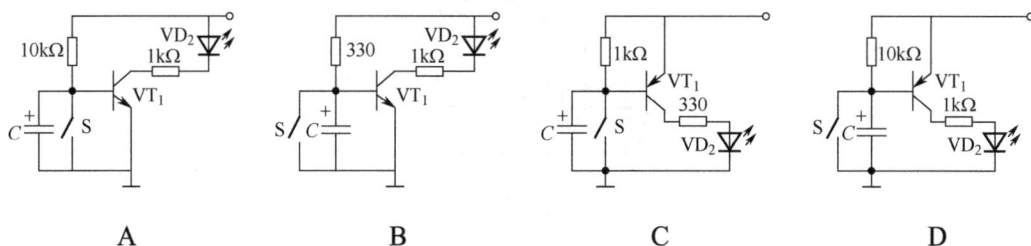

A　　　　　　　　B　　　　　　　　C　　　　　　　　D

10. 如下图所示的温控电路，用 RP 设定 NE555 芯片引脚 5 的电位 V_{ct}。当温度超过 60℃时散热风扇电动机启动。下列分析中不正确的是（　　）。

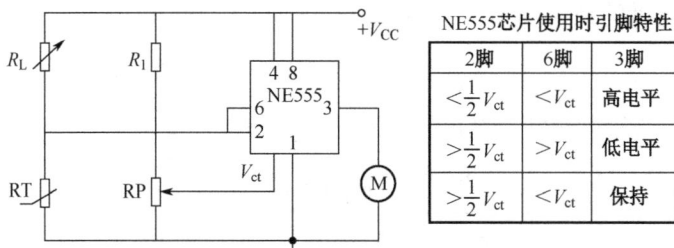

NE555芯片使用时引脚特性		
2脚	6脚	3脚
$<\frac{1}{2}V_{ct}$	$<V_{ct}$	高电平
$>\frac{1}{2}V_{ct}$	$>V_{ct}$	低电平
$>\frac{1}{2}V_{ct}$	$<V_{ct}$	保持

第 10 题图

A. RT 应采用负温度系数的热敏电阻

B. 调大 R_L 的阻值，电动机启动时的温度低于 60℃

C. RP 的滑动触点向下移，电动机启动时的温度高于 60℃

D. 温度从 60℃以上降低到 60℃以下，电动机就立即断电

11. 夏季天气炎热，小华设计了房间的自动风扇散热装置，部分电路如下图所示。当房间温度高于某温度值时，自动开启风扇进行散热。当室内温度低于某温度值时，关闭风扇停止散热。其中，RT 是热敏电阻，IC 是运算放大器（其逻辑关系：当引脚 3 电压低于引脚 2 电压时，引脚 7 输出高电平；当引脚 3 电压高于引脚 2 电压时，引脚 7 输出低电平）。请完成以下各题。

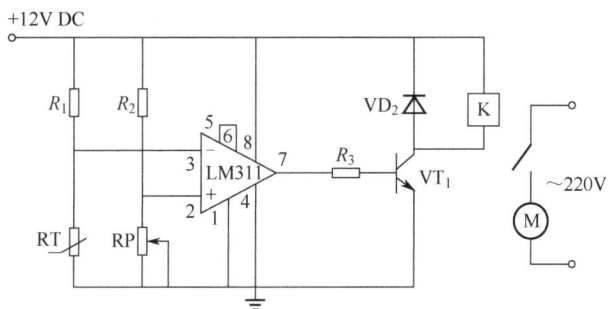

第 11 题图

（1）热敏电阻 RT 属于____传感器，当温度降低时，RT 电阻值将_____（A. 正温度系数；B. 负温度系数；C. 增大；D. 减小）。

（2）若要调高风扇运行的设定温度，则将滑动电阻 RP_____（A. 向上滑动，增大阻值；B. 向下滑动，增大阻值；C. 向上滑动，减小阻值；D. 向下滑动，减小阻值）。

（3）当房间温度超过设定的温度时，风扇始终不转动，以下可能的原因有_____（A. RT 连焊（短路）；B. R_2 虚焊；C. RP 虚焊；D. R_1 虚焊）。

（4）现在要给该电路增设灯光指示灯，当房间高于某温度值时，警示灯红色发光二极管亮且开启风扇进行散热；当房间温度低于某温度值时，红色发光二极管熄灭，绿色发光二极管亮且风扇停止散热。请根据以上要求在线框内完成电路的连接。

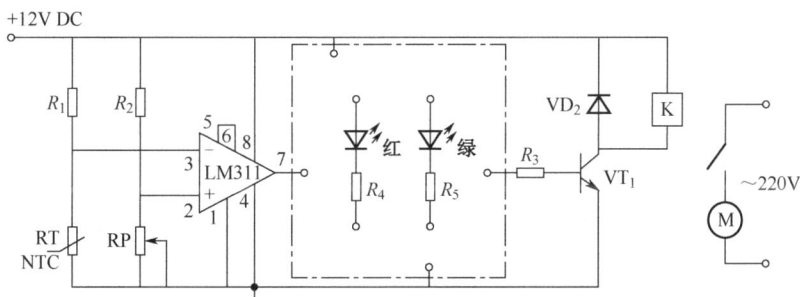

12. 小明发现家中电动自行车经常因整晚充电而过充，并观察到开始充电时充电器只有红灯点亮，充满后绿灯也点亮。于是利用绿灯信号设计了下图所示的蓄电池防过充电路。请根据题意完成以下各题：

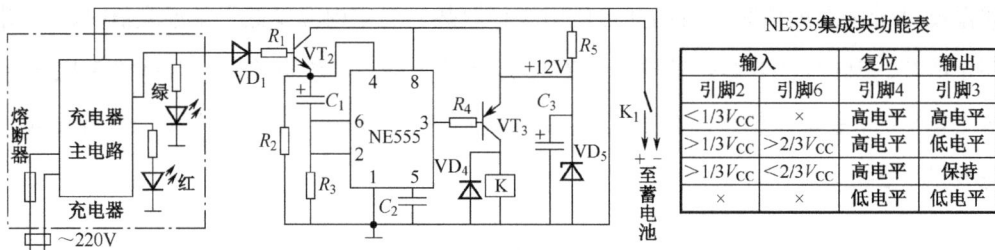

NE555集成块功能表

输入		复位	输出
引脚2	引脚6	引脚4	引脚3
$<1/3V_{CC}$	×	高电平	高电平
$>1/3V_{CC}$	$>2/3V_{CC}$	高电平	低电平
$>1/3V_{CC}$	$<2/3V_{CC}$	高电平	保持
×	×	低电平	低电平

第12题图（a）

（1）绿灯刚点亮时，NE555 集成电路引脚 6 为＿＿＿＿（A. 低电平；B. 高电平；C. 不能确定）。

（2）为延长绿灯亮后的续流充电时间，应＿＿＿＿（A. 增大 C_1；B. 增大 C_2；C. 增大 C_3）。

（3）为实现按一下按钮 S（按下闭合，松开恢复为断开状态）开始充电，充电完成后自动断开充电器主电路供电的功能，请在线框 A 中选择合适的端子连接。

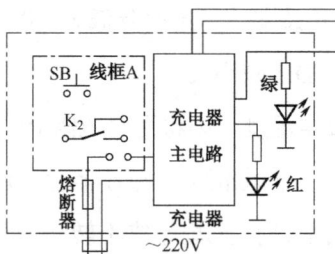

第12题图（b）

（4）小明尝试用比较器替代 NE555，请在线框 B 中选择合适的端子连线，要求保持电路原有功能不变。

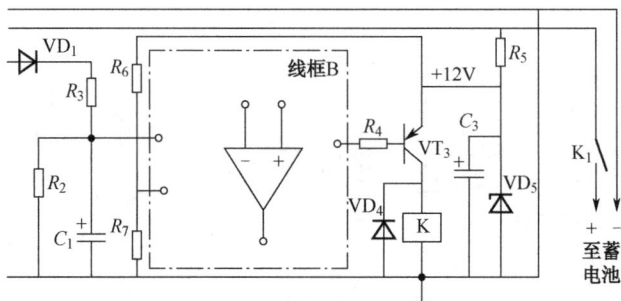

第12题图（c）

13．小明去大田港旁边的东方湖游玩，看到当大田港水位明显高于东方湖水位时，管理人员将进水闸门打开，让大田港的清水注入东方湖。当东方湖的水位上涨到与大田港水位相同或大田港的水变浑时，就关闭闸门。回来后小明设计了如下图所示的进水闸门控制实验电路，用发光二极管 VD_1 和光敏电阻 RG 来检测水的清澈程度，用水位差检测传感器的触点 d_1 与 d_2、d_3 的接触状态反映大田港水位与东方湖水位的变化状态。普通二极管和晶体管均为硅管。IC 为电压比较器，$V_+>V_-$时输出高电平，$V_+<V_-$时输出低电平。请完成以下任务。

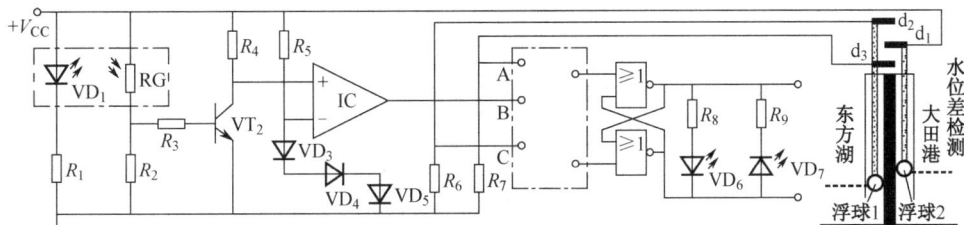

第 13 题图（a）

（1）当水的清澈度下降时，VT_2 集电极电位_____（A．下降；B．上升；C．不变）。

（2）当水清澈时，水位差检测传感器触点 d_1 与 d_2 接触，VD_6 发光；触点 d_1 与 d_3 接触，VD_7 发光。触点 d_1 与 d_2、d_3 均不接触，VD_6、VD_7 保持原来的发光状态。当水变浑时，无论 d_1 处于什么位置，都是 VD_7 发光。请用不超过 4 个二输入或非门设计线框位置的电路，实现上述功能。

（3）小明对设计好的电路进行调试，发现水变浑时 VD_6 没有熄灭，VD_7 也不发光。以下调整措施中不起作用的是_____（A．减小 R_5；B．减小 R_4；C．减小 R_2）。

（4）小明准备用两个继电器来控制电动机的正转和反转，当 VD_6 发光时，电动机正转（流过电动机的电流由"+"到"−"），当 VD_7 发光时，电动机反转（流过电动机的电流由"−"到"+"）。请在线框位置设计电动机的控制电路，并标明 K_1、K_2，要求晶体管采用共发射极接法。提供的元器件有：1 个 NPN 型晶体管和 1 个 PNP 型晶体管、2 个电阻、2 个普通二极管、2 个继电器（每个继电器只有 2 个常开触点）。

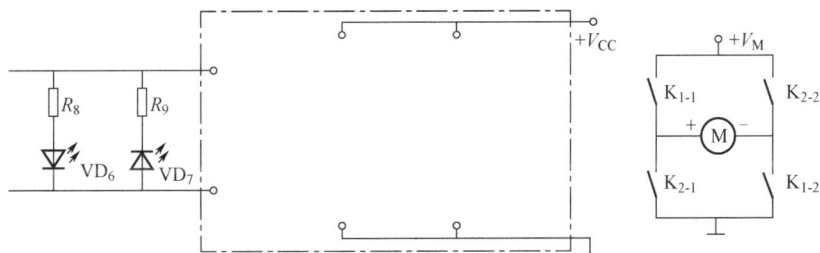

第 13 题图（b）

参考答案

参 考 文 献

[1]　浙江省学业水平考试导引编写组．浙江省普通高中学业水平考试导引技术（新学考）
　　　[M]．杭州：浙江大学出版社，2019．

[2]　顾建军．高中通用技术教学参考书[M]．南京：江苏凤凰教育出版社，2004．

[3]　张友汉．电子线路设计应用手册[M]．福州：福建科学技术出版社，2000．

[4]　陈其纯．电子线路[M]．北京：高等教育出版社，2001．

反侵权盗版声明

电子工业出版社依法对本作品享有专有出版权。任何未经权利人书面许可，复制、销售或通过信息网络传播本作品的行为；歪曲、篡改、剽窃本作品的行为，均违反《中华人民共和国著作权法》，其行为人应承担相应的民事责任和行政责任，构成犯罪的，将被依法追究刑事责任。

为了维护市场秩序，保护权利人的合法权益，我社将依法查处和打击侵权盗版的单位和个人。欢迎社会各界人士积极举报侵权盗版行为，本社将奖励举报有功人员，并保证举报人的信息不被泄露。

举报电话：（010）88254396；（010）88258888

传　　真：（010）88254397

E-mail：　dbqq@phei.com.cn

通信地址：北京市万寿路 173 信箱

　　　　　电子工业出版社总编办公室

邮　　编：100036